新时代「强基兴师」丛书

问道与探索

钱要武谈历史教育

钱要武◎著

安徽师范大学出版社
ANHUI NORMAL UNIVERSITY PRESS

·芜湖·

图书在版编目(CIP)数据

问道与探索：钱要武谈历史教育 / 钱要武著. —— 芜湖：安徽师范大学出版社，2025.1

（新时代"强基兴师"丛书）

ISBN 978-7-5676-5947-6

Ⅰ.①问… Ⅱ.①钱… Ⅲ.①中学历史课—教学研究 Ⅳ.①G633.512

中国版本图书馆 CIP 数据核字(2022)第 230998 号

问道与探索：钱要武谈历史教育

钱要武◎著

WENDAO YU TANSUO QIAN YAOWU TAN LISHI JIAOYU

策划编辑：吴顺安　吴毛顺

责任编辑：翟自成　　　　　　责任校对：卫和成

装帧设计：王晴晴　张　玲　　责任印制：桑国磊

出版发行：安徽师范大学出版社

　　　　　芜湖市北京中路2号安徽师范大学赭山校区　　　　邮政编码：241000

网　　址：http://press.ahnu.edu.cn

发 行 部：0553-3883578　5910327　5910310(传真)

印　　刷：江苏凤凰数码印务有限公司

版　　次：2025年1月第1版

印　　次：2025年1月第1次印刷

规　　格：787 mm ×1 092 mm　　1/16

印　　张：22.75

字　　数：340千字

书　　号：ISBN 978-7-5676-5947-6

定　　价：124.00元

凡发现图书有质量问题,请与我社联系(联系电话:0553-5910315)

内容简介

　　"新时代'强基兴师'丛书"以安徽师范大学"基础教育振兴行动计划"为指引，坚持落实"立德树人"的根本任务，立意高远，目标清晰，特点鲜明。

　　本书以一位历史特级教师三十多年的教育思考与教学感悟为中心。内容共分三篇，"问道与守望：菀郁翠色映课堂"篇中，作者本着"为教者荣，为师者乐"的理念，采用白描笔法，从教师专业成长与发展的视角，展现了一位平凡的教师如何成长为教学名师的心路历程；"仁心与韧性：布善推诚容众生"篇中，作者以立德树人为先导，立足三尺讲台，努力探索并总结生动丰富、有趣有序的课堂内外之点滴丝语领悟；"春泥与秋实：长风破浪会有人"篇中，作者挖掘教育教学生涯中一个个鲜活的平实的案例，抽丝剥茧，从感性到理性，既彰显了一位老教师对教育的温情与敬意，也凸显了与学生之间同频共振、和弦共鸣的仁爱之心。

　　千载烟尘铸历史，万卷青史思未来。本书作者以丰富的教育教学实例，丈量了流年的辛酸与不懈，书写了岁月的追求与英华，证明了春泥的厚度与肥沃，既饱含了一位老教师的情怀，更寄托了一位老教师的希冀。

作者简介

　　钱要武：安徽省铜陵市实验高级中学历史教师，安徽省历史学科特级教师，安徽省首批正高级教师，安徽省学术与技术带头人，铜陵市拔尖人才等。相继担任过安徽师范大学兼职硕士生导师、安徽省历史教学专业委员会常务理事、铜陵市高级教师评委会副主任委员、铜陵市历史教研员、铜陵市市政府督学、铜陵市名教师工作室领衔人等。先后发表教育教学论文近三十篇，获得国家级、省级、市级各类教育教学成果奖项四十余次，主持或参与七项国家、省级课题，参编两本高中省级教材并通过安徽省中小学教材审定委员会批准使用，以及主编或参编公开出版发行教育教学用书七本。

赓续学脉 强基兴师
擦亮师范教育的育人底色

　　教育、科技、人才是全面建设社会主义现代化国家的基础性、战略性支撑，建设教育强国是中华民族伟大复兴的基础工程。安徽师范大学在新时期的办学理念上坚持"1234"：一是以实现中华民族伟大复兴为己任；二是尊重科学、尊重知识；三是做好基础与应用、理论与实践、科学与工程的结合；四是人才培养注重服务"四个面向"战略部署。新时代新征程，学校全面实施推进"基础教育振兴"和"学科振兴"两大行动计划，着力提升学校办学综合实力与核心竞争力，奋力在"双一流"建设上实现新突破，全面引领服务安徽基础教育发展，打造基础教育振兴安徽模式。

　　百年大计，教育为本；教育大计，教师为本。基础教育是人才成长的起点，又是整个教育体系的根基，在国民教育体系中承担着特殊使命，事关国民素质提升，事关人的全面发展，事关社会公平正义。

再回母校,我越发深切地意识到提升基础教育的质量、造就一支高素质专业化基础教育教师队伍,对于办好基础教育乃至整个国民教育至关重要。强基兴师,利在当下、功在千秋。

强基兴师,是师范院校的使命。师范教育一直都是安徽师范大学的办学底色,也是办学核心竞争力的关键所在。学校是安徽基础教育的"母机",是强基兴师的主力,要牢牢坚守培养高素质基础教育师资的办学使命,坚决扛起基础教育振兴时代重任,擦亮师范教育的育人底色,努力解决"双减"政策背景下,基础教育优质资源难以满足人民群众需求的难题。我们要为安徽基础教育改革做点事情,务实求真,做好高品质教师培养,全面服务安徽基础教育发展,努力为振兴安徽基础教育作出师大人的贡献。

强基兴师,是创新教育的基石。在中国式现代化进入新征程的今天,强化教育优先发展的战略地位,体现了以创新为核心的教育、科技、人才三大战略的规律性联系。无论是加快建设科技强国,实施创新驱动发展战略,加快实现高水平科技自立自强,积聚力量进行原创性引领性科技攻关,坚决打赢关键核心技术攻坚战,增强自主创新能力,还是建设人才强国,加快建设世界重要人才中心和创新高地,着力形成人才国际竞争的比较优势,基础都在教育。创新的基础教育才能培养创新的人才,而创新人才培养又有赖于高素质专业化创新型教师队伍。因此,学校要从师资队伍建设、人才培养方案、教材教法教案抓起,着力打造优秀教师培养体系和教师终身学习体系,让每个从安徽师大走出的教师乐教善教,成为安徽教育的主力军,推动教育高质量发展。

强基兴师，是教育强国的关键。党的二十大描绘了中国式现代化的宏伟蓝图，亟须进一步形成加快建设高质量教育体系赋能中国式现代化的实践进路，实现中华民族伟大复兴的中国梦。习近平总书记在致清华大学苏世民学者项目启动仪式的贺信中指出，教育决定着人类的今天，也决定着人类的未来。教育兴则国家兴，教育强则国家强。"教育是提高人民综合素质、促进人的全面发展的重要途径，是民族振兴、社会进步的重要基石，是对中华民族伟大复兴具有决定性意义的事业。"由此，我们师大人使命光荣、责任重大，唯有踔厉奋发、笃行不息，方不负党和人民的信任和重托。

安徽师范大学出版社策划的"新时代'强基兴师'丛书"很好地顺应了学校事业发展上水平、上台阶谋划设计的发展举措——"基础教育振兴行动计划"，立意高远，目标清晰，特点鲜明。

其一，开放性与系统性相结合。"新时代'强基兴师'丛书"是一个开放性的体系，在确保科学性、学术性、可读性的基础上，不断吸纳新理论、新思想的教育论著，推进创新；不断发现有创举、有成效的教育成果，推广运用；不断推荐省内有思想、有成就的学科名师，传经授艺。同时，丛书围绕理论、实践和名师三个系列，将介绍教育理论、推荐教育实践、总结名师经验进行系统性整合，希望可以打造成为安师大出版社教育类图书的品牌。

其二，科学性与前沿性相统一。丛书既有高校教育专家学者的理论研究，也有中学教育名师关于自身成长历程的总结和对教育管理与教育教学的探索，还将总结与推广2022年安徽省基础教育教学特等奖和一等奖的获奖成果，展示这些成果坚持立德树人的价值导向，一切从学生出发，释放学生生命活力和智慧灵性的实践案例，产生激励、引领、推而广之的积极作用。丛书力求展现安徽基础教育前沿成果，宣传安徽名师典型，充分发挥名师效应。

其三，理论性与实践性相呼应。丛书包含两条主线：一是重点展现名师关于教育理论和教育实践的理性思考，体现他们对教育本质的探索和追求；二是展示新时代教育工作者对基础教育改革与发展的新探索和新实践，让教育教学创新成果落地生根。丛书既关注教育教学研究的前沿动态，又贴近中小学教师的工作生活，做到理论与实践相统一，力求建立一套完善的中学学科教师专业发展机制，形成一批可复制、可推广的中学师资队伍建设改革经验，发挥示范引领作用。

这套丛书将为中国教育的高质量发展提供我们安徽的真知灼见，也为安徽师大正在打造的金牌教案、金牌教练、金牌师范生"三金"工程提供鲜活的案例，力争为全国师范教育改革和基础教育振兴提供"参考样板"。

李亚栋

癸卯兔年盛夏于清华园

（李亚栋，中国科学院院士、安徽师范大学校长）

目　录

■ 问道与守望：菀郁翠色映课堂

■ 仁心与韧性：布善推诚容众生

■ 春泥与秋实：长风破浪更有人

距离与行走：且歌笃行向远方

鼠年近尾，承蒙安徽师范大学附属中学校长马林的看重和安徽师范大学出版社社长张奇才等诸位领导的厚爱，我得以与诸多名师一起参与"新时代'强基兴师'丛书"的编写事宜，诚惶诚恐。虽远去的日子已成岁月的注脚，却历久弥新，难以忘怀。但既欣然允诺，必当坦诚直面，并以平实的心态耙梳那逝去的流金岁月。

一

常言道："五十而知天命。"再逾几载寒暑，我便顺天命而退隐街巷市井之中。如今，每每独坐在幽静的办公室里，手捧杯盏清茗，脑海中总是不自觉地勾起如烟的往事。三十余年弹指挥间，自在的或不自在的岁月已使我"身瘦带频减，发稀冠自偏"，回眸曾经走过的坎坷，虽尽有酸甜苦辣，但从不为自己的选择而叹息后悔，依然行走歌唱在目标与现实的旅途中。

我的老家位于枞阳县的一个小山村，虽无高山巍巍、大河滔滔，倒也是一个环山簇拥、碧水涟漪、民风淳朴的宜居桃源。直到初中毕业，我依稀记得离家最远的地方，即是到父亲曾经工作过的距家约15里路的左岗镇。初中毕业后,我来到了坐落于左岗镇的横埠中学就学,这只是一所很普通的高中,虽然老师们业务能力很不错,教书育人也很尽心尽责,但我毕竟不属于天资聪颖之列。当时规定只有通过筛选性考试后才能获取参加高考的资格,我经过了两次拼搏,终于在1985年有幸成为高考大军中的一分子。高考在县城举行,这是我平生第一次乘坐大客车,也是第一次到县城,更是平生中离家最远的一次。刚到县城,惊诧于城里繁华与喧嚣的同时,心中便已萌生了所谓理想:一定要考好,争取能够到县城工作。

当时高考结束后即要填报志愿,由于我父亲是位小学老师,要我填报师范院校,说古往今来老师都是一个稳定的职业,不会没有饭吃的。而我每每看到父亲一个月才回家两次,家中里里外外的事情都是母亲一个人在操心劳累,加上当时预估分数还可以,自然没有听从父亲的话,私下里填报了非师范类院校。结果我把志愿预填表上交给学校老师时,当即被老师善意地劝改。那时的我对填报志愿一无所知,最后只好在第一志愿里改填了安徽师范大学历史教育专业。就这样,我糊里糊涂地成为一名安师大历史系的学生。从那时起,目标与现实的距离似乎越来越近,但也好像越来越远,尽管我一直行走在其间。

带着希望与理想,我来到了繁华的都市,犹如刘姥姥初进大观园一般,一切都是那么新奇,一切也都是那么陌生。如果说人生犹如一本书,那大学生活则是其中最精美的彩页;如果说人生犹如一幕舞剧,那大学生活则是其中最极致的高潮;如果说人生犹如一次旅行,那大学生活则是其中最舒畅的领略。四年里,我和同学们一起听老师们娓娓畅叙历史的跌宕起伏,奋力争抢图书馆里稀缺的座位,结伴漫步在荷风送香的镜湖湖畔,徜徉于琳琅满目的十里长街,集聚在赭山亭榭中论道人生天下……就这样,四年大学生活如白驹过隙,留下了太多的依恋和不舍,也装载了更多的收获和种子。回味这四年,要问我感受最深的是什么?当以是张海鹏、万绳楠、杨国宜、裘士京、房列曙等为代表的老一辈史学大师,和以王世华、欧阳跃峰、李琳琦等为代表的中青年史学才俊的渊博学识、博闻强记,以及他们在课堂上行云流水、精彩绝伦的讲课,尤其是他们的史才、史学、史识、史德和他们立德树人、恪尽职守之高风亮节，让我念念不忘，回味无穷。"经师易求，人师难得"，正是因为有了这些难求的人师，才为今天的我奠定了扎实的专业基础，以及潜心于历史教育教学的意志和品质。时至今日，稍不留神，湿润的眼眶竟满是昔日同窗埋头苦读的身影以及老师们课堂上那挥笔激荡、抑扬顿挫的背影……

二

1989 年，在一个较为炎热的夏天，我踌躇满志又恋恋不舍地离开了一辈子难以忘怀的母校安徽师范大学，身背行囊继续行走在追梦的人生旅途上。

尽管当时大学生毕业后国家统包统分，我也憧憬过无数美好的就业蓝图并为此而尽力地努力过，但无情的现实却将无奈的我分配到枞阳县一所农村职高——铁铜高级职业中学。这所学校位于枞阳县城东南 1 公里处的长江主航道北侧的铁板洲，该洲为明代中叶形成，面积约为 25 万平方米，与县城有定期客轮相通。铁铜职高原为一所农业中学（学校创办于 1959 年，创办者汪文英校长曾受到毛泽东、周恩来等党和国家领导人多次接见），后改为以财经类为主的职业高中，生源主要来自安庆市所辖各县，学生毕业后统一分配各企事业单位，在当时属于一所口碑不错的职高。但对于曾意气风发、理想满满的我而言，原本指望到县城工作，最终却来到距家遥远、条件艰苦、交通不便、学科不适的江心洲学校，理想与现实的落差所带来的冲击一度使我迷茫、彷徨。

为此，我进行了二次选择——考研，企望在理想与现实之间开辟人生另一条捷径。但由于当时所报专业比较热门，加上考试人数多、招生人数少，再度使我的梦想破灭。再后来又因县里的土政策，我最终放弃了继续考研的念头。就这样，我郁闷地行走在教室与室舍之间满是泥泞的草路上，疲惫地行走在学校与家里之间满布砂石的路途中。可以说，在铁铜职高这两年时间里，由于学校属性和学生的学科偏见，加上自己苦闷的心境，我在专业上几乎没有半点长进，甚至大学里所学的点滴知识也基本上还给了敬爱的老师们。我在铁铜职高期间，唯一取得的成绩就是我的一篇论文《古人取号趣谈》发表在《中学语文教学参考》1990年第6期。为此我痛定思痛,决定把自己从虚幻的理想世界拉进鲜活的现实世界中,从进县城工作的不现实目标开始转移到去一所真正需要我的高中工作。

1991年7月,我请求调到离枞阳县城较远的一所乡下完中——函山中学。虽然学校环境迤逦,临江枕山,并旁依碧波荡漾的白荡湖,但生源很不理想,各学科教师也很奇缺,当时初中高中加在一起共有十五个班级,纯粹的历史教师只有我一个人。记得刚到学校报到,学校领导就要求我带高中三个年级的历史,外加初中一个班级的政治,周课时达16节。接到这个任务,我只能无可奈何地答应,心想:在铁铜职高,历史学科根本就不被当回事,而在这儿,历史学科却成为新宠。在函山中学的三年多时间,个中酸甜苦辣,可谓别有一番苦累在心头。然而,命运安排了我毕生要从事教师这个职业,既然无力改变命运,也只能改变自己,坚信只要自己努力,脚踏实地,就一定会成为受学生爱戴、受家长欢迎、受同行敬慕的老师。

由于县里和学校里很少开展教研活动,加上教学任务繁重,因此,本着对学生负责和对自己专业成长负责的初心,我必须寻找促进专业发展和提升教学技能的出路。所以在这期间,我一是多读书,不仅认真地翻阅研读大学教材,还经常到新华书店购买相关书籍,甚至利用同学关系跑到池州学院图书馆借阅了很多历史名家著作,并为此做了四本厚厚的读书笔记;二是经常地走进其他学科教师的课堂,借他人之力促进自己专业技能的发展;三是为活跃课堂教学氛围,提振学生学习历史的兴趣,开阔学生的史学视野,每月都会开展一次特定的历史课外活动课,如历史知识竞赛、黑板报评比、历史知识大接龙、讲故事比赛、历史演讲等。三年多的努力终于获得了回报,学生的历史成绩不仅显著提高,学校的领导和老师们也对我肯定有加。这让我明白了一个道理:一个人只要努力学习,付出的与获得的必然成正比。

在枞阳县这两所学校的工作学习经历使我深刻地认识到,很多刚从大学毕业的新教师,尽管满怀憧憬,但还没有做好当教师的心理准备,甚至在对教师职业的认识还很模糊的情况下就踏上了讲台。当面对不理想的待遇、繁重的教学任务、复杂的人际关系等问题时,他们往往选择抱怨甚至破罐破摔的心态，如果不能及时地调整这种心态，势必误己害人。所以说，对于踏入教师岗位的新教师而言，要学会守望，要耐得住寂寞，一旦选择，理应无怨无悔并为之努力拼搏。因为，"教师"二字，既意味着赖以生存的职业，更意味着初心和担当。你不能简单地把做教师当成谋生的手段，你不能忽视职业操守与职业信仰的存在和力量，否则，职业倦怠将使你专业成长的生命力缺乏持续动力，信仰缺失将使你的人生迷失方向。所以，年轻教师初入职时，时刻需要将职业操守和理想信仰顶在头上，让它定位自己的前进方向，在新时代里迸发出属于自己的荣光。

三

在枞阳工作期间，由于虚心学习和积极努力，自然引起了一些人对我的关心与关注。有一次在与铜陵市（当时枞阳县仍属安庆市）一所学校的教学交流中，带队的学校领导私下问我是否愿意到他们的学校。当时，我爱人原有的工作单位经济效益不是很好，加上到城里工作一直是我毕业以来的心愿，当即迫不及待地表达了想去的意愿。经过万般努力，1994年初，我被借调到离铜陵市区还有20多公里的新桥矿中学。然而异地调动并非一蹴而就，在1995年初正式调入之前的一年中，我辗转往返于铜陵、枞阳两地上课（两地相距100多公里，中间需转车3次），周课时多达30节，那时把我累得真是焦头烂额、苦不堪言。历经一年的煎熬与等待，总算是正式调入新桥矿中学。这是一所矿区学校，学生主要来自矿区和附近农村，生源素质在全市属于中等水平。由于矿里领导对教育比较重视，学校的硬件设施在全市属于一流，同时也引进了不少名师和大学应届毕业生，因此，与市属省示范高中相比，师资力量也是毫不逊色的。

可以说，来到新桥矿中学是我职业生涯中一个重要的转折点。尽管当时的居住条件不太令人满意（四个人挤住在一间单身宿舍），但相较于过去工作的学校，我已经很满足了。初到之时，即给自己定下一个目标：一定要干出一点名堂，既要当好学生成长的摆渡人，还要做一名有专业情怀和专业尊严的历史老师！为此，我在学习中思考，在思考中践行，在践行中改变，始终行走在理想与现实的旅途中。

确定目标后，我即着手规划自身的专业发展方向。首先，认真地研究教学大纲和教材，精心构思并一丝不苟地备好每节课，在教法和学法上狠下功夫，在课堂上求效益，同时虚心向老教师和名师学习，力求精益求精、提升教学胜任力。其次，规定自己每月精心阅读一本书，涵盖哲学、史学、文学等，只要对自己专业成长有利的统统涉猎，且每次读书之后，对精彩的片段或点滴感悟皆及时地做好笔记。最后，积极参加学校和省里、市里组织的各项教研活动，利用所能利用的平台不断锤炼自己。正是通过自己不懈的努力，在新桥矿中学工作的六年多时间中，我取得了一些较好的成绩。如论文《历史教研论文选题要有创造性》发表在《中学历史教学参考》1999年第11期。

从这段经历中，我深深认识到，机会面前人人平等，要学会审时度势，善于把握机会，要有能吃苦、肯吃苦、吃得了苦的承受能力，还要有一颗只要是金子随时随地都能发光的心态。只有这样，机会才永远属于你！成功才永远属于你！

四

每个人都有他的正面和侧面，因为一个人来到这个世上，既为自己更为他人活着。我曾经与青年教师交流时多次告诫他们，工作不是生活的全部，你有家庭、亲朋好友，你需要有闲逸的时间去丰富你的个人世界。在新桥矿中学时，虽然我的专业技能得到一定的提升和发展，但在矿区却始终无法解决我爱人的工作问题，迫于生活压力，我必须想方设法地调到市区。在与市区学校多次的教研互动中，我相继认识了市区学校的一些领导和教学名师，并与他们建立了非常密切的个人关系，这些交往交流最终为推销我自己奠定了坚实的基础。

承蒙当时几位学校领导的关心，2000年炎夏，高考阅卷结束后，我被借调到铜陵市第二中学。2001年暑假我参加了铜陵市区学校统一招聘考试，最终以综合成绩第一名被调入铜陵市二中。虽然在人生的路上颠来簸去，但让我又明白一个道理，即不管你干什么，一定要抓住这几个词：努力、贵人、机遇、平台，四者缺一不可。创办于1958年的铜陵市二中坐落于市中心，是一所公办完中，但高中办学历史很短，生源质量属于中等水平。我在铜陵市二中的十六年里，应该是我专业技能突飞猛进的十六年，更是不断实现我初涉教坛时确立的理想目标的十六年。

在铜陵市二中的日子里，我不仅教学任务繁重，而且还连续当了十六年的班主任，并相继兼任学校的政保干事、教科室副主任、政教处主任等，真是工作"压力山大"。记得2009年上半年，当时我已带了三个高三班、一个高二班，每周已有25节课，还担任学校教科室副主任并兼任一个高三班的班主任，但领导还让我再带一个艺术班的课，一周下来，光课时量就达34节。如今我偶然间想起来，觉得那时的我真傻！但转念一想，正是如此，我才是今天的我！

我常说，思维和方法比知识更重要。历史教学不仅仅是教会学生简单的课本知识，更重要的是教会学生做人和激发学生人生发展的潜能。《普通高中历史课程标准（2017年版2020年修订）》强调指出："学生通过高中历史课程的学习，进一步拓宽历史视野，发展历史思维，提高历史学科核心素养，能够从历史发展的角度理解并认同社会主义核心价值观和中华优秀传统文化，认识并弘扬以爱国主义为核心的民族精神和以改革创新为核心的时代精神，具有广阔的国际视野，树立正确的世界观、人生观、价值观和历史观，为未来的学习、工作与生活打下基础。"为此，我抓住一切机会，向名师看齐，学习、借鉴名家，博采众长，立足于创新高效课堂的建设，提高课堂教学效果，熔铸自己的教育教学风格。从我个人的教育教学经历看，首先，针对不同的教学对象，积极营造良好的教学氛围，鼓励学生大胆质疑，敢于标新立异。其次，以合作探究的学习方式，辅以多重思维方法，充分调动学生的多维思维能力。再次，坚持空白教学，由学生"自去理会，自去体察，自去涵养"（朱熹语），把主动权、选择权留给学生。最后，积极补充学习新知识和新技能。多年来，我自购并阅读了大量史家名著，了解史学研究前沿知识和最新研究成果，不断拓展学科视野；同时努力掌握并积极使用新的教学手段和方法，譬如电子白板教学、微课程教学等。坚持不懈的努力，使我相继获得了很多教育教学成果。如论文《德才双修　厚德载物——谈新课程背景下德育与历史教学的整合》发表在《中学课程资源》2008年第8期。2009年，我被安徽省人民政府授予"特级教师"称号；2014年，被安师大聘为兼职硕士生导师。成绩虽代表过去，但我更深知，学海无涯，教无止境，正如屈原所说："路漫漫其修远兮，吾将上下而求索。"

有人说，教育科研是现代教育发展的第一生产力。虽然有点过于夸大，但我始终认为教育科研绝对是教师成长的一个不可回避的路径。教育科研必须源于自己的教育教学实际，如可以来自外在的学习感受，可以来自刹那间的灵感，可以来自亲身的教育教学经历。教育教学的话题无数，而一个教师能否结合自身的实际并在一定理论指导下确定教育科研话题，确实是衡量教师专业成长的重要指标。从2000年以来，我开始认识到这个问题，并在学校领导指导下开始着手确立课题研究方向，一直到现在，已从过去被人扶着走发展到自己甩手走。这么多年来，我相继完成了诸多课题的研究工作。如2001年，我主持的课题"学习困难学生之家庭教育现状及对策的研究"被列为省级课题，2005年完成结题验收；2002年，主持的课题"社区服务与社会实践的管理与规划"被列为省级课题，2006年完成结题验收。

学贵得师，亦贵得友，正如孟子所说："取诸人以为善，是与人为善者也。"我一直认为自己是幸运的，求学安师大时，当时的历史系可谓名师云集；走上工作岗位后，先后得到了很多领导和前辈的垂青与厚待，以及同道好友的建议与点拨。在铜陵市二中期间，我认识了省特级教师、市地理教研员章晓明老师，我们亦师亦友，他一直是我学习的楷模。记得2006年的一天，在与章老师的畅谈中，他肯定了我的教学潜质并对我提出了殷切的希望，同样我也表达了教学愿景。从那以后，无论在学校工作上，还是在教育教学上，我始终以评上省特级教师为目标。正是由于专业发展动力不减，才有了我上述的教育教学成绩。经过市里和省里的筛选，我最终于2009年被评为省特级教师。

我常常对我的学生们说，人的一生，一定要耐得住，拿得起，放得下，走得稳；而做事时，一定要做颗石子，沉下去。至今我还记得一位校长曾对我说的话，她说我取得了这样的成绩，完完全全靠的是自己的努力。身旁的很多同事和朋友也经常请教我有何秘诀，我都开玩笑地说："可能每天你看到的我都是在玩，但是，你没有看到我时，绝对不会知道我在干什么。"由此看来，教师的专业成长与发展，既要有明确的规划和设计，又要有扎实推进的举措，还要善借东风，并有积极进取的精神。可以说坚持不懈、始终不放弃是教师专业成长与发展关键中的关键。

五

2016年，铜陵市高中学校布局调整，撤销二中、六中、九中等校高中建制，合并成立铜陵市实验高级中学。

与以往工作的学校不同，铜陵市实验高中是所寄宿制学校，实行小班化教学模式，虽说师资力量很不错，但生源还是一般。抱着既来之则安之的心态，我一边服从学校安排并不折不扣地完成教学任务，一边还兼任安师大硕导、市历史教研员、市政府督学和市高级教师职称评审委员会副主任等。此外，我还寻机提升自身的专业发展能力，并先后取得了一些成绩。如论文《度己·补疑·智慧——"学科素养与历史教师专业发展"侧谈》发表在《中学历史教学参考》（上半月）2017年第10期；论文《略论高中历史教育之"道"》发表在《合肥师范学院学报》2017年第1期，并被中国人民大学书报资料中心《中学历史、地理教与学》2017年第8期全文转载。2019年，我获得《中学历史教学参考》"优秀作者"荣誉称号；2021年，被评为安徽省第八批学术与专业技术带头人。

一枝独秀不如满园春，一人独乐不如众人乐。十多年来，我怀抱"化作春泥更护花"的精神，以谦和的态度积极帮扶青年教师成长，也以虔诚的心态赶赴各地讲学。如指导柳昔亮等十余位老师获得省级教学大赛一、二等奖；自2005年起，在省内以及海南、四川、陕西、河北、江苏、湖北、江西、山东等地共计讲学百余次。在这些活动中，我自己也得到一次次洗礼与升华，正如傅月庵在《天上大风》中所言："真正的行者，不在于走过了多少地方,而在于成就了多少次全新的自己。"

六

铜陵市实验高中的展板上曾有我的人生感言:"为教者乐,为师者荣。"这既是我作为一名教师的职业操守,也一直是我行走并追求的职业境界。教师是个平凡的职业,教育则是个高尚的事业。没有一颗平凡、仁爱、寂寞的心去从事如此高尚的事业,对己不利事小,对学生不利则事大,对国家、民族而言更是贻害无穷。任何一位教师都理应像苦行僧一样,施以爱心,甘于寂寞,不断修行,这样才能从平凡中体会到无穷的乐趣,从寂寞中体会到成功的喜悦,而这种乐趣和喜悦更是集中体现在我二十多年担任班主任的经历上。

没有爱就没有真正的教育,正因如此,"乐学生之乐而乐,忧学生之忧而忧"成为我教师生涯中的真实写照。随着社会的发展和时代的进步,学生所受到的影响因素已日益多维化,班级管理也更加复杂化。为此,我经常地思考和探索,逐步形成了以"生本"为中心的"爱心、耐心、细心"三心班级管理经验,用爱心感化每一位学生的言行举止,用耐心消融每一位学生的心理障碍,用细心关注每一位学生的细微进步。因此,我既赢得了学生的普遍认可,也赢得了家长的交口称赞。譬如2004年4月的一天,班上有一位女生因多种原因,与其母亲发生了很大的矛盾,连续几天晚上不回家而住在同学家里,其母亲急得没办法,跑到学校号啕大哭,请求老师劝说其女儿回家。我知道事情经过后,将该女生领到家里,让爱人做了好吃的,饭后花了很大精力耐心细致地做通了她的思想工作,最终使其母女二人化解了矛盾。高考中,这位女生最终考上了一所不错的大学。通过这件事,我认识到,教师正如木匠一样,眼里不应有废料,即便是一根小木条,也可以用来做楔子,这就要求我们应平等地民主地对待每一位学生。

人心皆是肉长成,正如优秀班主任任小艾说过:"对每一个老师来讲,你的学生可能在你的班级里是百分之一,但对每一个家庭来讲,这个孩子就是百分之百!就是父母头顶上的一片天!"譬如我给2016级入学的孩子们就定下规矩：从高一到高二，每周写一篇周记，话题分为校园学习生活、班级团队建设、励志感恩、话题作文、视野拓展等，每篇周记我必改，并且每位同学的周记必有绝不相同的精致评语。有位男生初中时与父亲矛盾很深，直到初三结束后，父子矛盾才得到缓解。这位男生曾写了篇名为《这辈子，我只想做您的儿子》的周记，当时我将这篇周记发给他的父亲看了，他的父亲随即泪流满面，并在微信里对我表达了深深的谢意。我以这篇周记为契机，苦口婆心，循循善诱，前后花了一学期时间，使这对父子和好如初。诸如此类的事情，对我而言，可谓不胜枚举。

坎坷不悔为师路，辛勤劳作换硕果。因班级管理成绩突出，我连续多年被学校评为"先进班主任"。在2003年高考中，我所带的班级成绩喜人，总共有十九人达本科分数线，本科录取人数占学校的三分之二；在2009年高考中，我所带的班级本科录取人数已达班级人数的一半。此外，我所指导的学生还多次获得省市级奖项。

七

从离开赭山之麓、镜湖湖畔至今，我已从事三十多年的历史教育教学，历经几轮课程改革，走进过小学、初中、高中甚至大学的课堂，聆听点评过名目繁多的现场课，伏几览阅案牍所藏文史哲，恍然有一种"人生天地之间，若白驹之过隙，忽然而已"的感觉。反悟过往种种，虽无格物致知、正心诚意之识见，更无修齐治平之抱负，然忆之念之，疑之思之，仍觉无限温情敬意。

梁启超在《中国历史研究法》中开篇即言："史者何？记述人类社会赓续活动之体相，校其总成绩，求得其因果关系，以为现代一般人活动之资鉴者也。"人类"活动之体相"与"总成绩"间的"因果关系"不外乎涉及人与自然、人与社会、人与人这三大关系，探讨其中的来龙去脉与相互关联及其对后世人们的启示，构成了历史学习和历史教学的总和。故而，懂得一些历史知识，知晓一些奇闻轶事，只是历史恣肆汪洋中的几滴水珠而已，而非历史学。正如《普通高中历史课程标准（2017年版2020年修订）》中明确指出："历史学是在一定历史观指导下叙述和阐释人类历史进程及其规律的学科。探寻历史真相，总结历史经验，认识历史规律，顺应历史发展趋势，是历史学的重要社会功能。"所以，中学历史课程不仅仅是传授于学生人类"活动之体相"与"总成绩"间的"因果关系"，更是承载着上述历史学的教育功能。辗转历史课堂几十载，熬白了发根，枯尽了思绪，方有"退潮刷江岸而成淤滩，宿茶浸陶壶而留陈渍"般的点悟，当如滴水之势，涓涓而下。

第一，一堂好课必有一个灵魂、一个闪光点，做到课堂有光。

每每观课之余，我常听到同仁们议论纷纷，这节课如何如何好。而问及这节课好在何处？又是一二三四五地列出诸多理由，闻及这些理由，我不禁哑然而笑，扬身而去。实际上，一节课好不好，最佳裁判员不是观课的教师或者评委，而是端坐在课堂仔细聆听的学生。若一节课装载了太多的教学内容抑或所谓真知灼见的形式与方法，那势必会导致学生在这节课上一无所获。譬如头顶上的太阳一样，正是因为只有一个太阳，地球上才能万物茂盛、生机勃勃，否则，地球上的生物何以生存？因此，备好一节课，必须首先考虑本节课的"灵魂"是什么？也就是本节课教学的"红线"是什么？历史教育的"灵魂"可以直接定位于《普通高中历史课程标准（2017年版2020年修订）》中提及的"五大认同"："坚持正确的思想导向和价值判断""要增强学生的历史使命感，不断增强学生对伟大祖国的认同，对中华民族的认同，对中华文化的认同，对中国共产党的认同，对中国特色社会主义道路的认同"，这是实现立德树人根本任务的传导路径，也是培养和提高学生学科核心素养的价值量尺，是不可逾越的"红线"。

同样地，历史教育的"底线"和"闪光点"又各是什么呢？理应是课程标准所指出的历史学第一个功能"探寻历史真相"，亦即求真、求实。教科书是学生接受历史教育的重要载体，关乎历史教育"五大认同"的落实，体现出坚如磐石的国家意志。正如葛剑雄先生在《历史教科书的"底线"》中所说："任何国家的教科书跟学术研究还是有别，它体现的是国家意志，为了符合主流的意识，也都会有所选择、有详有略，但这里有个前提，即不能歪曲事实，不能片面地戏说历史，这是教科书的'底线'。"因此，历史教学中若要辩证地客观地叙述人类社会演变脉络、阐释历史发展规律，进而指导学生总结历史经验、顺应历史大势，就需要在内容的呈现方式和教学方法上创新并追求恰当至臻的做法。而在课堂上以某种很清晰的方式或某种深入浅出的方法，能够将历史教育功能扎扎实实地落地，这就是历史教学中的"闪光点"。所以，那些课堂上五花八门的教学内容呈现方式和眼花缭乱的教学方法，看似新颖别致，其实是雾里看花，一片模糊。

第二，从兴趣出发，以发现问题为中心，自会"自利利他，自觉觉他"，做到课堂有力。

叶澜教授在《让课堂焕发出生命活力》中指出："课堂教学蕴含着巨大的生命活力，只有师生的生命活力在课堂教学中得到有效发挥，才能真正有助于新人的培养和教师的成长，课堂上才有真正的生活。因此，要改变现有课堂教学中常见的见书不见人、人围着书转的局面，要研究影响课堂教学师生状态的众多因素，研究课堂教学中师生活动的全部丰富性，研究如何开发课堂教学的生命潜力。"换言之，课堂教学的生命力首先在于学生的学科兴趣和问题意识的培养，没有浓厚的学科兴趣和问题意识的课堂始终是苍白无力的。在课堂教学中，教师是编剧、导演、演员，学生也是编剧、导演、演员，但相对于教师而言，学生演得可能比较蹩脚。如何把学生由一个蹩脚的角色培养成能尽快入戏的好编剧、好导演、好演员，学科兴趣的培养是首要的也是关键的一环。兴趣是最好的老师，仅仅单调地讲述历史故事肯定远远不够，还需要从学生的生活中寻找学生兴趣的培养点。因为历史源于生活，历史即生活，挖掘学生生活中的历史，使学生心中有味，学科学习的兴趣自会油然而生。

当然，仅有兴趣还不足以支撑学生的学科学习和素养能力发展的需要，更不能打造生机盎然的课堂，这就需要在调动学生学习兴趣的过程中，挖掘学生质疑批判的思维潜质，培养学生的问题意识。教师的最大价值在课堂，而课堂的生命力在于教师的魅力、学识、睿智与学生的投入、机警、伶俐的碰撞与激荡。我始终认为，提出问题比解决问题更重要，思维方法比知识更重要，焕发出勃勃生命活力的课堂才是有价值的课堂。叶圣陶老先生对教材就有过精辟的论断：教材无非是个例子，凭这个例子要使学生能够举一反三。但现实中我们经常看到听到，很多课堂上，基本上是老师的一言堂代替了学生的质疑与思考，学生基本上变成了课堂的附庸，学生的主体性则匿迹于无声处。这样的课堂毫无生机。在课堂上，如何把波澜壮阔的历史与有血有肉的学生巧妙地无缝对接，需要在充实而不忙乱、有序而不呆板、活泼而不散漫的氛围中，力争通过师生的良性互动、教师的问题引领等置学生于思考探究与质疑批判的前沿，让学生的主体能动性得到充分地彰显。正如《普通高中历史课程标准（2017年版2020年修订）》中指出："在教学理念上要以学生的学习与发展为教学的本位、重点，以调动和发挥学生历史学习的积极性、主动性和创造性为核心，以学生的学习活动为实质性线路，以学生的自主探究活动为中心展开。教学模式与教学方法的选择与应用、教科书的整合与教学资源的利用等都要围绕着学生自主活动来组织，真正实现以学生学习活动作为整个教学活动中心的'学习中心课堂'。"显然，如此的过程并非一蹴而就，若能长此以往和乐此不疲，必将花开满园、芬芳斗艳。

第三，高屋建瓴地把握教材，基于学科核心素养建构叠加，做到课堂有道。

新一轮课程改革扑面而来，新课程、新课标、新教材、新课堂……面对令人眼花缭乱的新情境、新问题，很多新老教师都显得满脸无奈，集中地聚焦在新教材繁多的知识点与教学课时极其紧张的矛盾上，尤其是很多知识点点到为止、过于简略。自从使用新教材以来，我已听过无数次课，也指导过很多位教师。在这些听课和指导中，我认为，首要的是必须研读课标和熟稔教材。课标是落实立德树人和学科核心素养的指南，教材是践行立德树人和学科核心素养的载体。如果能够做到上课时对教材滚瓜烂熟，绝不照本宣科，需要哪段内容脱口而出、信手拈来，或者发挥教材的优点，取舍有度、删减有理，那势必会为高屋建瓴地整合或重组教材创造良好的前提。但完美地建构教材还需要有扎实厚重的文史功底、广博可证的史料引用、新颖独到的史识见地、赫然可见的学科素养、精致共鸣的框架结构等。

由此可见，教学结构是备好课、上好课的关键，因为这既体现了教师对单元教学主旨的整体把握，更显现出教师的教学胜任力。所谓教学结构整合，是指按照课标的要求，在尊重教材的基础上，将教科书中的内容和教科书以外的相关知识有机地增减取舍重组再织，重新设计教学结构。它不是简单的"凑合"，而是有机的"重构"。任何对教学内容的整合，都要落实课程标准的要求，依据课程标准提炼核心知识点，剔除远离课程标准的知识点。如有老师在设计《中外历史纲要（上）》第14课《清朝前中期的鼎盛与危机》时，以"皇权之强——专制顶峰政局稳""人丁之盛——数亿人口垦荒忙""疆域之广——统合四方版图定"三个板块统领教学全过程。此种设计结构简单，主旨凸显，线索一目了然。又如有两位老师在设计《中外历史纲要（上）》第9课《两宋的政治和军事》时，分别以"赵匡胤的抉择""王安石的梦想""岳飞的遗憾"和"立'法'——安身立命""变'法'——富国强兵""守'法'——宋亡元兴"为线索，前者以中心人物为核心，紧扣教学内容，简单明了，重心突出；后者构思严谨，挖掘了教材的深度，拓宽了内容的广度，体现了一定的思想力度，彰显了宋元历史演变的历史主线。还如有老师在设计《中外历史纲要（下）》第11课《马克思主义的诞生与传播》时，以理论与实践的辩证关系视角切换教学流程："时代呼唤科学理论、科学理论源于革命实践、实践丰富科学理论"，辩证的逻辑、适度的裁剪、合理的结构、精心的钩沉，再配以强烈的情感、密切的互动、翔实的史料、精粹的归纳，精雕细琢，一节课必然一气呵成。再如有老师在设计《中外历史纲要（下）》第15课《十月革命的胜利与苏联的社会主义实践》时，以"列宁的探索——刺破青天锷未残""斯大林的奋斗——快马加鞭未下鞍""观察家的瞭望——倒海翻江卷巨澜"为主题，这种设计，从政权建立到经济建设，线索清晰；从制度抉择到历史回响，主旨突出；结构完整明了，有一泻千里之感。

与旧教材突出专题史编写体例不同，新教材必修部分以编年史为线索，以纲要为核心，更强调了古今中外历史的一脉相承。很多教师使用新教材时产生了这样或那样的困惑，没有仔细地研读"纲要"之宗义是原因之一。何为"纲要"？即历史发展的基本线索和阶段特征。如从宏观角度看，《中外历史纲要（上）》由三大基本线索和阶段特征构成，即"古代统一多民族国家的形成、巩固和发展""近代救亡图存运动的兴起、发展与新民主主义革命的最终胜利""中华人民共和国的成立和中国特色社会主义道路的开辟与发展"。再从教材具体单元标题也可看出，以中国古代史为例，"从中华文明起源到秦汉统一多民族封建国家的建立与巩固""三国两晋南北朝的民族交融与隋唐统一多民族封建国家的发展""辽宋夏金多民族政权的并立与元朝的统一""明清中国版图的奠定与面临的挑战"，这四个单元的主题鲜明突出，但合起来又组成大单元价值线索，即统一多民族国家的发展历程。如果不明白这点，那就很难彻底地理解和运用新教材。所以，倡导在学科大概念下探索和践行单元主题教学是落实和培育学科核心素养的关键能力、必备品格与价值观念的重中之重。新目标召唤新教学，新教学需要新设计，新设计需要新思维。郭华教授在《深度学习与课堂教学改进》中清晰地阐述道："单元学习主题实际上就是'联想与结构'的结构化的部分。单元学习目标，就是要把握知识的本质。单元学习活动是活动与体验、迁移与应用的一个部分。因此，单元学习主题，就是从'知识单元'到'学习单元'，立足学生的学习与发展，以大概念的方式组织'学习'单元，在学科逻辑中体现较为丰富、立体的活动性和开放性。"崔允漷教授也在《如何开展指向学科核心素养的大单元设计》中强调："教师必须提升教学设计的站位，即从关注单一的知识点、课时转变为大单元设计。只有这样，才能改变学科知识点的碎片化教学，才能真正实现教学设计与素养目标的有效对接。"

历史是过去的人和事，而历史学就是为学生搭建过去与未来的桥梁学科，所以历史教师须具有前瞻性，既要思考人类的过去，更要关注人类的未来，做到心中有责；同样地，只有教师智慧地引领学生从回归历史、走出历史到追问历史，才能使学生的人生智慧不断累积、人文素养不断升华，因此，历史教师还要做到心中有人。

掩卷耙梳三十余年的教育教学经历，可谓寒天饮冰水，点滴在心头。虽然我至今仍在行走中，但行走的每一步都有纠结和心结，恰如《论大战略》中一语中的："如果你寻求的目标超出了你的能力，那么你迟早要调整目标以适应能力。随着能力的提升，你可能会达成更多的目标，但不可能达成所有目标，因为目标是无限的，而能力则永远存在界限。无论你在两者之间达成什么样的平衡，现实和理想之间，也就是你当前所处的位置和你的目的地之间总会存在差距。只有当你在可操作的范围内，将现实与理想之点连在一起（尽管它们之间存在差距），才能称之为战略。"行走讲台多年，我深深体悟到，教师的专业成长与发展，一靠目标，这是走向成功的航标，缺乏目标的人永远是浪打浮萍，任尔东西南北；二靠机遇，时则动，不时则静，明智的教师总是善抓机遇，并将之锻成名师的奠基石；三靠坚持，只要持之以恒，铁杵也能磨成针，三尺讲台也可以成就不凡的名师；四靠实力，这是成为优秀教师的话语权，没有底气的呐喊会遭人鄙视的；五靠境界，只要心如止水，取舍有道，谦和有礼，大爱无形，你就会如同一棵树一般，永远地矗立在那里。

　　路，永远在那儿，就看你怎么走！

　　我坚信，我会永远在教书育人的道路上行走下去！

问道与守望：菀郁翠色映课堂

教师的专业成长与发展起于课堂源于思考，唯属课堂才能体现出价值，唯有思考才能彰显出理性。

——题记

论高中历史教育之"道"

老子《道德经》第四十二章言"道":"道生一,一生二,二生三,三生万物。"任何事物的发展都有其"道",那高中历史教育之"道"何在?《普通高中历史课程标准(实验)》总体"布道":"普通高中历史课程,是用历史唯物主义观点阐释人类历史发展进程和规律,进一步培养和提高学生的历史意识、文化素质和人文素养,促进学生全面发展的一门基础课程。"基于课程性质,为构建新的课程文化精神,《普通高中历史课程标准(实验)》又强调:"全面发挥历史教育的功能,尊重历史,追求真实,吸收人类优秀文明成果,弘扬爱国主义精神,陶冶关爱人类的情操。通过历史学习,使学生增强历史意识,汲取历史智慧,开阔视野,了解中国和世界的发展大势,增强历史洞察力和历史使命感。"所以说,"历史教育的根本目的不仅仅在于让学生掌握基础的历史知识,更应当重视透过历史的学习,开发学生持续发展的潜力,促进其人格的不断完善"。通览《普通高中历史课程标准(实验)》,"人文"二字贯穿全文,培育人文精神、阐扬人文精神,此为高中历史教育之"道"。

历史教学服务于历史教育之"道",人格的升华和人文精神的张扬理应贯穿历史教学全过程。但从目前的教学实践来看，大部分历史教学只是一味地服从和服务于中考、高考，课堂教学中总觉得缺失历史教育的灵性和理性。即使有些课堂偶尔多一点活动，穿插一些"秀"的表演，也只是历史教学中的花拳绣腿，而不是真正意义上的历史教育。就历史教育本质而言，培养学生的人文精神绝对不可或缺，历史教育须尽量合理地发挥自身在阐扬人文教育中的应有作用。高中阶段是基础教育向高等教育发展的衔接关键时期，是学生这个群体人格塑型和人文精神培育的重要节点。高中历史教育理应在其中发挥重要的作用，但从现实来看，高中历史教育任重而道远。

一、"道"之一：恒久人文

纵观中外历史教育，传授知识、强调美德、注重人文精神和人文关怀成为各国历史教育课程文化精神的恒久传统。两千多年前，我国大思想家和教育家孔子就提出"性相近也，习相远也"，强调教育在人的发展中起重大作用。孔子的道德教育主要是强调"仁"和"礼"，而道德修养的最高境界是"仁"。"仁"的最基本思想是"己所不欲，勿施于人"；进一步是"己欲立而立人，己欲达而达人"；再进一步是"仁者爱人"。由于春秋时代"天子失官，学在四夷"，学术文化下移，孔子顺应历史发展潮流，创办私学，实行"有教无类"的办学方针。孔子这种鲜明的民主化和人文化的教育思想与实践，推动了春秋战国时期百家争鸣局面的兴起和学术文化事业的发展，也为华夏族先进文化的传播和交流奠定了基础。

与孔子同时代的西方先哲苏格拉底提出了"美德即知识"的命题，他认为每一种美德都离不开知识，知识是美德的本质。作为博学多识、思想深邃的教育家，他认为教育的目的是造就德才兼备的治国能才，教育必须为现实服务，必须为人的发展服务，为此他把毕生精力都献给自己热爱的祖国和人民，致力于对国家前途的思考和对雅典公民素质的提高上。他穷其一生为那些想改变自身命运的雅典公民不知疲倦地奉献着，广场、庙宇、街头、商店、作坊、体育馆都是他教育的场所；青年人、老年人、有钱人、穷人、农民、手艺人、贵族、平民都是他教育的对象。在那个时代，一切可能利用的地方都是"有思想力的人是万物的尺度"的思想弘扬的平台；一切可以教育的公民都是"苏格拉底教学法"的直接受益者。这些闪烁着人文主义光芒的教育思想及实践奠定了近代以来欧美教育理论发展的基础。

现代英国，"有教育存在的地方，便有历史教育"。英国历史课程的设置有着自己鲜明的特点：突出本国历史教育；历史课程独立设置，不与其他学科综合，但有自身的综合。英国教育部门认为，以历史、文学、地理和宗教为主的人文学科理应成为一门以现实为中心的学科，这样有助于学生了解目前社会的经济和政治形势，同时又能使他们看清自己在社会中的处境。美国的历史教育则被纳入由历史、公民、地理等有关反映社会问题的课程加以合并的"社会科"教育之中，把历史、公民课一起确定为社会科的核心课程，尤其是历史课，被称为"社会科之母"，它的历史教育充分体现了美国特殊的国情和教育的个性化、人文化特点。1987年，美国布拉德利委员会对历史在国民教育中的作用作出如下阐述：有利于培养和形成完善的人格；为参与公众生活作准备；为以后的工作作准备。亚洲的日本同样非常重视历史教育。二战前，历史课在学校中一直是单独开设，主要讲授日本史、世界史，但日本史是系统的，世界史却很零散。二战后，日本进行以"国际化"为导向的历史课程改革，其中心要求是使日本公民能够"自主地生活在国际社会中"。作为不断崛起的经济大国，日本一直谋求成为政治大国，因此高中的历史教学特别强调培养能活跃于国际社会的日本公民的觉悟与素养。

1912年成立的中华民国政府规定教育以"促进世界大同"为宗旨，民国初年的教科书——《共和国教科书新修身》强调："以养成共和国民之道德为目的，注重独立自尊，爱国乐群诸义。"这些教育思想深深地影响到民国时期的历史教育。中国近现代著名教育家、曾任北大校长的蒋梦麟认为：第一，历史教育当以学生的生活需要为主体；第二，当以平民的生活为中心；第三，政治家与科学家当并重。为此蒋梦麟还拟了一份中学中国历史课程的教学内容大纲，其字里行间贯彻历史教学用以促进学生人文情怀增长和拓展学生知识能力素养的主旨，突出了历史教育所肩负的培养新国民的神圣使命。

新中国成立后非常重视历史教育，从1956年到21世纪初先后颁布了九个版本的《历史教学大纲》，作为历史教学实施的指南。1996年，国家教委颁布了新时期以来第一个《高中历史教学大纲》，无论在具体的历史学科教学上还是在历史教育的培养目标上均有了显著的变化，突出层次性、时代性和人文性。从2001年基础教育课程改革国家级试验区的启动到2003年全国基础教育课程改革的全面拉开，再到2006年高中课程改革的进行，我国的教育面貌可谓"天翻地覆慨而慷"，教育的改革和变化也深深地推动了改革开放事业的不断发展和国人思想文化观念的巨大变化。在这场教育变革的大潮中，高中历史教育的理念、方法和手段不断创新与发展，历史教育所蕴含的文化力量和人文魅力进一步发挥出来，冲击着每一位学生的心灵。

二、"道"之二：激情思维

思维方法比知识更重要。也许今天我们教给学生的知识再过三年五载，学生就会忘记得一干二净，但是学生思维方法的养成却有可能让其受益终身。现今高中历史课程的设置体现多样性特质，能以多视角、多层次、多类型、多形式，为学生选择和学习历史学科提供更大的自由空间，能更好地促进学生个性健康地发展和人文情愫自如地滋长；同样地，高中历史课程的设计和安排也有利于学生学习方式的转变，十分重视学生参与学习的主动性、积极性、有效性、实践性和创新性，这些课程理念和教育目标要求教师具有更完善的知识智慧并拥有一定的教育教学能力，不断更新自己的教学理念，自觉转变自己的教学方式，倡导灵活多样的有效教育教学手段和方法。

由于现代社会发展的客观需求和课程改革的内部推动，过去那种以漠视学生独立思考权、选择权和个性权为主要特征的灌输式历史教育已是过去式了。而有效教学既是实现学生知识掌握和能力发展的有效途径，也是培育学生人文情怀的有效途径。如何实现有效教学？以"最少"的时间达到"最佳"的教学效果，即通过教学，不仅使学生在知识和能力层面得到拓展、升华，更重要的是使学生在情感态度与价值观方面得到全面发展。因为学生"掌握历史知识不是历史课程学习的唯一和最终目标，而是全面提高人文素养的基础和载体"。试想：如果在45分钟时间内，尽可能地让学生学会更多的知识，思考更多的内容，总结更多的人类社会变化发展规律，掌握更多的思维方法技巧，情感态度与价值观得到一次次升华，最大限度地减少那些无效的教学时间和教学环节，那课堂教学效果自然事半功倍。

为此，实现有效教学，教师不能仅在知识层面上想点子。如何通过历史基础知识的教学而达到思维方法等基本能力的强化训练和学生人文情感的提升？主要有四种途径：一是加大课堂教学信息的密度。在"精"字上下功夫，精选精讲教学内容，精心设计传授知识的过程，使学生能"一课一得"，并在获取和甄别处理信息的过程中不断地增强自己学习知识的灵感。二是加快完成任务的速度。对于一般知识在"快"字上动脑筋，让学生通过"提前预习、快速阅读、快速背诵、快速思考、快速归纳、快速质疑、快速答问"等形式，腾出时间对问题和结论深思熟虑、反复推敲，逐步使学生达到快中求好、快中求准、快中求深。三是增大教学步伐的跨度。高中历史课程的编排打破初中历史课程的编年次序，分成三个必修学习模块，二十五个古今贯通、中外关联专题以及六个选修模块，加上时空跨度很大，很多学生难以适应。这需要在"压缩"和"跨越"上想办法。所谓"压缩"，不是压缩教学内容，而是压缩教学步骤，三步并成两步走；所谓"跨越"，就是某些结论不由老师直接给出，而是有意识地留下空白，实行空白教学，由学生"自去理会，自去体察，自去涵养"（朱熹语），把主动权、选择权留给学生，赋予教学过程更多的人性化和个性化。四是注重发散思维方法的开发和训练。发散思维是一种广开思路，不循常规，寻求变异，从多方面进行思考、探究问题多种可能性的思维方法。学生历史思辨能力和人文素养的高低是衡量学生是否具备创造力和发散思维能力强弱的重要指标。恢弘壮阔的古今中外历史给予了学生太多太大的发散思维空间，为此，针对不同的教学内容，一方面积极创设与学生心理相容的教学氛围，鼓励学生超常思考，大胆质疑，敢于标新立异；另一方面以合作探究的学习方式积极推动信息由单项传输到多项传输，辅以联想、类比、归纳、演绎等思维方法，充分调动学生们的多维思维能力。

三、"道"之三：阐扬人文

马克思在《1844年经济学哲学手稿》中写道："人作为自然存在物，而且作为有生命的自然存在物，一方面具有自然力、生命力，是能动的自然存在物；这些力量作为天赋和才能、作为欲望存在于人身上；另一方面，人作为自然的、肉体的、感性的、对象性的存在物，同动植物一样，是受动的、受制约的和受限制的存在物……"从马克思的论述中联想到现在的学校教育，虽然受动性学习会带给学生苦痛，但这正是他们将来走上社会经风雨见世面的准备，是他们成人后抗磨难、历挫折的预演。人生的道路是不可能一帆风顺的，人性在寻找幸福伊甸园的历程中是不可能处处鸟语花香的。学校教育正是通过受动性学习培养学生克服困难和挫折的意志，锻打学生抗压的筋骨和魂灵，从而铸造学生成人成才的人文精神和人格魅力。著名教育专家严清曾说过："人性的最高境界——自由的实现，是教育的终极愿景和无上价值。"教育理应要培养人性的这一最高境界，理应让受教育者以自由为追求，以自由人性为最有价值的获得，让受教育者摆脱功利、超越异化，最终为自己、为他人更为人类带来福祉。

教育作为回归人性之重要途径，其必须提倡人文精神，人文精神就是人类对自身价值的肯定。几百年来，人文精神在影响和改造世界的过程中发挥了巨大的作用。高中课程改革以来，在人文精神指导下，历史教学较以往更加关注教学方式和教学评价的转变，关注学生主体存在和学生的发展，关注人的发展。

中学历史教学的目的不是培养历史学家，而是让学生接受不同文明的熏陶，培养和提高学生的人文素养，掌握历史思维的能力。历史既是典型的社会科学，也是典型的人文科学。人文科学强调人的本质在于人文精神，必须以行动把自己所领会的文化价值体现出来。著名史学家白寿彝曾说过："历史教学关键主要有三条，第一条讲做人的道理，第二条讲人类改造自然的道理，第三条讲历代治乱兴衰。在这三条之中，第一条是最要紧的。也就是说，学历史首先就是要懂得做人的道理。"历史教育专家赵亚夫更是直截了当地指出："为什么要学历史？为了学会做人。"由此看来，历史强调理性和思辨性；人文精神则强调其对人的生命、尊严、价值、生存状态及未来命运的深切关注，强调其对人对社会对自然的理解和宽容、自由和责任、关怀和慈爱，所以历史理性与人文关怀俱彰显"真""善""美"的精神价值，两者血肉般地联系在一起。

那么，面对时代的呼唤，高中历史教育应该如何进行人文的阐扬呢？第一，在具有很强人文色彩的教学内容上，要有选择性和针对性，要突出人文的特性，要挖掘其中对学生影响深刻的文化意蕴。诸如那些反映人类社会政治、经济、思想文化、科学技术等领域的重要历史内容，既要从教学形式上加以突破，又要通过一定的教学手段和师生的多维交流延伸拓展。第二，要以文明的观念和视角来阐述与解读历史。文明史观作为现代历史研究和历史教育的三大史观之一，在高中历史教学中地位非常显赫。从文明视角考察和阐述历史，在各种文明发展的线索和规律、文化传统、思想道德、民族心理、思维方式和价值观念等更深层次上寻求人文的审视点，去阐扬历史中的人文特质，开掘历史发展中涵盖的内在思想和趣味，而不是把历史教育流于表面化和空洞化。第三，鼓励学生敢于探究和质疑。人文精神的重要品质之一就是包容性和多元性。具体而言，在历史教学中，要抛弃"唯师论"和"唯教材论"等，允许学生打破条条框框，提倡学生利用相关史料进行言之有理的多元化探究，鼓励学生之间争鸣，这是历史教育中培养学生创造性思维和品质的客观要求。从某种意义上说，这也是《普通高中历史课程标准（实验）》倡导的培养学生人文素养、关注学生全面发展的精髓和实质。

历史是树立人文精神大厦的基础。因此，结合高中学生生理和心智特点，应加强高中历史教学中的人文精神教育，让学生亲近人文，使历史教育在学生成长的道路上能起到"心有灵犀一点通"和"一石激起千层浪"的作用。历史教育虽然无法"一肩挑尽古今愁"，但每位高中历史教师也都肩负着立德树人的使命与重任。

【原载于《合肥师范学院学报》2017年第1期，后全文转载于中国人民大学书报资料中心《中学历史、地理教与学》2017年第8期，略有改动】

度己·补疑·智慧

——"学科素养与历史教师专业发展"侧谈

2017年7月，由陕西师范大学基础教育研究院、《中学历史教学参考》编辑部主办，由四川师范大学、成都七中嘉祥外国语学校协办的"学科素养与历史教学"全国学术研讨会在成都隆重而圆满举办。本次会议大咖云集，名师荟聚，形式多样，内涵丰富，思想深邃，理性激扬，气氛热烈……咀嚼至今，仍回思无穷。现揣点滴感悟，以作参会之拾遗与畅想。

2014年3月，教育部颁发的《教育部关于全面深化课程改革落实立德树人根本任务的意见》中首次提出"核心素养"这个崭新的概念；2016年9月，《中国学生发展核心素养》在千呼万唤中正式出炉，"核心素养"愈益成为教育领域热门的话题。就历史学科而言，核心素养具体表述为学生在学习历史过程中逐步形成的具有历史学科特征的思维品质和关键能力，主要包括唯物史观、时空观念、史料实证、历史解释和家国情怀。它具有人文性、社会性、实践性、时代性、借鉴性等特点，强调了作为完整人文教育的本质，凸显了以时间、空间、人为轴的思维价值取向，重点体现了以国家与民族、世界与人类、科学与理性为核心的国家意志和对生命的人文关怀。

核心素养的提出从根本上回答了教育的本质在于唤醒学生本身蕴含的生

活热情、智慧、正能量、爱以及寻找生命成长的规律。由此想到，理解核心素养的前提是必须深刻地理解什么是教育？德国著名哲学家卡尔·雅斯贝尔斯在《什么是教育》中说："所谓教育，不过是人对人的主体间灵肉交流活动(尤其是老一代对年轻一代)，包括知识内容的传授、生命内涵的领悟、意志行为的规范，并通过文化传递功能，将文化遗产教给年轻一代，使他们自由地生成，并启迪其自由天性。"作为文化传递活动，教育不是机械地授与，而是"人与人精神相契合，文化得以传递的活动"，他进而又指出："教育是人的灵魂的教育，而非理智知识和认识的堆积。"可见，学生发展核心素养是作为"人的灵魂的教育"的具体价值体现而提出的，必然成为课堂教学中魅力四射的灵魂教育的终极所向。但在热论学生核心素养的过程中，我们深知，学生的学科素养培养的关键还在于教师的素养，甚至学科素养对教育者的要求还要超过受教育者。因此，教师的专业成长与发展是攸关学生核心素养培育的关键，是深化教育改革的重中之重。本次成都会议诸多大咖名师的所言所述，我感同身受，并深以为，度己、补疑、智慧是一个教师的专业成长与发展的关键要素，也是学科素养得以贯彻落实的核心所向。

一、认识你自己

进入文明社会以来，人类对主体性的认识经历了一个比较漫长的发展过程。从古希腊德尔菲神庙上的"认识你自己"，到普罗泰戈拉的"人是万物的尺度"、苏格拉底的"有思想力的人是万物的尺度"，再到笛卡尔的"我思故我在"、培根的"知识就是力量"、康德的"人为自然立法"、黑格尔的"人具有无限价值"等，学术界对认识主体性的争论一直沸沸扬扬，这些争论及其演变历程反映了欧洲社会发展演进的理论成果，有力地推动了欧洲一次次思想解放运动的兴起与发展，也促使人们进一步认识到"人已经完全取代了上帝的地位，成为认识自然、征服自然的理性主体和具有包容一切的自由主体"[1]。上述哲学上的认识主体性定义，是把人作为认识的整体而阐述的，旨在强调"认识你自己"的重要性。我们知道，身处大千世界，每个人

①高鸿:《西方近代主体性哲学的形成、发展及其困境》,《理论导刊》2007年第3期。

最大的敌人就是自己,战胜自己,克服自身发展的各种障碍,乃是走向成功的必由之路。因此,作为教师,如何认识自己、定位自己,小则影响自己的专业发展趋向,大则攸关"立德树人"的国家教育核心目标能否落地。

德国著名哲学家卡尔·雅斯贝尔斯在《什么是教育》中说:"教育的本质意味着:一棵树摇动另一棵树,一朵云摇动另一朵云,一个灵魂唤醒另一个灵魂。"无论"摇动"还是"唤醒",教师自身都必须有过人的"金刚钻",否则无法揽下复杂艰难的教育教学这个"瓷器活"。在成都会议上,张耕华、赵亚夫、李宏图、李惠军等教授名师精辟深邃的讲座,以及陈昂、林娟两位年轻教师精彩绝伦的现场教学观摩课,都清晰地告诉我们,教师理应具有一定的"摇动"和"唤醒"的基本专业素养和职业品质。在"学科素养与教师成长"的第四分会场学术交流中,周靖、唐琴两位老师也就教师专业发展路径阐述了她们的真知灼见。值得一提的是,在大会总结中,任鹏杰主编特别强调了教师发展的四个要素:自我觉醒、同伴引领、专家引领、平台助推。由上所述,认识自己的要素很多,而读书则是认识自己不可或缺的前提和基础。

立德树人是教师的义务与职责,也是教师存在的意义和价值。社会的进步与发展不容教师有半点懈怠与退缩,教师的一生理应是发展的一生,因此说职业无涯和学习无涯是相伴相随的。对于教师而言,多读书、读好书是教师职业无涯和学习无涯的必由之路,也必然有助于教师进德修身、学以致用、行稳致远。正如林语堂在《生活的艺术》一书中指出,读书的整个目的是使人得到一种优雅和风味,其意义能使人虚心、较通达、不固陋、不偏执。余秋雨也同样强调:"阅读的最大理由是想摆脱平庸,早一天就多一份人生的精彩;迟一天就多一天平庸的困扰。"故多读书、读好书更能培养一位教师的视野、思维、气质、谈吐、胸襟等基本素养。世界文明发展浩浩荡荡,史册文献烟海无际,穷尽毕生,也难睹冰山一角。因此,为自己专业发展和素养提升计,需有一定的阅读取向。那历史教师应该具备什么样的阅读取向呢?张耕华、赵亚夫两位教授都指出,历史教师必须阅读相关的史学理论、哲学类、跨学科类的著作(如与课程教学相关的心理学、人文社会科学类等）；唐琴老师则强调老师应集中精力多研读些相关史学刊物并相互研讨。当然，多读书、读好书是必须的，但更需注意如何读书。历史上很多先贤名宿非常重视读书之法，如胡适先生曾强调读书一要"精"，即做到"眼到、口到、心到、手到"；二要"博"，即博采众长，为己所用。再如华罗庚先生积极提倡"厚薄读书法"：在阅读中注重把求全和求精有机结合、把知识量的增加和对知识进行质的提炼深化有机结合。所以，教师的专业成长与发展的第一要素是必须学会读书。在本次研讨会上，周靖、唐琴两位老师不仅反复强调多读书、读好书的重要性，也向与会老师们分享了她们团队的读书经验。天道酬勤，要不断地认识自己、定位自己，从最基础的教学需要点滴做起，不被外界环境左右，不被一时情绪左右，专注于自身职业发展需求，在善于学习和借鉴的基础上勇于创新。所以我们每位教师都必须牢牢记住，只要你的态度是端正的，你的选择是正确的，你的精神是屹立的，你就会在优秀教师的成长旅途上开辟更广阔的天地。

二、不疑处有疑

孟子说"尽信书不如无书"，疑是思之始，学之端。宋代大儒张载说："所以观书者，释己之疑，明己之未达。每见每知所益，则学进矣。于不疑处有疑，方是进矣。"对此，著名历史学家唐德刚也说："（胡适）老师一再告诉我要'不疑处有疑'。'不疑处有疑'，那就是一种智慧经验上的震撼了。"可以说，人类文明的与时俱进正是源自先人们的质疑品质、批判精神和延拓智慧的结果。故而，学习过程中彰显的不仅是知识的积累与承袭，更是知识的创新与超越、理性的质疑与批判、思想的碰撞与飞翔。

我们知道，历史即过去的人们所进行的一切活动的总和，它具有时空上一去不复返的特质。但我们所手持的教科书等并不是真正的历史，它只是历史学的一部分，正如华东师大历史系沈志华教授所说，历史都是人写出来的，传给后人看。所以，历史不等于历史学，更不等于历史教学。历史教科书具有一定的权威性，体现国家意志和社会主流价值观，是实现教育立德树人目的的支撑，其本身既反映了一定的历史发展自身的客观性和规律性，也带有历史学研究者的主观性以及研究的滞后性。同样地，历史教育教学既不是仅仅让学生知道过去的人和事，也不是让学生都成为历史学研究者，而是培养和发展学生的历史学科核心素养。既如此，历史教育教学追求的应该是培养学生的质疑批判思维和理性精神。学贵有疑，疑即问题，人类一切活动皆从问题开始，社会文明的演进发展即始于一个个问题的发现和解决，理论创新如此，实践发展亦如此。那何为问题？"所谓问题就是预期与现实之间的反差引起的心理困惑。"①换句话说，阅读、思考、实践的动力源于生活学习中的困惑和焦虑，正是如此才会知困而学、知学而行、知行而进。人类历史千载悠悠、波澜壮阔，触发思考质疑的问题不可胜数。在历史教学中，教师必须秉承应有的存疑、补疑意识和理性批判理念，并通过独辟蹊径的学习力和表现力让学生也养成存疑、补疑的意识和习惯，乃至引导学生把握存疑、补疑的正确路径，直至学生"自去理会，自去体察，自去涵养"。这才是历史教育教学中所应培养的关键能力——思维力，也正如亚里士多德所说："思维由惊奇和问题开始。"所以，我们不能单纯地认为教学相长、师生互动就是书本知识的切磋交流和浅显问题的一问一答，而应将其看作是一场思维共荡、情感共舞、灵魂共融的动感演出。对此，此次成都研讨会上陈昂和林娟两位年轻教师的现场观摩课让我们深有体会并回味无穷：原来历史课也能如此精彩飞扬！恰如现场诸多专家的评价：理性与人性交映、生成与互动溢溅、核心素养尽融、立意高度凸显、课堂气势磅礴……

施教之功，贵在引路，妙在开窍，窍启于思，思源自疑，疑则学进，故思维和方法比知识重要，努力比能力重要。正如著名学者袁伟时在《缠斗：方生与未死》中指出，任何学术结论都是相对的，学术研究包括历史研究在内，本来就应该如胡适所说"在不疑处有疑"，不断推陈出新，抛弃不符合实际的结论。秉承史学家的史德和客观史实，他对李鸿章、袁世凯、晚清和北洋时代的研究，都在尊重史实的基础上提出了自己的不同看法。史家如此，中学历史教师更应如此。无论是"解释"历史还是"理解"历史，我们都应在立足于史德、史学、史识、史才等"史学四长"的基础上，时刻怀揣

---

① 曹锦清：《问题意识与调查研究》，《社会学评论》2014年第5期。

"在不疑处有疑"的存疑、补疑意识，通过教材整合建构、史料裁剪加工、问题巧妙设计、互动探究研讨，以学习力和表现力为抓手，以思求疑，以疑求真，这才能真正地促进教师的专业成长与发展，才能让学生核心素养的培育落到实处。

三、智者成事，慧者成人

曾有人这样描绘成功人士的路径：当你种植一粒思考的种子，你就会有行动的收获；当你把行动种植下去，你就会有习惯的收获；当你把习惯种植下去，你就会有个性的收获；当你把个性种植下去，就会决定你的命运。纵观古今中外，大凡成功人士无不"志于道，据于德，依于仁，游于艺"，而非一日之寒、朝夕之功。教师的专业成长既需要自我觉醒的扬弃、满而后渐的积累、周而复始的反思等内在因素，更需要同伴的相助、专家的引领、机缘的把握、平台的助推等外在因素。一言以蔽之，历史教师的专业成长过程必是充满智慧的动态过程。譬如上海市著名历史特级教师李惠军，我们虽无法知晓他成长成名的全过程，但正是他这种对历史专业的倾情专注、对教师职业的持之以恒、对天真学子的无私仁爱、对人生人性的睿智思考，才使得其成为全国中学历史教学界的领军人之一。

成都之行犹如理性火花，激扬心胸，尤其关于历史教师专业成长的话题，更有一种"相荡生涟漪，相击发灵光"之感。回眸凝思，我深以为，做个有智慧的历史教师既是众师所求，更是众生所幸。但教师成长之智慧涵盖广泛，借蓉城所得，惟觉教学创意和教育科研特能彰显教师的大智大慧。

有人说，未来真正的学习就是创意。知识有限，创意无限，创意是高远的立意、精深的智慧、博大的情怀、方法的革命、历史的感念、现实的回首、世界的遥望……对于历史教学而言，创意决定历史课堂教学的品质，也决定历史教师的专业成长发展路径。虽恢弘壮阔的古今中外历史和风生水起的教育改革大潮为教育生成和创意思维提供了难以计数的知识积累和教学灵感，但知识的积累并不会自动产生创意，这需要教师对自己专业成长的执着、对生命的热爱、对学生的关爱、对学科素养的内化于心和外化于行，并敢于直面多姿多彩的教育人生和炽热火爆的世界，才有灵光闪现的瞬息。理应注意的是，创意灵感及设计并不是天马行空任我行，教学创意设计及课堂创意教学，正如日本学者佐藤学在《静悄悄的革命：创造活动、合作、反思的综合学习课程》中所说，"应当追求的不是'发言热闹的教室'，而是'用心地相互倾听的教室'"，"这种'倾听方式'不是听学生发言的内容，而是听其发言中所包含着的心情、想法，与他们心心相印，从而产生'啊，真不简单''原来如此''真有趣呀'等共感共鸣"。因此，从学科素养出发，从学生和谐发展出发，从教师的睿智设计出发，才能赢得学生无限的掌声，才能打造神奇的高效课堂，才能使创意思维浪花溅溢、创意硕果缤纷灿烂。

教师的智慧不仅体现在课堂创意设计和创意教学上，也同样体现在教师的教育教学研究上。英国著名的课程论专家斯腾豪斯即提出了"教师即研究者"的思想，只有不断地研究，教师才能促使自身成为不断进行反思的"反思的实践者"。实际上日常教育教学涉及的问题庞大复杂，大到一个教育教学共性问题、小到一个教学生活细节都可引发我们的思考研究。正如人民教育家陶行知先生一生积极主张并实践"生活即教育""社会即学校""教学做合一"的教育理念那样，把教育教学实践同学生学习生活实际相联系，从学生学习生活中挖掘生命教育研究的源泉。所以教科研不是"高大上"，而是教育教学生活的重要组成部分。简而言之，教科研即是研究与教育教学相关的生活，是对教育教学活动的反思、升华和超越。当然，仅有教科研的热情远远不够，还必须要求我们做个文化底蕴深厚的思考者。北京师范大学肖川教授曾在一次演讲中说道："我们中国的中小学教师缺乏思想。"具体原因在于"文化底蕴不够丰富，学识积累不够丰富，缺乏对人类历史和人性的富于深度的理解"，其结果是"大量劳动停留在低层次"，"缺乏对学生精神的引领，对自身工作的高远立意，对课本知识的价值观和心理结构的深刻洞察"，把教育极端化为"浅显、平庸，没有灵魂的认知结构的堆积"。为此，要改变这种现象，教科研就是催生教师思考发酵的窖池。从教师个体来看，教科研就是帮助教师把自发的教育教学行为变成自觉的行为；从教师群体来看，教科研就是建立一个"迈向相互研究、创造、表现的共同体"，正像佐藤学考察日本福井大学附中时指出："他们（教师）并不是在抽象的理论或道理方面争论不休，而是十分重视琢磨、思考教室中的现实和每个学生的学习。"所以"教育科研是一种追问与思考，追问、分析、研究教育现象；教科研是一种整合与提炼，归纳多种现象中的共性，透过现象看本质；教科研是一种享受，因为那是智慧加挑战；此外，教育科研还是充满惊奇的探宝历程，是曲折感人的故事，是优美迤逦的散文诗！"[1]人因思想、智慧而伟大，我们不奢望都成为思想家，但从事教科研至少让我们能够成为一个独立的思考者。时刻有思考、有智慧的教师，才会以生气唤醒生气，以激情感动激情，以理想鼓舞理想，以生命点燃生命；有思考、有智慧的教师才会教出有思想、有智慧的学生，才会给学生以终身的影响，才能使学生真正体验到学习的愉悦和生命的快乐。

总之，要想成就一位历史教学名师，做一名仰望星空、脚踏实地的生命行者，须要常怀求异之品、质疑之志、愧疚之仁、谦逊之德，更要常立求真之精神、忍受孤独之心智、倾注育人之关怀、浸析史家之绝唱、胸蕴家国之情怀……历史教师的专业成长在于彰显我们的自身价值，弘扬我们的人性品质，点燃我们的生命热情，营造我们的精神家园，锻打我们的生存意志，提升学生的成才本领，完善学生的人性塑造，促进学生的心灵向善，推动师生的教学相长。

【原载于《中学历史教学参考》（上半月）2017年第10期，略有改动】

---

[1]任菊莲：《教育科研给我的心智启迪——回眸我的教科研心路历程》,《宁夏教育科研》2014年第4期。

历史学科核心素养的"入乎其内" 与"出乎其外"
——关于《古代希腊民主政治》教学片段的思考

《普通高中历史课程标准（2017年版）》明确指出："历史学是人类文化的重要组成部分，在传承人类文明的共同遗产、提高公民文化素质等方面起着不可替代的重要作用。"基于历史课程特性和建构新时代课程文化精神的需要，又强调学生通过高中历史课程的学习，"进一步拓宽历史视野，发展历史思维，提高历史学科核心素养，能够从历史发展的角度理解并认同社会主义核心价值观和中华优秀传统文化，认识并弘扬以爱国主义为核心的民族精神和以改革创新为核心的时代精神，具有广阔的国际视野，树立正确的世界观、人生观、价值观和历史观，为未来的学习、工作与生活打下基础"，故而，历史教育最根本的任务即是"发挥历史课程立德树人的教育功能，使学生能够从历史的角度关心国家的命运，关注世界的发展，成为德智体美全面发展的社会主义建设者和接班人"。

通览《普通高中历史课程标准（2017年版）》全部内容，可以明显地看出历史教学从来不是也不可能是历史教育的主体，只是历史教育根本目的实现的主要载体之一，而人文精神的阐扬和核心素养的培育理应贯穿历史教育的全过程。高中阶段是基础教育向高等教育发展的衔接关键时期，是学生这个群体人格塑型、人文精神培育和发展核心素养的重要节点。就历史教育的本质而言，加强对高中学生核心素养的培养是社会发展赋予历史学科教育教学的时代责任和神圣使命。

国学大师王国维在《人间词话》中说过："诗人对宇宙人生，须入乎其内，又须出乎其外。……入乎其内，故有生气；出乎其外，故有高致。"其言之凿凿，语重心长，哲理幽远深奥。"入乎其内"与"出乎其外"两者骨肉相连，于人、于事皆有现实指导意义。作诗如此，历史教学亦是如此。站在教学角度上看，所言"入"即要求学生入学习之境，得学习之髓，悟学习之理，明做人之道；所言"出"即要求学生"尽信书，不如无书"，走出课堂，跳出课本，独辟蹊径，张扬个性，学以致用，并心系人文关怀，成就各自美好的人生。但在历史教学中如何达"生气"之课堂并育"高致"之核心素养，试以笔者教学《古代希腊民主政治》片段为例，谈谈历史学科教学中发展学生学科核心素养的"入乎其内"与"出乎其外"。

一、入乎其内——只缘身在此山中

"入乎其内"首要的是必须"入境"，这是历史教学的前提和基础。恢弘博大的历史画面和波澜壮阔的历史事件为历史教学的"入境"提供了五彩缤纷的素材。"境"有"物境"和"情境"之分。"物境"是指通过图片和视频等展示出来的丰富的动态的历史画面，能够给学生以直接的感官享受；"情境"是指师生通过历史课堂形成对跌宕起伏的历史演变发展过程所产生的身心愉悦的体验和情感上的共鸣。"物境"是达到"情境"的必要途径，"情境"则是"物境"的升华和弘扬。课堂教学中深刻地把握"入境"的艺术和技巧，不断地"入乎其内"，则能使自己的课堂教学进入一种"疏瀹五藏，澡雪精神"的艺术境界，学生皆会自生"于我心有戚戚焉"之感。

人教版必修一第二单元中的《古代希腊民主政治》一课位列第一单元《古代中国的政治制度》之后，章节编写的安排体现了编者的意图和匠心。作为教师，导入本单元教学内容前，必须由此"入乎其内"，同时这也是刚刚进入高中的学生们进行文明史观下历史学习的绝好切入口。与前一单元相比，从政治制度文明史而言，这是专制和民主两种政体之纵向比较；从文明兴起发展的地域而言，这是大河文明和海洋文明的横向对比，能让学生体会人类文明发展的多样性和丰富性，更能领略世界文明发展的璀璨瑰丽。所以从第一和第二两单元导言对比入手，并配上一幅《世界地图》，教师指点江山，从空间入手，由华夏大地迁移至地中海之滨，并引导学生探寻、观察、了解、体会、领悟另一不同区域的文明，在课堂上推门就会形成一种"红杏枝头春意闹"的气氛和"物境"，其景其物，豁人耳目，这对完成本课教学目标必然大有裨益。

人类早期文明具有显著的地域性。美国学者斯塔夫里阿诺斯在《全球通史》中曾说道："所有这三大文明（希腊—罗马文明、印度文明和中国文明）都是从范围有限的中心发源地扩展到囊括整块整块的周边地区——从希腊半岛扩展到地中海西部，从印度河流域伸展到印度南部，从黄河流域延伸到中国南部。"古代四大文明古国皆发源于大河流域，具有一定的封闭性、保守性和区域内开放性等双重特质，但古希腊文明的发轫和兴盛则以海洋为依托，具有明显的开放性和扩张性特点。从文明发展演变的历史差异性来看，正如《全球通史》中所阐述的"古典时代西方的历史发展与印度和中国的单一文明的历史发展根本不同"。造成这种不同的主要因素在于各自的经济结构和生产方式的差异性。鉴于此，"入乎其内"，由此及彼，纵横类比，引导学生从不同角度认识人类文明发展中的全部和局部的关系、中国与世界的内在联系，理性地导入课堂教学。

之后，教师再巧借习习春风，结合教材内容并利用适当的图文史料，采取恰当的教学手段和符合新课程理念的灵活教学技巧，娓娓引导学生理解希腊文明形成的特定历史条件、文明传播的途径以及对待不同文明所持的基本态度。

在学生自主学习和合作探究的基础上，教师对上述问题做一全面的分析和阐述，使学生对希腊文明形成的历史条件能有完整地理解，进而教师借助希腊文明形成的旖旎奇境，由具体延伸拓展到一般，顺势分析归纳导出：（1）文明形成的基本因素——地理环境的差异性、政治体制的区别、经济结构和生产方式的不同、科技的影响、思想文化的继承和交融、文明的共享价值等。（2）文明传播的主要途径——和平状态下正常的政治经济文化交往和战争的客观作用等。（3）对待不同文明的基本态度——人类文明没有优劣之分，任何文明的发展都是在继承前代优秀文明并吸收外来文明的基础上创新的结果；承认人类文明的多样性和统一性，尊重不同文明的优秀成果及其历史价值；重视不同文明间的交流和融合，理解不同文明之间相互碰撞、相互交融的双向作用和影响；文明的交流和发展推动着人类社会不断进步等。教学中这三个问题层次依次递进，环环相扣，源于教材但又高于教材。如此处理教材，不仅活化了教材内容，更重要的是培养了学生的历史思维，并提高了学生正确地认识理解人类文明的能力，"学生读薄教材，教师读厚教材"即此理。

之所以采取这样扩展教材内容的方式和营造多样化、开放式的学习环境，是期望以"入乎其内"的方式，调动学生学习的各种感官，强调学生学习的动态过程，充分发挥学生学习的主体性、积极性和参与性，旨在突破学生对历史知识与现实生活产生的隔膜，激发学生相应的知识体验、情感的共鸣和思想的共振，并在学生各种感官之间形成通感效应，实现学生在历史意识、文化素质和人文素养等方面的相互认同和契合。这种做法不仅彰显出历史课程的基本理念，也恰恰符合《普通高中历史课程标准（2017年版）》中的价值定位之一："了解世界历史发展的多样性，理解和尊重世界各国、各民族的文化传统，具有广阔的国际视野，树立正确的文化观。"

二、出乎其外——墙内开花墙外香

教学中种种"入境"的方式方法只是实现教学目标的手段和途径，而不是教学的目的。正如《普通高中历史课程标准（2017年版）》中强调："学生通过历史课程的学习，形成历史学科核心素养，得到全面发展、个性发展和持续发展。""出乎其外"是"入乎其内"的归宿和终点。如果说"入乎其内"强调的是通过外力解决授业解惑的话，那"出乎其外"就是学生把获得的知识内化异变成自身发展的内力。在这外力变成内力的学习过程中，学生通过自我积累和自我构建，获得思维的超越、能力的发展和学科核心素养的提升，为学生终身发展奠定基石。格式塔心理学派认为："人的各种情感生活都有着固定的力的模式，外物通过其表现形态（形状、色彩、质感等）所展示给人的也是一种力的模式，当这两种力的模式达到同形同构时，外物便会在人的思想中激起相似的情感体验，于是人便感到了外物所传达出来的情感。"①故从心理学角度而言，教学目的就是要实现学生心领神会、心物交融；从培养学生核心素养角度而言，历史教学要帮助学生穿越时空隧道，在拉近历史与现实距离的过程中，使学生增强历史意识，汲取洞察历史的智慧，开阔环顾世界的视野，最终有助于培育学生"铁肩担道义"的社会责任感和历史使命感。

荀子在《劝学》中有云："不积跬步，无以至千里；不积小流，无以成江海。"因此，历史教师不能局限于教材仅有的片言只语，必须以宁静致远的心智学会积累、善于学习；要勇于突破自身狭隘的眼光，以历史教师特有的专业素养高屋建瓴地统领和驾驭教材，在去粗取精的基础上游刃有余地建构教材知识体系和知识内容；以提炼出的知识和思维精华帮助学生提高探究历史的能力，培养学生实事求是的科学态度，熔铸学生人格发展的魅力。

笔者在完成《古代希腊民主政治》一课的教学内容之后，专门安排了一堂严肃活泼而又趣味横生的题为"希腊民主政治的前生与今世"的探究活动课，主要目的是通过探讨希腊民主政治的利弊得失，让学生认识理解希腊民主政治的积极影响以及存在的局限性，帮助学生立足于宏观把握人类文明演进历程，历史地、辩证地掌握和看待民主政治演变的时代性、阶级性、多样性、发展性和继承性。这节课既有学生即兴辩论和即兴演说，又有学生间、师生间的合作探究。整节课高潮迭起，激情四射，虽笑声不断但理性犹如阳光熠熠闪烁，虽攻守易势但个性犹如彩虹鲜泽亮丽。

在即兴辩论中，有同学如是说：

常言道，一方水土养一方人。多山多岛的地理环境与小国寡民、长期独立自治的城邦特征孕育了古希腊城邦独特的民主政体，这在人类文明发展史

①冯国太、郝敬宏：《入境 激情 明理——诗歌意境教学之我见》，《中学语文教学》2000年第4期。

上具有开天辟地的意义。从梭伦、克利斯提尼到伯里克利，几代雅典人面向浩淼的蓝色爱琴海，勤劳好学，乐于探究，秉承开放的理念，不断地追求理想，不断地改革创新，缔造了一个强大富有并令人叹为观止的民主国家，创造了辉煌灿烂并光耀欧美的希腊文明。直至现在，主权在民、轮番而治的政制特质依然为许多西方国家所借鉴发展；法律至上、公民意识、国家凝聚力等民主理念为世界各国所继承阐扬。

在即兴演说中，有同学抑扬顿挫、慷慨陈词：

爱琴海属于希腊！连绵起伏的山峦，曲径通幽的港湾，像颗颗玲珑别透的珍珠环绕在希腊半岛周围；蓝蓝的爱琴海，波光艳艳，荡漾着沉厚不朽的古典文明。雅典属于希腊！古老坚厚的雅典卫城，千年不息的奥林匹克神火，婷婷而立的维纳斯女神像，还有帆影点点的比雷埃夫斯港，铸就了希腊人追求知识、乐于探究的民族性格；怀抱忧患意识的梭伦、继往开来的克利斯提尼、不倦开拓的伯里克利，唤醒了人类对法治正义的渴望。辉煌属于希腊！以亚非文明为师，并踏在巨人的肩膀上，希腊人凭借自己的聪明智慧开创了世界文明史上前无古人并令人仰慕的民主政体，造就了一个众星灿烂的巨人时代。

从学生的字里行间、言谈举止中，可以看出学科核心素养的发展不仅溢于学生言辞之中，更渗入学生血脉之内。所以，教学中只有全神贯注地"入乎其内"，才会油然而生地"出乎其外"，达到"春色满园关不住"的魅力课堂之境界。

历史课堂教学，入则领悟教学理念，洞悉学生身心，把握建构教材，娴熟运用技巧，高超驾驭课堂；出则回归理性，善创情境，升华拓展，以人为本。唯有知入知出，出入自如，方能体验幸福快乐的教学过程，取得不同凡响的教学效果，开创潇洒从容的教学境界，塑造学生健全完善的人格，弘扬学生的人文主义理念，推动学生追求真善美的境界。

【此文2018年获得安徽省中学历史论文评比一等奖，并原载于《历史教学问题》2019年第2期，略有改动】

■ 历史新课程教学中学生的学习心理分析与引导

《普通高中历史课程标准（实验）》明确指出："通过高中历史课程的学习，培养学生健全的人格，促进个性的健康发展。"这就明确了在历史新课程教学中必须注意分析学生的学习心理和整个心理结构，因为这攸关学生健全人格的形成和个性的健康发展，攸关历史教学的成败。重视好分析学生的学习心理和优化学生的心理结构是现代教育的发展趋势和新课程的要求。作为中学历史教师，有必要在教育教学实践中探讨学生的心理活动规律，采取更能适应学生心理需求的教学设计模式，促使学生心理结构更加完善、更趋稳定。笔者试从以下五个方面谈谈自己的一些思考和做法。

一、激发兴趣是调动学生积极主动心理活动的前提

苏联心理学权威维果茨基认为，人的心理是在活动中发展起来的，先是外部活动后是内心活动。苏霍姆林斯基也曾说："上课要有趣，课上得有趣，学生就可以带着一种高涨的、激动的情绪从事学习和思考，对面前展示的真理感到惊奇和震惊。"教师是课堂教学的组织者，在组织教学之前就应该多编制些"教学软件"，设计巧妙新颖的、活泼有趣的、能迅速启动学生思维

的教学方式。俗话说万事开头难，为了使学生的心理活动从上课伊始就迅速地进入学习状态，教师理应注意课堂教学的导入方式。课堂导课可以多种多样，不拘一格，可以是一个意味深长的笑话或小故事，可以是一段充满哲理或诗意的名言名句，可以用一件特定的实物，可以是一段剪辑的关于特定情境的影像片段，可以是一段时事报告或新闻语录，也可以相互结合并使之相得益彰等。比如，在讲述《洋务运动》时，笔者曾用了这样一段话导入新课："19世纪五六十年代，清政府已瓦破屋漏，险象环生。人民纷纷揭竿斩木，锋芒直指清王朝；英法联军血洗北京城，美俄趁火打劫；咸丰帝狂奔西逃，未几驾崩；西太后酝酿政变，紫禁城腥风血雨。在这种岌岌可危的形势下，究竟怎样才能维护清王朝的统治已成为宫内宫外议论纷纷的话题。"这样一段提纲挈领的导入语能够引起学生的心理注意，使学生产生一种想具体了解清政府解决危机举措及其结局的意愿。再比如，在讲述《抗日战争的爆发》时，笔者利用两幅图片《日本老兵卢沟桥跪地谢罪》和《日本首相小泉纯一郎参拜靖国神社》向全班同学展示，并接着提出问题："日本老兵为什么在卢沟桥跪地谢罪？小泉纯一郎为什么要参拜靖国神社？他们的行为说明了什么？"这样的图片展示与问题结合，就把历史课的思想教育和现实的时事教育融合起来，迅速地调动学生的思维，促使学生在以后的课堂学习中逐渐形成一种"以史为鉴，面向未来"的正确心理思维品质和客观评价历史与时事的学习能力。凡此种种，只要教师在备课的同时考虑到学生的心理需求，在活动中了解和发展学生的心理，课堂教学也就能取得预期的效果。

二、在历史新课程教学中教师应帮助学生形成健康、稳定的心理品质

维果茨基的活动心理学提出了"人—连接行为—环境"这样一种模式，其中连接行为是由实践活动和心理活动组成的。对连接行为在课堂上的重要作用，西方心理学家希格曼认为，重要的是不要过多地评价学生，而是提出更多的开放式、更高思维层次的问题，少提问已有确定答案的问题，注重以对话方式激发学生的思维。《普通高中历史课程标准（实验）》明确指出："普通高中历史课程，是用历史唯物主义观点阐释人类历史发展进程和规律，

进一步培养和提高学生的历史意识、文化素质和人文素养，促进学生全面发展的一门基础课程。"虽然许多历史问题早已有定论，但作为基础学科，教师必须善于营造多样化、开放式的课堂教学环境，指导学生从不同角度去思考和揭示人类历史发展规律，进而培养学生探究历史问题的能力和实事求是的科学态度，培养学生的创新意识和实践能力。这就要求教师在基于历史学科特点的基础上，在学生与课堂教学环境的连接行为上多下功夫。比如，在分析"世界反法西斯战争胜利的伟大意义"时，笔者就引用了《参考消息》转载英国《卫报》上的一篇中有关对二战评价的观点："世界不应忘记苏联和中国在世界反法西斯战争中的伟大作用，如果没有苏联和中国的巨大牺牲，盟国很难在1945年获得胜利的。"通过外国记者对二战的客观认识，使学生认识中国和苏联对世界反法西斯战争所作出的巨大贡献，进一步强化"中国一直是维护世界和平、促进世界发展的重要力量"这个理性认识。又如，在讲述"香港、澳门回归祖国"这一内容时，笔者在黑板上写下了闻一多先生所作的《七子之歌》歌词，让学生在欣赏歌词的同时，引导学生从字里行间来感受一个爱国赤子对祖国失地的肺腑之痛和悲愤之情，并联系到自己所学的知识，把闻一多先生的爱国感受转化为自己的切身体验。教师还可借助于适当的点拨和引导，引领学生进行活泼的联想和想象。这样，学生与课堂教学环境的连接过程就转变成学生的稳定、健康的心理品质的形成过程。

三、教师应注意把握历史新课程教学中学生潜在的心理态势，去合理地设计新课程教学进程

建构主义心理学家认为教学要以学生为中心，要给学生控制和管理自己学习的权利和机会，而教学设计者的主要任务是设计学生的学习环境，让学生做学习环境的主人，教师只是学生的辅导者。笔者在多年的教学实践中认识到，许多学生之所以对历史非常感兴趣，主要因为历史的不可重复性引起了学生极大的好奇心。笔者在教学中采用设疑悬问、建构教学新体系的教学手段满足学生这一心理需求。比如，讲述明朝郑和下西洋时可设问："有人说，郑和下西洋是为了寻找'靖难之役'中失踪的建文帝；也有人说，郑和

下西洋是为了炫耀明朝国威。历史果真如此吗?"这样设问,既融合了民间传说,迎合了学生猎奇的心理;又结合了课本知识,引起了学生有意注意的产生。为了在教学过程中时时引起学生的期待和关注,教师就要针对课文内容的各个环节和特点,通过恰到好处的提问,让学生在寻找和解决众多问题的过程中,逐渐领略学习的乐趣。再比如,在分析甲午中日战争中清政府失败的原因时,为了使学生真正地弄清问题并帮助学生培养解决问题的能力,笔者精心设计了一节课的学习情境。笔者事先准备了一些有浓厚趣味的文献资料给学生:一是甲午中日战争前清朝北洋舰队两次出访日本并在日本引起极大轰动的文字资料;二是甲午中日战争中中日双方陆海军实力的比较表;三是甲午中日战争前中日经济情况的一些比较数据;四是清政府在战争前后的一些言论,包括推行的外交方针政策。在学生阅读这些材料和进行交互活动的基础上,笔者根据材料依次设计了这几个问题:(1)材料一清政府北洋舰队出访日本引起的轰动说明了什么?(2)从材料二中可以看出什么?(3)从甲午中日战争前的经济数据看,能得出什么结论?(4)清政府在战争前后的方针政策与这次战争的结局有什么内在联系?(5)通过以上材料和问题的结论归纳清政府在这次甲午中日战争中失败的原因。这样通过系列材料的组合和对疑问的求索来分析甲午中日战争中清政府失败的原因,就比较容易把握学生的潜在心理因素,引导学生心理活动按照预设的教学方案来有序进行,使学生的分析、综合、归纳、演绎等心理活动得到充分地演练。另外,在教学中采取否定之否定的教学方法来迎合学生的逆反心理,有时也会起到意想不到的作用。

四、教师还要注意在新课程教学中不断完善学生的心理结构

《普通高中历史课程标准(实验)》提出了高中历史教育教学在培养学生情感态度与价值观方面的三大功能:一是进一步了解中国国情,热爱和继承中华民族的优秀文化传统,弘扬和培育民族精神,激发对祖国历史与文化的自豪感,逐步形成对国家、民族的历史使命感和社会责任感,培养爱国主义情感,树立为祖国现代化建设、人类和平与进步事业做贡献的人生理想;

二是培养健康的审美情趣,努力追求真善美的人生境界,确立积极进取的人生态度,塑造健全的人格,培养坚强的意志和团结合作的精神,增强经受挫折、适应生存环境的能力,进一步树立崇尚科学精神,坚定求真、求实和创新的科学态度;三是认识人类社会发展的统一性和多样性,尊重世界各地区、各国、各民族的文化传统,汲取人类创造的优秀文化成果,进一步形成开放的世界意识。这三者理应统一于历史课堂教学中。我们应充分利用教材现有内容并积极开发与教学相关的历史资料,通过学生的感官体现和理性思维去帮助学生培养正确的世界观、人生观和价值观等情感态度。如讲述秦汉隋唐宋元时期的文化成就时,教师就应该从全面辉煌、博大精深、兼收并蓄、世界领先等方面去举例分析阐述,培养学生的民族自豪感、成就感,激发学生树立为祖国学习的积极性和主动性。

在评价历史上的杰出人物时,教师一方面要突出归纳这些杰出人物的嘉言懿行,另一方面要让学生自己动手动脑去寻找与所评价人物相关的历史趣闻轶事,从而在学会正确评价历史人物的同时又汲取这些杰出人物的历史智慧和人生经验,进而确立强烈的历史使命感和社会责任感。教师在讲述秦始皇陵兵马俑、万里长城、北京明清故宫以及安徽古村落等中国具有代表性的历史文化遗产时,可让学生收集相关资料,一则使学生深刻认识到我国是一个历史悠久、文化遗产丰富的国家,进一步增强学生的爱国主义观念;二则使学生认识到世界文化发展的多样性及文化与自然协调一致的重要思想,从而树立基于文化和自然的环境保护意识与世界意识。

五、教师在历史新课程教学中,应注意师生之间、学生之间的情感交流和心灵的合拍

教师要以优美的语言、丰富的表情、合理的动作作用于学生的心理,营造出一种既和谐又生动的教学气氛和情景,让学生在心理倍感愉悦的氛围中获得知识和提高能力。从语言上说,教师既要注意讲述语言的精练、风趣、幽默,又要注意在学生回答问题出现差错时,教师评议语言需包涵着平等、民主、文明;从表情来看,教师呆板僵硬严肃的面孔往往易引起学生心理的不悦,相反地,丰富而可亲的面容则能引起学生心理的共鸣;从动作来看,

在课堂上，学生就是演奏家，教师就是指挥家，教师的一举一动都应成为学生心理活动的指挥棒。当学生与教师完全融为一体时，师生之间、学生之间的情感交流就达到了完美的境地。

总之，在全面落实历史课程标准的过程中，历史教师应该时时把握学生学习过程中的心理活动，加强对学生人文精神的熏陶，促成学生人格的健康发展，从而更好地发挥历史课程独特的教育功能。

【此文 2005 年获得安徽省中学历史论文评比一等奖；原载于《安徽教育学院学报》2006 年第 2 期，并全文转载于中国人民大学书报资料中心《中学历史、地理教与学》2006 年第 7 期，略有改动】

基于墓葬考古类高考试题的解析与思悟

近年来，无论在全国卷还是部分省份高考自主命题试卷中，墓葬考古类试题频频而出，考查形式多样，考查视角别致，引起了中学历史教学界的高度关注与思考，诸如以下高考试题：

例1.（2018年全国卷Ⅲ第1题）据考古报告，从数十处战国以前的墓葬中发现了铁器实物，这些铁器不少是自然陨铁制作而成，发现地广泛分布于黄河、长江流域，并远及新疆地区。据此可知战国以前（　　）

A．铁制农具得到普遍使用

B．新疆地区与中原联系紧密

C．我国的冶铁技术已经相当普及

D．铁器分布可反映社会发展程度

例2.（2017年北京卷第12题）2016年，在北京市通州区发掘出汉代渔阳郡路县城址和800余座战国至汉代墓葬，出土了钱币及大量陶屋、陶仓等随葬品。这些考古发现，有助于研究（　　）

①秦汉时期郡县的设置状况　　②本区域古代农业发展状况

③汉代手工业和商业发展情况　　④大运河对本区域交通的影响

A. ①②③　　B. ①②④　　C. ②③④　　D. ①③④

例3.（2013年全国卷Ⅰ第24题）在周代分封制下，墓葬有严格的等级规定。考古显示，战国时期，秦国地区君王墓葬规模宏大，其余墓葬无明显等级差别；在经济发达的东方六国地区，君王、卿大夫、士的墓葬等级差别明显。这表明（　　）

A.经济发展是分封制度得以维系的关键

B.分封制中的等级规定凸显了君主集权

C.秦国率先消除分封体制走向集权统治

D.东方六国仍严格遵行西周的分封制度

墓葬，是一种特殊的文明存在形式。墓葬的规格、随葬品、格局设计、地理位置等，能够折射出葬者生前的社会政治、经济、文化、风气习俗等相关信息。研究墓葬考古成果，有利于加深人们对博大精深的传统文化的理解，增添对民族文化的强烈自信心和自豪感。对高考而言，适度地引用墓葬考古类材料来命制试题，可以激发学生对祖国历史与文化的强烈认同感和归属感；同时也利于指导学生对史料实证方法的运用和培养学生的历史解释能力。下面笔者试结合近年有关墓葬考古类高考试题，谈谈管窥之见。

一、命题意义

1.回应热点，凸显考古新成果

墓葬考古类试题的材料，多数来源于最近考古新发现，尤其是年度全国十大考古新发现。如2016年北京通州汉代路县故城遗址，是当年全国十大考古新发现之一。该城址是两汉时期路（潞）县的治所，保存较为完整。这项发现填补了汉代县级城址考古的学术空白。再如2015年底以来，西汉海昏侯刘贺墓的发掘和成果展示，在学术界和社会上引起广泛关注。2017年，北京高考试题中出现了通州汉代路县故城遗址、天津卷中出现了海昏侯刘贺墓等考古材料信息，反映出命题回应了社会关切的考古热点问题，是对考古新成果的巧妙契入。

2.彰显自主探究、学会学习的必备能力

任何学科教学之价值都不在于学科知识本身,而在于学科教学所渗透的学习方法和学习思维及其所传导的学科核心素养等关于学生全面发展的要素。方法和思维比单纯的知识更重要,学生终身发展的关键能力比单纯的学习更重要,因为方法、思维、能力以及建立其上的核心价值观攸关"培养什么人?怎样培养人?"这一教育的终极话题。历史学科五大核心素养中,唯物史观是最核心的思想理论和最基本的行为准则,是认识问题和解决问题的基本世界观和方法论;时空观念、史料实证、历史解释是认识问题和解决问题的手段或思维方式,体现历史学科自身特性;家国情怀是培养学生自始至终的目标,是学生终身发展理应具备的人文情怀和价值追求。五大核心素养既构成了"方法—手段—目标"浑然一体的学科教学目标体系,又是历史学科领域中恪守立德树人之宗旨的具体细化和权威阐释。如上述所列高考试题,例1、例2要求学生从所给予的时空观念、史料实证方面作出正确的历史解释;例3既考查学生在唯物史观指导下运用学科思维和学科方法分析问题、解决问题的能力,又考查学生甄别史实关联、厘清区域历史发展差异的思维能力。

3.传承底蕴深厚的传统文化

中华民族传统文化,历史悠久,博大精深,是我们最深厚的软实力,更是我们最基础、最广泛、最深厚的自信。作为传统文化传承载体的史料和文物,自然是我们文化自信依据之所在。最可信的史料和实物,大部分源于墓葬考古的发掘与研究。通过试题的形式展现考古成果,利于学生细数并厘清我泱泱中华发展祖脉,涵养学生浓浓的家国情怀,夯实学生的史料实证和历史解释能力。

二、基于核心素养下的解析

自从恢复高考以来,高考试题命题立意走过了从知识立意到能力立意再到今天素养立意的发展路径,既切合了我国社会各项事业发展的内在需求,更适应了竞争日益激烈的全球化时代对人才的急迫需要。作为高中历史教学

的指挥棒，高考试题具有极强的服务性和导向性。在浩瀚如海、异彩纷呈的历史史料中，恰当介入墓葬考古史料，既体现出命制者精湛独到的史学底蕴和匠心独具的命题视角，又能考查学生所具有的必备知识、关键能力、学科素养和核心价值理念等。

1.突出唯物史观

所谓唯物史观，是指揭示人类社会历史客观基础及发展规律的科学历史观和方法论，主要包括生产力对生产关系、经济基础对上层建筑的决定性作用以及生产关系对生产力、上层建筑对经济基础的反作用；重视历史发展的必然性和偶然性的内在联系；强调人民群众创造历史；等等[①]。只有在唯物史观指导下，全面、客观地认识历史，把握历史本质，才能抽丝剥茧、去伪存真、由表及里，接近历史的真相，发挥史学的社会教化功能和借鉴作用。如例1中铁器的区域分布差异只是形式上的，根本上还是生产力发展水平高低所致，其实这蕴涵了唯物史观的思维逻辑和价值判断。再如例3中，战国时期秦国与东方六国墓葬等级格局的不同，实质上体现了秦国与其他六国的政治体制不同的发展轨迹，而影响并起决定作用的仍是它们之间迥异的生产方式。

2.厘清时空观念

所谓"时空观念"，就是在特定的时间联系和空间联系中对事物进行观察、分析的意识和思维方式[②]。历史上任何事物都是在特定的时间和空间内发生的，只有把史事置于特定时代的时间和空间中，才能把握史事发生和发展的必然性和合理性，才能对史实进行准确地理解；同样地，史事也只有在特定的时空下才有其特有的时代内涵。对墓葬进行分析也应该如此，将其置于具体的恰当的时空尺度对其进行分析、综合、比较，在此基础上作出合理的分析和评判。如例3中战国时期秦国墓葬与东方六国墓葬的等级秩序区别，充分显示了时空的差异性，将其空间布局置于春秋战国时代进行全面思考，即可知大动荡、大发展、大变革、大争鸣时代的社会政治体制转型趋

---

①朱汉国：《历史学科核心素养释义》，《历史教学》（上半月刊）2018年第5期。

②朱汉国：《历史学科核心素养释义》，《历史教学》（上半月刊）2018年第5期。

向——由封建政治走向集权政治。试题答案正是特定时空下对史事的特定理解。再如例1中自然陨铁分布的地理区域,直接映射出空间的横向联系,通过具体的空间定位,了解铁器分布的区域位置——主要集中在黄河和长江中下游地区,有利于学生总体把控空间认识。从时间上看,题目明确定位在战国以前,表明当时经济比较发达地区主要集中在黄河中下游地区和长江中下游地区,可以推断出铁器的分布反映社会经济发展程度。

3. **锤炼史料实证**

所谓史料实证,指的是对获取的史料进行辨析,并运用可信的史料努力重现历史真实的态度与方法,其主要要求就是培养学生认识史料、收集史料以及通过史料分析提出自己历史认识的能力[①]。史料实证的核心是要求学生培养实证、互证的求真求实意识和自我学习、自主探究的学养。如例1中"墓葬中发现了铁器实物",例2中"出土了钱币及大量陶屋、陶仓等随葬品",通过材料可以推断出相应的历史结论和解释,如铁器区域分布与经济发展程度、秦汉时期郡县的设置状况、本区域古代农业发展状况、汉代手工业和商业发展情况等。在探究墓葬考古等特定历史问题时,首要的是认识清楚这些墓葬考古史料所蕴含的丰富信息,并把考古所得与文献史料相互印证,才能形成对这些材料更全面、丰富的解释。

4. **评判历史解释**

所谓历史解释,是指以史料为依据,对历史事物进行理性分析和客观评判的态度、能力与方法[②]。辨析历史解释,合理地提出自己的历史解释,在尽可能占有史料的基础上尝试验证以往的说法或提出新的解释,是检验学生是否具备历史学科核心素养的综合体现。学生在教师的指导下应该做到:"一是在不同的叙述和语境中理解历史;二是用同情态度去设身处地的理解历史;三是理解整体的历史叙述与具体的历史事实的矛盾性;四是把同情理解与实事求是的叙述历史相结合;五是通过历史和现实的碰撞,学会在理解

[①]朱汉国:《历史学科核心素养释义》,《历史教学》(上半月刊)2018年第5期。
[②]朱汉国:《历史学科核心素养释义》,《历史教学》(上半月刊)2018年第5期。

他人的基础上客观的处理问题。"①墓葬考古类试题能较直接地体现出试题命制者在历史解释能力方面对学生的上述要求。如例1中通过分析历史地图当中的铁器分布区域状况，得出其分布反映社会发展程度的结论，而其他选项中的历史解释，或是错误如A项和C项，或是片面如B项。在例3中，错误的历史解释如A项和B项，偏离材料立意的历史解释如D项。对同一历史事件、历史人物和历史现象，历史上会有不同的解释，这需要学生在唯物史观指导下，以时空为经纬，以史料为实证，能对各种史料、历史解释加以合理的历史评析和独到有力的价值判断；同时也需要学生学会从历史表象中发现问题，解释历史事物之间的因果关系，进而有理有据地形成自己的看法。

5.滋润家国情怀

家国情怀是学习和探究历史应具有的人文追求，体现了对国家富强、人民幸福的情感，以及对国家的高度认同感、归属感、责任感和使命感；是对自己国家和民族乃至整个人类社会前途和命运所表现出来的深情大爱②。在历史教学中，无论师生，总应该对祖国的历史和文化有一种油然而生的温情和敬意，这种温情和敬意是一种深深的家国情怀，同时这种情怀也是历史学科"立德树人"育人价值的集中体现。墓葬考古类试题命制的目的之一，正是在于通过鲜活的文化遗存，让学生油然而生出对古老文明的国家和勤劳勇敢的民族这种浓浓的情怀。

三、点滴思悟

考纲要求"命题不拘泥于教科书"，命题素材既源于教材又高于教材；而"运用新材料，创设新情境"则是突出历史学科特征，遵循"材料第一，论从史出"的原则。从近年出现的一些墓葬考古类高考试题分析中，引发出我对高中历史课堂教学的点滴思悟。

---

①黄惠华：《运用选择题培养高中学生的"历史理解"核心素养——以2012—2017年的江苏高考历史试题为例》，《广西教育》2018年第1期。

②朱汉国：《历史学科核心素养释义》，《历史教学》(上半月刊)2018年第5期。

1.教师专业成长与学生核心素养落地的关系

学生发展核心素养的提出，从根本上回答了教育的本质在于唤醒学生本身蕴含的生活热情、智慧、爱以及寻找生命成长的热情。德国著名哲学家卡尔·雅斯贝尔斯在《什么是教育》中说："教育是人的灵魂的教育，而非理智知识和认识的堆积"，"教育的本质意味着：一棵树摇动另一棵树，一朵云摇动另一朵云，一个灵魂唤醒另一个灵魂"。在教学过程中，只有人与人精神相契合，文化传递才能得以完美地无缝衔接。在讨论培育学生核心素养的过程中，我们始终无法回避一个核心话题：培育学生核心素养与教师自身专业成长如何齐头并进？如果教师自身专业素养滞后，学生核心素养的培育自然成为空洞苍白的说教甚至水月镜花。教师专业成长发展是攸关学生核心素养培育的关键，教师专业成长发展与学生核心素养落地生根理应相互促进。为此，身为历史教师，一是须拥有广博的专业知识和开放包容的情怀。精细阅读可以使我们洞察历史发展的一举一动，开放包容可以使我们拥有高屋建瓴俯瞰史事的胸怀。二是须有不辍思考和积极行动的习惯。思考理应是一位教师专业成长发展的基本素养，行动理应是一位教师践行思考的承诺。三是须有谦逊的专业态度和精湛的专业精神。态度决定一切，精神指引方向。四是须逐步形成自己别致独到的教学思想。

只有善于学习和思考的教师才会教出有思想的学生，才能以自身的睿智给学生以终身的影响，才能使学生真正体验到学习的愉悦和生命的快乐，也才能以自身的素养发展去影响学生素养的发展，做到教师专业成长与学生核心素养同时落地。

2.问题意识和教学策略的关系

《中国学生发展核心素养》明确提出学生要学会学习。如何让学生学会学习？这本身就是核心素养实现的关键问题所在。因为学会学习，就是学会问问题，学会怎样问问题，问题源于创新，问题推动发展，可以说，"提出问题的能力"是学生核心素养的一个重要组成部分。高中历史学科教学必须重视学生的问题意识培养，强化学生学习的问题导向，雕琢核心素养理性细化的具体诉求，并以此促进"立德树人"教育目标的实现和高中历史教育教学改革的深化。疑是思之始、学之端，在历史学科史料教学中，如何通过史料教学来达到培养学生的问题意识、提升学生提出问题和解决问题的能力？教师应怎样运用教学策略以突出学习的方法和思维？结合平时的教学实践，我认为，一是在历史学习中培养学生的主体意识。毕竟学生正处于生命的成长过程中，这就需要他们在教育者的善导下并在自主的氛围里，对所受的教育由好奇而怀萌蘗，由萌蘗而孕情怀，由情怀而生思想，由思想而志追求，而后才有人性的自我升华和人格的自我塑型。因此，只有让学生树立起学习的主体意识和确立学习的主体地位，才能使他们时刻拥有寻求问题的意识冲动，这就"要求教师因势利导进行学科育人。'因势'就是要关注中学生的心理与思维的特点，'利导'就是要改进教学方法，以学生的兴趣、愿望、诉求为出发点，设计探究性学习方案，创造有利于学生独立思考、自主学习的机会"①。挖掘"立德树人"的教育潜能，理应从教学方法和技巧入手，在教学实践中以善导为楔入点，以自主为推手，实现师生主体间的自如交互，这样才能让历史教学成为自由的思想对话。二是在教学中教师要时刻有创意的冲动、创意的能力以及用心打造相互倾听的民主课堂。所谓教学创意，是指高远的立意、精深的悬想、博大的情怀、方法的革命、历史的感念、现实的回首、世界的遥望……对于历史教学而言，创意既决定和影响着历史课堂的教学艺术和教学品质，更是激发学生问题意识萌芽发展的孵化器。恢弘壮阔的古今中外历史和风生水起的教育改革大潮为教育教学生成创意思维和问题意识提供了难以计数的知识积累和教学灵感，但教学创意灵感的产生、创意教学策略的实施以及学生问题意识的激发并不是天马行空任我行，而是需要创造一个"用心地相互倾听的教室"，这种倾听不是聆听学生提出的问题内容本身，而是倾听其问题中所蕴含的知识、思维和情感等，并与他们心心相印，从而产生"啊，真不简单""原来如此""真有趣呀"等共感共鸣。因此，从发展学生核心素养立足点出发，从创意课堂出发，从培养学生问题意识出发，从学生终身发展的目标出发，才能激荡起学生缤纷的学习问题，才能打造神奇的高效课堂，才能赢得学生们无限的掌声。三是以批

①罗明、张川：《培养学生主体意识的历史学科育人探索》，《历史教学问题》2019年第2期。

判性思维为切入点，立足于教材又高于教材，引导学生质疑并解疑教材。教学中教师应以教材为范本，以唯物史观为指导，展示必要的史料，指导学生精细阅读、精确理解，在帮助学生养成存疑、补疑的思维品质目标下，以合作探究学习为主，辅以联想、类比、归纳、演绎等思维方法，通过问题教学、空白教学、发现教学，让学生从浅层次的感性历史认知中走出来，深层次地挖掘教材文本中的历史叙述和评判中所蕴涵的价值与情怀，实现学生历史学科知识体系的自主构建和能力结构的自主完善。

《普通高中历史课程标准（2017年版2020年修订）》指出："探寻历史真相，总结历史经验，认识历史规律，顺应历史发展趋势，是历史学的重要社会功能。"如果我们能转变过去以知识为中心的观念为重视学生思维发展的教育观念；能不断地用倾听为学生创设宽松、宽容的教学氛围；能有意识地给予学生充分的自主想象空间；能让学生不断地寻找善于质疑现有问题、批判性地提出自己的问题、创新性地解决问题的理性精神。如此，课堂"核心素养之花"将会越开越艳，"理性之光"将更璀璨夺目。

【此文系笔者与铜陵市实验高级中学毕兵老师合作而成，原载于《中学历史教学》2020年第1期，略有改动】

论中学历史教师的知识更新

目前，我们正处于世纪嬗变之际，21世纪将是科技高速发展和知识不断更新的时代。面对瞬息万变的世界，作为中学历史教师，在实施我国跨世纪的战略选择中，非常有必要加强自身修养。然而，打破自身局限，重新审视自己，在继承和发展、接受与创新中，进行知识更新则是其中的重要一环。因此，笔者谈点滴管见，以供商榷斧正。

一、为什么要进行知识更新

第一，这是由马克思主义认识论所决定的。

马克思主义认识论告诉我们，人们在认识客观事物时，由于受到主观、客观条件和客观对象及其发展程度的限制，总要经历由浅入深、由简单到复杂、由低级到高级的发展。这种螺旋式上升的认识规律决定了旧的知识逐渐被淘汰，新的知识不断涌现。历史科学也不例外，"现代唯物主义把历史看作人类的发展过程，而它的主要任务就是在于发现这个过程的运动规律"。这个运动规律必然导致原有的历史知识既无法满足时代发展需求，也不能科学地揭示历史发展规律，因而必须再经过由实践到认识，由认识到实践的多次反复，才能形成对历史全面的、客观的认识。在中国，对新民主主义革命规律的认识，经过了二十多年的实践，到党的七大才达到正确的认识；对社会主义建设客观规律的认识，经过了近三十年的实践和探索，到党的十二大才达到正确的认识。又如对"市场经济"的认识，传统观点认为"市场经济是资本主义社会特有的"，但随着全球经济一体化趋势加强和认识水平及观念不断发展提高，人们认识到，市场经济是商品经济高度发展的产物，是生产力发展的结果，资本主义社会有计划经济，社会主义社会也有商品经济。理论认识水平的提高和理论对实践指导功能的增强，带来了我国社会主义现代化建设事业的突飞猛进。所以，不以马克思主义认识论做指导，不坚持实事求是的原则，而抱残守缺，固步自封，只会落伍于世界潮流。

第二，这是社会主义教育现代化的需要。

教育作为人类社会一种特有现象，它产生于人类及其社会生活的需求，其最基本的功能是促进人的进步，培养社会所需要的合格人才，因而教育是人类社会生存及发展的必要条件之一。新中国成立后，党和国家采取了一系列旨在推动我国教育事业振兴和发展的措施，有力地巩固和发展了社会主义制度，并在很大程度上提高了国民的基本素质。党的十一届三中全会以后，随着改革开放的不断深入，原有的教育理论及模式在一定范围内束缚和阻碍了经济的进一步发展，教育体制改革迫在眉睫。20世纪80年代初，邓小平同志就明确指出："教育要面向现代化、面向世界、面向未来。"随后，党和国家相继颁布的《中共中央关于教育体制改革的决定》《中国教育改革和发展纲要》及《中华人民共和国教育法》，皆明确指出："教育改革和发展的根本目的是提高民族素质"，中小学基础教育须从"应试教育"转到"素质教育"的轨道上来，并且"基础教育是提高民族素质的奠基工程"。这为我国基础教育改革和发展确立了目标，指明了方向。肩负着为祖国培养适应未来社会发展需要的，具有多方面合格素质和一定专长的社会主义现代化建设的建设者和接班人的历史重任，我们若仍用老的方法、老的知识来培养教育走向21世纪的青少年，显然是会贻笑大方的。因此，历史教师必须从长远出发确定自我教育、自我发展的目标，只有加强自身修养，加快知识更新，提升专业技能和专业水平，才能跟上时代跳动的脉搏，才能更好地完成党和国家所制定的跨世纪教育战略目标的任务。

第三，这是史学研究本身的需要。

毛泽东同志说过："学习我们的历史遗产，用马克思主义方法给以批判的总结……从孔夫子到孙中山，我们应当给以总结，承继这一份珍贵的遗产。这对于指导当前的伟大的运动，是有重要的帮助的。"又说："指导一个伟大的革命运动的政党，如果没有革命理论，没有历史知识，没有对于实际行动的深刻的了解，要取得胜利是不可能的。"这就从根本上阐明了学习历史知识，加强史学研究工作，对于提高自身素质，指导我们的社会实践活动具有重要意义。正是如此，古往今来的人们都十分重视史学研究工作。在古代中国，封建统治阶级十分重视史学的总结，从孔子编撰《春秋》到"二十四史"的产生，无不反映出封建统治阶级以史为鉴，来达到封建王朝长治久安的政治目的。在近代，史学的发展总是同政治变革息息相关，每一次政治风云的掀起总影响和推动史学研究新局面的形成，而史学的每一次进步发展又对政治产生积极影响。鸦片战争前后，中华文化在与欧风美雨的灵与肉、笔与剑的全面碰撞之中，中华文化扬弃、蜕变并赢得新生。以龚自珍、魏源为代表的一批学者倡导的"违寐而之觉，革虚而之实"的学风，引导史学研究者们抛弃蒙昧主义与空疏之学，将视线探向如火如荼的现实社会，他们开眼看世界、觅新知于异域的开放精神开创了近代史学研究之先河。辛亥革命至五四运动前后，中国政坛狂飙迭起，梁启超、章太炎、胡适等人理智地援引近代西方史学理论和史学研究方法，为构筑近代史学研究大厦而筚路蓝缕，奋力开拓，影响深远。马克思主义东传后，中国革命运动方兴未艾，以郭沫若、翦伯赞为首的马克思主义史学工作者，在马克思主义理论指导下，第一次以科学的灵光重新透视中国历史及现状，开辟了中国史学研究新纪元。纵观中国史学研究的发展过程，实际上也就是更新历史知识的过程。在我们阔步迈向21世纪的今天，重视史学研究工作，推动史学研究发展，加强史学研究的指导作用，不仅是历史研究工作者的任务，同时也是历史教学工作者的任务，从这一点上讲，我们必须不断更新自己的知识。

第四，这是深化教学改革、提高教学质量的需要。

如何深化教学改革、提高教学质量已成为当前教育界所面临的亟待解决的共同课题。我认为，这绝不是过去"怀抱两本书（教科书及教参），手拿一支笔"那种固定僵化模式。随着社会不断进步，素质教育逐步展开，教学中除了调动师生双边活动的积极性，注意改进方法，采取先进的、科学的教学手段，向四十五分钟要效益外，教师的知识更新也是影响教学改革进程的一个重要因素。为完成传授历史知识、加强思想教育及提高学生能力这三大教学任务，历史教师就必须剔除陈旧的知识，补充最新、最准确、最科学的史学理论、史学知识和灵活多样、切实有效的教学方法及手段，送给学生客观而正确地认识世界、分析世界的金钥匙，进而培养提高学生探索新知识的能力，这才是教学改革目标之所在。

二、从哪些方面更新历史知识

第一，史学理论的更新。

我们知道，人们的认识过程是一个不断深入发展的过程，真理具有绝对性和相对性统一的特点，这就要求我们在学习历史、研究历史发展规律时必须坚持发展的观点，必须坚持一分为二、实事求是的原则。马列主义、毛泽东思想和邓小平理论是我们认识历史、研究历史的指导思想，但在我们学习的过程中，如何全面地准确地理解马列主义、毛泽东思想和邓小平理论，这是一个十分重要的问题。如果忽视马列主义、毛泽东思想和邓小平理论不断丰富和发展的客观实际，而是只见树木不见森林地断章取义、望文生义，这是十分片面和错误的。譬如，对拿破仑这个历史人物的评价，在马克思、恩格斯早期著作中常常是否定的结论较多，而在晚期的著作中却又多半采取肯定性的评价；列宁对拿破仑的评价几乎都是否定性的，称他的作用是资产阶级反革命；斯大林则称拿破仑是进步的代表。再如对近代史基本线索的结论，20世纪50年代提出"两个过程""三次革命高潮"论，在当时，这种说法是史学理论研究的重大突破，但在今天看来，一幅内容丰富而又生动的近代史巨画并不是三两字所能概括。随着史学理论研究的深入，现在史学界大致同意这样的说法，中国近代史发展线索可分为三条：屈辱史、抗争史和探索史。这似乎更能反映近代历史的动态过程，更能透视历史的底蕴（当然，21世纪史学研究的发展，对中国近代史的认识远非这样简单的归纳，而是有更深刻的认识和更客观的结论）。诸如这些重大的、新颖的史学理论，不正是需要我们去学习、探讨和更新的吗？

第二，史料的更新。

史料是古人、前人保存下来的各种实物、记载下来的各种文献资料和遗址遗迹等，是我们研究历史的第一手资料。中华民族勤劳勇敢、智慧超群，中华文化浩如烟海、博大精深，但由于时代和阶级等诸因素的影响，古人遗留给我们的资料真伪相杂，再加上种种原因，许多文献资料还不为人所知，这就需要我们去甄别真伪，去考古发掘，而这种甄别和发掘过程实际上也就是我们知识更新的过程。比如，三国鼎立局面的决定性战役——赤壁之战的地址，古来素有"三赤壁"之说，其中东坡赤壁属于文人附会，自当别论，而赤壁战场究竟在嘉鱼还是在蒲圻，却一直是史学界争论不休的问题。经过史学工作者的核实研究，结果一致敲定应在今湖北嘉鱼县东北，而不是在蒲圻境内。再如，中日关系史的最早记载是有关徐福东渡的美好传说。相传秦始皇为寻觅长生不老药，遣徐福率领童男童女数千人入海访寻，徐福浮海东向，在熊野浦地方登上日本列岛，兢兢业业，创立日本文化的基业。过去，这个故事由于证据不足，仅在民间流传。近年来，中国学者在山东、江苏等地陆续发现了与徐福东渡有关的遗址、遗物，日本学者也在大量史料基础上研究得出"徐福是我们日本人的国父"的结论。这样，徐福东渡的美好传说变成毋庸置疑的信史。以上两例说明，传授知识虽是教师三大教学任务之一，但倘若照本宣科，向学生传授错误的知识，不仅是对历史不负责任，而且也会误人子弟，有害于祖国的教育事业。因此，教师在教学中无论是对课本知识还是对课外知识，不仅要知其然，还要知其所以然，密切注意某些史料研究的最新动态，从而不断更新自己所掌握的知识，以便有利于历史教学。

第三，历史教育观念的更新。

教书育人是教师的天职。教书只是教育的手段，育人才是教育的目的。由于受传统观念的影响，历史教育往往侧重于"传道授业解惑"即教育的手段，而忽视育人，即教育的终极目的。历史发展到今天，社会已进入了信息化、科学化、开放化的时代，党和国家提出素质教育的战略决策，正是适应时代发展和国际竞争的需要。那么如何实施素质教育呢？转变教育观念是其中最关键的一步。因而历史教师在历史教育的过程中，首先应提高认识，转变观念；其次应通过多种途径的教学活动，不仅仅向学生客观地再现历史的本来面目和厘清错综复杂的历史现象，更重要的是既要培养学生良好的个性、意志、情感和道德，又要培养和发展学生的能力以及这种能力在其他学科和社会生活中的迁移。只有立足今天，展望未来，才能为我国经济发展腾飞培养高品质有个性有竞争力的人才。否则，观念的滞后必然导致教育的落伍，素质教育只能成为一句空话。在转变教育观念的过程中，尤其要注意必须处理好发展学生德、智、体、美、劳诸方面的关系，处理好升学率和提高整体素质的关系。这就要求我们从一点一滴做起，更新陈腐观念，完善知识结构，拓宽知识面，改进教学方法，促进自身专业理论水平和教学水平不断提高，遨游知识海洋，力求使自己成为一名一专多能复合型人类灵魂的工程师。

第四，教学方法和手段的更新。

观念的更新必然会推动方法的改进，只有不断改进教学方法，才能加快素质教育的进程。如今，许多标新立异、卓有成效的教学方法、主张，层出叠见，令人眼花缭乱，真可谓"百花齐放，百家争鸣"。心理学实验表明：人们在一定时间内，各感官获取知识的多少是不等的，其中视觉占83%，听觉占11%，嗅觉占3.5%，触觉占1.5%，味觉占1%，视觉和听觉获取的知识加起来占94%之多。另一实验还表明，信息的获取如果是纯视觉的，学习时注意力的集中率是83.7%；而信息的获取如果是纯听觉的，学习时注意力的集中率只有64.6%。以上实验说明，视听结合所接受的信息量和记忆效率都超过单个感官。这就决定历史教师，需要结合自己的学科特点及教学实践中的具体情况，选择能够达到最佳的教学和学习效果的教法和手段。我认为，至关重要的有两个问题：一是教法和手段的选择既应揭示教学的内在规律和动态过程，又要注重学生的能力层次及能力反馈的效果；二是教师本身应重视学习和不断更新历史学、教育学、心理学、地理学、社会学、美学、哲学、经济学等学科的相关知识，把现代化教育理论和教学艺术有机地结合起来。只有如此，才能针对这丰富多彩的教学内容，生龙活虎的教学对象，创造出适用性强、效果好的教学方法和手段。在探索教法和手段的改进中，虽借助他山之石，但不落窠臼，通过寻微探幽、独辟蹊径来熔铸自己的教学个性。现在，像立体化教学法、能力结构教学法、电教媒体辅助教学法等已在教学中广泛运用，并已取得一定成果，这对历史教师的教学实践与探索都是一个很好的启迪。

总之，上述虽从四个方面论及了历史教师的知识更新，但在全面开创历史教学新局面的今天，时代还要求我们在继承与发展的基础上统筹兼顾、融会贯通、不断更新，为历史教育教学的改革与发展奉献自己的一份力量。

三、更新历史知识的途径

自1994年1月1日起施行的《中华人民共和国教师法》，其总则中明确指出："教师是履行教育教学职责的专业人员，承担教书育人，培养社会主义事业建设者和接班人、提高民族素质的使命。"那么，作为历史教师在贯彻实施素质教育的重大决策过程中，如何更新自己的知识，完善自己的智能素质，实行优化教学，圆满地完成教学任务呢？下面我提四点建议：

第一，充分发挥历史教研会的作用。

历史教研会作为某个地区历史教师从事教研活动的群众性学术性团体，应摆脱应试教育的影响，在素质教育的战略决策指导下，加强对历史学科的宏观指导，建立纵横相连的教学网络，强化对历史教师的指导意识，从而形成本学科教育教学的巨大合力。譬如，搜集整理当年的历史教研最新成果，不定期地组织教师进行经验交流和介绍；或者每年举行一次历史课堂教学比赛，建立全面而又科学的中学历史教学评估导向机制；或聘请有关专家、学者就最新史学研究动态及教研动态做学术报告，为教师的知识更新和专业发展创造优良的外部环境。

第二，学校领导应积极鼓励教师参与教研活动。

教育是个系统工程，既复杂又艰巨。作为学校领导，理应在全面贯彻党的教育方针的基础上，既要注意加大力度提高学校教育教学质量，又要注意创造一定条件为教师开展教研活动打开绿灯。而教师本身更应发挥参与教研活动的主动性、积极性，一方面通过教研活动，推动学校教学改进，提高本学科教育教学质量；另一方面促使自己在教研活动中加快知识更新的步伐，提升专业理论知识水平和教学力。

第三，充分发挥老中青相结合的"传、帮、带"作用。

由于老教师多年从事教学，经验丰富，但对新知识新方法的内化较慢；中青年教师虽然知识系统，思维敏捷，接受新事物快，但思想水平和业务水平较欠缺。因此，应在充分结合各自优势的基础上，建立老中青相结合的教研机制，并使之逐步组织化、制度化，从而扬长避短、共享共赢。

第四，充分汲取其他学科精华，丰富历史学科教学。

尽管历史学科有着自身的特征，但作为教学的一部分，与其他学科也有着很多相通之处。因此，注意借鉴其他学科的教学经验，汲取其他学科的精华，同样可以更新知识，扩大知识面，丰富教学实践。比如，可以采取相互听、评课，可以互相探讨某一感兴趣的话题，可以共同组织某一活动，这些做法都会使历史教师受益匪浅。

时代在前进，社会在发展，历史科学更是五光十色，异彩纷呈。如果我们守株待兔，墨守成规，那么我们拥有的微薄知识将会在我们的记忆里越来越苍白。因此，我们必须在实践中求发展，在发展中求完善，随时洗涤、过滤陈旧的知识，才能真正把应试教育推动到素质教育，才能使中华民族在21世纪迸发出辉煌的光芒！

【此文1997年获得安徽省中学历史论文评比二等奖，原载于《探索者的足迹：安徽省铜陵市二中教育创新文集》（2004年中央民族大学出版社出版），略有改动】

■ 历史坐标教学法初探

今天，知识和人才资本已成为现代经济增长的主要因素。如何改革现行的教育机制，培养合格的现代化经济建设人才成为我国教育改革中亟待解决的问题。科学技术日新月异、教学实践深入发展，教育理论、教学方法已突破传统教育的制约，不断出现指导教育教学过程的新理论、新方法，它们在揭示教育过程中的客观规律时开创了教学领域的新境界。而在这新境界中，历史学科也同样起着举足轻重的作用。

本文在结合教育学和心理学一般原理的基础上，试就坐标教学法应用于历史课堂提出刍荛之言。

一

心理学家认为，人的智慧发展，至少包括知觉发展、从主观到客观的认知发展、观念或知识结构以及思维或解决问题的性质的变化发展等。而在认知变化中，最主要的变化是从具体认知向抽象认知的过渡，这就决定了教学内容的选择和教学方法的采用。同时，在学生认知发展的过程中，仅靠机械地、无意识地获取知识，是无法完成的，也达不到发展学生智能的目的。因为，在学习的过程中，教师只有引导学生有意义地获取知识，使学生掌握知识的迁移和应用的方式方法与技巧，才最有可能达到教学目的，圆满地完成教学任务。历史学科时空范围广袤无垠，涉及内容包罗万象，人类活动复杂漫长，不是三言两语就能叙述得明明白白、清清楚楚。现代认知心理学和信息科学的研究结果表明，人们在处理纷繁芜杂的信息时，其认知总是具有简缩的趋势。因而，从学生层面而言，他们在认识社会、学习历史时，总是利用所掌握的有限的基础知识和基本概念，去理解认识人类宏大复杂的发展过程，进而形成自己认识世界、理解社会的个性化方法。当然，对于认知个体而言，这种方法可能比其他方法更简洁，也更易于掌握运用，且不易遗忘。

上述视角对于教师而言，理应考虑到在历史教学过程中，应采用何种更简捷的方式方法教会学生思考问题、解决问题，而这种方式方法也应能为学生所掌握和使用。历史发展的客观规律以及历史知识本身具有严密性、层次性、系统性等诸多特点，这为坐标教学法应用于历史课堂教学提供了合理性。

数理统计理论指出，一个极简单明了的坐标能显示出不同而复杂的内容，蕴藏着极为丰富的信息。中学历史教科书都是对前人留给我们繁多信息的概括与提炼，要想让学生一两节课准确完整内化，在应试教育仍占主导的今天，确实难度很大。倘若在教学活动中，能利用认知的简缩性特点，将人类某一活动恰当地定位于某一特定的数轴范围内，效果可能更显著。通过初步的教学实验，笔者发现坐标教学法运用于历史教学不仅符合学生的认知特性，也符合历史发展的客观规律。同时，利用学科交叉特性和认知迁移规律能较好地激发和培养学生的创造性，使学生由接受学习走向发现学习，即由具体认识上升到抽象认识，这进一步说明坐标教学法在历史教学中的可能性和必要性。

二

有人曾说过，在教学中忽视知识、技能、学习方法等的掌握，一味追求改进和提高观察力、记忆力、注意力，只是一种天真的幻想。这在现代教学实践中已得到非常充分的印证。在图示教学法不断扩展的今天，坐标教学法愈益显示出新颖性和独特性以及适用范围的广泛性。依据历史的时空深广、层次多样、内在联系紧密的特性，历史坐标教学法具有以下三种作用。

第一，有利于更好地组织课堂教学。历史教材是按照历史发展的时序性和渐进性编写的，各类知识点间具有紧密的因果联系。作为历史教师，在教学活动中，一方面必须准确完整地阐述历史发展的脉络，另一方面要求培养和提高学生各方面的能力。因此，在教学中，科学地运用坐标教学法，总结归纳一节课的内容，乃至描述历史时代的发展，都显示出直观、简明、一目了然的好效果。

第二，有利于学生更好地学习和掌握新知识。学生心理活动规律告诉我们，教学方法的新颖性和教学手段的先进性对学生学习和掌握新知识，起着十分重要的作用。在教学中，引进坐标教学法，并在一定程度上利用现代多媒体技术，比以往沉闷的"满堂灌"的教学方法更易激起学生的学习兴趣，使学生在接受新知识的同时，更易于消化，有利于将具体知识上升为抽象知识。

第三，有利于培养学生的发散性思维和逻辑思维能力。现行高考体制改革愈来愈注意对学生能力的考查，如果在教学中，教师的注意力只集中于历史事件、历史事物的表象，那势必对学生产生一种错误的导向，将会导致学生只追求历史知识信息的聚拢和垒砌，忽视了能力的培养和提高，结果既无法面临高考，更无法面临瞬息万变的世界。历史坐标教学法在培养学生的发散性思维和逻辑思维能力方面有其独到之处。它给人以直观、形象、清晰和鲜明的感觉，给学生留下深刻印象，从而有助于帮助学生打破思维定式，产生蹁跹联想，并在一系列思维活动中，按照知识的逻辑结构，重新优化综合，融会贯通。这样，学生一方面厘清了历史线索，认识到历史的表象；另一方面又重新审视了历史的内在联系，认识到历史的本质，加速了知识的迁移，并实现了由浅入深、由简单到复杂、由低级到高级的认识过程。

三

历史坐标教学法不是信手拈来的，也不是任何时候均可随意采用的，这就要求教师在设计这个方法时必须注意以下四个问题：

首先，要认真仔细地研读课标、教材，充分地感知教材，弄清教材中每个知识点所处的主次地位及相互间的关联，深挖教材的内涵。

其次，设计坐标要注意时空观念和合纵连横的原则，注明纵横轴代表的含义及所要表示的历史事件间的联系，无任何联系的或无法在坐标中显示的历史知识，不要胡乱设计。

再次，设计坐标要力求准确科学、简明形象、易懂易记。因为历史坐标法是以简练的线索，对客观事物进行抽象和概括，符号的内涵应一目了然，否则，便失去其使用意义。

最后，要注意设计的程序性，程序性包括两个方面：一是一次性的，需事先准备好；二是渐进性的，需在教学过程中边讲边绘制。渐进性历史坐标使教师讲授、绘制坐标及学生获得知识的过程同步进行，一气呵成，可以较好地增强学生对知识及学习方法的获得与感知。

设计好历史坐标后，就要认真组织课堂教学，在适当时机寻找恰当的切入点，更好地利用投影仪等多媒体设备充分地展示出来，并向学生简明扼要地点出设计的理念和所表达历史事物的内涵。

当然，在课堂教学中，教师作为一个"导演"，还必须重视对学生的训练以及对教学活动的反馈，适当的训练可以进一步培养和发展学生各方面的能力，及时的教学反馈可以促进教师教学方法的修正和完善。

【此文1997年获得化工部教育学会第三届论文评比一等奖，原载于《探索者的足迹：安徽省铜陵市二中教育创新文集》（2004年中央民族大学出版社出版），略有改动】

基于高中历史线上教学的学生问卷调查分析与思考

2020年全国各地春季开学受到新冠肺炎疫情影响，为积极响应疫情防控号召，各省市落实教育部"停课不停教、停课不停学"的通知精神，以至线上教学弦歌不辍。在以习近平同志为核心的党中央坚强领导之下，我国疫情防控已取得了阶段性胜利，从4月6日到5月11日，安徽省各地中小学陆续复学。

一、调查基本概况

随着各地学校相继复学，学生们离开各自的"安乐窝"陆续回到了久违的校园。在长达两个多月的线上教学中，学生们如何居家学习？他们如何看待线上教学？线上教学效果如何？线上教学存在哪些问题？复学后线下线上教学如何衔接？线上教学中学生的学习力如何？平时教学中，历史学科核心素养践行如何？基于上述问题，我们设计了这份调查问卷表，包括单选题、多选题、自答题等。调查范围为铜陵市部分高中高一、高二两个年级学生共计540人（其中高一310人、高二230人），包括三所省示范高中（277人）、两所市示范高中（152人）、一所县城一般高中（111人），主要为城镇学生，也包括部分农村学生。4月底发放调查问卷,五一节后收回问卷,5月中旬,完成问卷调查数据统计。其间还通过复学后课堂教学实况、与学生聊天以及与学校领导和教师座谈等方式不断丰富一手资料,最终在数据分析探求的基础上,形成了本次专项调查分析报告。

二、调查的结果与分析

基于问卷调查分析以及访谈结果,对线上教学效果、复学后线上线下的衔接、学生的学习力、历史学科核心素养践行以及学生的学习期盼等问题的结论分析如下:

1.线上教学总体评价较好

无法否认,技术进步为教育带来的变革正在不断发生,并且深刻地影响和改变了学生学习、获取信息、与他人交流合作的方式,同时必将给学校教育教学管理模式带来巨大的变革。但是,这次大范围、长时段的密集型线上教学模式效果如何?

表1 学生对线上教学模式的适应情况

你是否适应这种教学模式	总计		省示范高中		市示范高中		一般高中	
	人数	占比(%)	人数	占比(%)	人数	占比(%)	人数	占比(%)
比较适应	252	46.7	132	47.7	77	50.7	43	38.7
不适应	82	15.2	38	13.7	22	14.5	22	19.8
说不清	206	38.1	107	38.6	53	34.9	46	41.4

表1显示,近半数学生比较适应线上教学模式。总体及各分类高中的"不适应"选项处于两成以下,从学校类别看,省市示范高中"比较适应"的占比明显高于一般高中,这可能基于两个现实:一是学生整体素养,二是一般高中的学生有部分来自农村。但在"说不清"的选项中,总体占比和学校占比都相对较高,这源自如此高强度密集型的线上教学模式以往从来未有过,可能导致部分学生无法回答。

表2 学生对线上教学的认可度

你对线上教学的总体感觉是	总计		省示范高中		市示范高中		一般高中	
	人数	占比(%)	人数	占比(%)	人数	占比(%)	人数	占比(%)
非常满意	59	10.9	41	14.8	14	9.2	4	3.6
满意	158	29.3	90	32.5	44	28.9	24	21.6
一般	287	53.1	125	45.1	84	55.3	78	70.3
不满意	17	3.1	11	4.0	4	2.6	2	1.8
很不满意	19	3.5	10	3.6	6	3.9	3	2.7

表2显示，"非常满意""满意""一般"合计占比为93.3%，这说明线上教学满意度非常高，结合表1数据，表明线上教学得到了绝大部分学生的认可和肯定。同样地，各类别学校间的差异也体现在学生整体素养上，特别在"非常满意"和"满意"的选项上；但在"不满意"和"很不满意"的选项上，各类别学校间相差无几。

表3 学生对线上教学能否替代线下教学的判断情况

你认为线上教学能代替线下教学吗	总计		省示范高中		市示范高中		一般高中	
	人数	占比(%)	人数	占比(%)	人数	占比(%)	人数	占比(%)
能	63	11.7	29	10.5	25	16.4	9	8.1
不能	392	72.6	208	75.1	92	60.5	92	82.9
不知道	85	15.7	40	14.4	35	23.0	10	9.0

表4 学生对线上教学节奏的适应情况

你能否适应线上教学的节奏	总计		省示范高中		市示范高中		一般高中	
	人数	占比(%)	人数	占比(%)	人数	占比(%)	人数	占比(%)
完全能	49	9.1	34	12.3	9	5.9	6	5.4
基本能	328	60.7	176	63.5	103	67.8	49	44.1
不能	163	30.2	67	24.2	40	26.3	56	50.5

表5 学生认为线上教学中存在的问题

你认为线上教学存在的问题有(多选)	总计		省示范高中		市示范高中		一般高中	
	人数	占比(%)	人数	占比(%)	人数	占比(%)	人数	占比(%)
无法及时和老师交流	354	65.6	177	63.9	97	63.8	80	72.1
无人督促,学习效率低	345	63.9	153	55.2	111	73.0	81	73.0
无法集中注意力	199	36.9	124	44.8	101	66.4	74	66.7
没有学习状态	335	62.0	140	50.5	114	75.0	78	70.3

你认为线上教学存在的问题有（多选）	总计		省示范高中		市示范高中		一般高中	
	人数	占比（%）	人数	占比（%）	人数	占比（%）	人数	占比（%）
线上教学速度太快	227	42.0	79	28.5	60	39.5	88	79.3

表3中有七成多学生认为线上教学不能代替线下教学，其原因在表4和表5数据结论中得到了很好的注释。但表4数据说明，学生对线上教学节奏的适应程度还是非常高的，这和线下与老师们座谈的结论基本吻合，因为"完全能"和"基本能"合计占比接近70%。这一方面归功于线上教学老师对教学内容的精心准备和精细打磨；另一方面长时段的线上教学，学生也获得了与平时学校课堂教学不同的新鲜感，不同教学风格能使学生领略到各位老师在线上教学时异彩纷呈的魅力。当然，与学校课堂教学相比，线上教学的短板正如表5所示。因为线上的"教"是教师的单方面教学活动，老师侃侃而谈时根本看不见每个学生生动丰富的脸庞，再加上每节课的设计并非按照学生的个性化需求而进行的点对点设计，这就必然出现老师教得很辛苦、学生学得很痛苦的状况，而在真实的课堂中，教学活动却能够有效地实现学生、老师、课程资源之间的有效互动，这恰恰是表5中出现这些状况的原因所在。但线上教学模式也有学校课堂教学无法相比的优势，譬如疫情期间，我的工作室及时建立了"铜陵历史名教师解疑群"，短短三天时间，入群的全市高三同学就接近500人，两个月为学生解疑释惑近千条。故而对某种教学模式好坏的判断，不能一概而论，因为教学最终追求的是目标的达成度和核心素养期望值的实现程度，而不仅仅是单纯的教学呈现形式。任何教学模式的成功与否，最终还要看是否适应学生学习需求、是否符合学生成长规律及是否契合学生人生发展目标。

疫情防控期间，一线教师八仙过海，各显神通，纷纷投身网络直播的潮流中，化身成孩子们眼中期待的"主播"。那么，从学生的视角来看，"主播们"的表现究竟如何？从表1到表5各项数据来看，学生们对居家学习期间教师的课程实施予以了高度认可。疫情之下，人们义无反顾的背影和匆忙无言的行动，各级政府的高度关注与精心组织，学校老师们的积极备战和倾心付出，这真实情境中所产生的点点滴滴的共情和行为已经转化为一出最好的共克时艰的时代教育大剧。

2.学生的学习力有待进一步提高

"学习力"一词最早由美国麻省理工学院佛瑞斯特教授于1965年提出，多指一个人的学习动力、学习毅力、学习能力和学习创新力的总和，是人们获取知识、分享知识、运用知识和创造知识的能力。其中，学习创新力是核心，学习毅力是保障，学习动力是基础，学习能力是方法。而就学习力境界而言，明显分为三个层次："知之""好之""乐之"。"知之"是学习的微观层次，仅及基本知识和基本能力等学习能力方面；"好之"是学习的中观层次，是学生着力学习创新力和集聚学习动力的重要前提；"乐之"是学习的宏观层次，也是教育的终极目标。

可见，学生的学习力很重要，拥有一定的学习力不仅能让学生的学习效率事半功倍，更重要的是可以奠定学生未来发展的基础，是精准践行"立德树人"和"五育并举"的靶向所在。此次疫情期间的线上教学，对学生而言不仅意味着一场心智和毅力的考验，更是一场对自己学习力的无声检验。但是，疫情之下，学生的学习力究竟如何？

表6　学生在线上学习时的听课状态

线上学习时,你的听课状态如何	总计		省示范高中		市示范高中		一般高中	
	人数	占比(%)	人数	占比(%)	人数	占比(%)	人数	占比(%)
一直认真听课,能及时记下笔记	142	26.3	87	31.4	43	28.3	12	10.8
基本认真,不能及时记下笔记	225	41.7	106	38.3	64	42.1	55	49.5
有时注意力不集中或做其他事	143	26.5	64	23.1	42	27.6	37	33.3
基本不听	30	5.6	20	7.2	3	2.0	7	6.3

表6显示，"一直认真听课，能及时记下笔记"和"基本认真，不能及时记下笔记"合计占比68%，"有时注意力不集中或做其他事"占比26.5%，"基本不听"占比仅有5.6%，这说明绝大部分学生学习还是积极主动的，对自己的主体责任也很清晰。从学生视角来看，这次特殊疫情时期的线上教学

对他们学习力的培养而言，不啻为一次很好的成长教育经历；同样这也理应对学校和老师有很大的启发，因为，真实而丰富的社会生活中往往蕴藏着很多宝贵的育人资源和育人契机。

表7　家长对线上教学的关注程度

线上学习时，家长如何关注	总计		省示范高中		市示范高中		一般高中	
	人数	占比(%)	人数	占比(%)	人数	占比(%)	人数	占比(%)
基本陪在身边	16	3.0	7	2.5	6	3.9	3	2.7
经常关注	70	13.0	38	13.7	26	17.1	6	5.4
偶尔关注	319	59.1	151	54.5	87	57.2	81	73.0
基本不管	135	25.0	81	29.2	33	21.7	21	18.9

表7显示，"基本陪在身边""经常关注"合计占比16%；"偶尔关注"占比近六成，此项一般高中占比更高达七成多，恰恰说明一般高中部分农村学生家长也非常重视自己孩子的学习。疫情期间的线上学习，让家长们不得不深度卷入这场和老师们一起陪伴孩子们的战斗中，这比那种单纯说教式的家教方式更容易得到孩子认可。虽然"基本陪在身边""经常关注"占比均不高，但"偶尔关注"占比却很高，因为疫情期间复工复产，家长不可能始终陪伴在孩子身边。"偶尔关注"不是放手不问，而是体现出理性家教和对孩子人格的尊重与信任。从这三项统计数据中，我们能真实地发现：孩子真正需要的帮助不是家长们对学习意志的强加，而恰恰是家长的良好行为示范、适度的提醒和对提升孩子们学习力的理性关注。很多家教案例表明，家庭教育的不足或过度，印记了每个学生走进学校和社会的不同历程，但它一定不是我们给孩子过度关注的理由。只有当我们能更好地帮助家长认识到家庭教育在孩子成长过程中的着力点时，学校和家庭才能成为真正的教育同盟军。

表8　学生应对疑难问题时的最主要想法或做法

遇到不懂的历史问题时，你最主要的想法或做法是	总计		省示范高中		市示范高中		一般高中	
	人数	占比(%)	人数	占比(%)	人数	占比(%)	人数	占比(%)
及时查阅相关资料，独立解决	116	21.5	68	24.5	31	20.4	17	15.3

遇到不懂的历史问题时,你最主要的想法或做法是	总计		省示范高中		市示范高中		一般高中	
	人数	占比(%)	人数	占比(%)	人数	占比(%)	人数	占比(%)
做好记录,待复学后再询问老师	60	11.1	30	10.8	20	13.2	10	9.0
当天打电话询问老师或同学	43	8.0	22	7.9	12	7.9	9	8.1
再回看一遍	157	29.1	86	31.0	47	30.9	24	21.6
希望复学后老师再讲一遍	112	20.7	38	13.7	30	19.7	44	39.6
无所谓	52	9.6	33	11.9	12	7.9	7	6.3

表9　学生在课外的预习与复习情况

除观看线上教学外,你还能做到(多选)	总计		省示范高中		市示范高中		一般高中	
	人数	占比(%)	人数	占比(%)	人数	占比(%)	人数	占比(%)
上课提前预习	239	44.3	132	47.7	68	44.7	39	35.1
下课及时复习	321	59.4	138	49.8	120	78.9	63	56.8
什么也不做	151	28.0	49	17.7	53	34.9	49	44.1

表8显示,"及时查阅相关资料,独立解决""做好记录,待复学后再询问老师""当天打电话询问老师或同学""再回看一遍"合计占比69.7%。表9显示,"上课提前预习"占比44.3%,"下课及时复习"占比59.4%。这两项统计数据说明学生自主学习意识较强,已初步具备了一定的学习毅力和学习动力,也能有一定的学习方法,并从"知之"层面逐步发展到"好之""乐之"层面。我们知道,学习的主人,永远都是学生自己。疫情之中的线上教学,恰恰体现了教师主导的课堂让位于学生主体的自主学习,这不仅仅是从教到学模式的转变,也是思维和理念的转变,这种转变带给学生乃至学校和老师的影响,有的可能是终身的。表8选项中"希望复学后老师再讲一遍"占比两成多,这固然与每个学生的心智水平差异有关,但从教育公平和教育均衡角度而言,也告诉我们一个不争的事实:只有线上线下的融合才能让更多孩子们受益。

尽管如此,线上教学中,部分学生的学习力还是存在很多不足之处,如

表6中选项"有时注意力不集中或做其他事""基本不听"合计占比32.1%,表8中选项"希望复学后老师再讲一遍"占比20.7%,"无所谓"占比9.6%,表9中选项"什么也不做"占比28%,说明还有相当部分学生缺乏学习毅力和学习动力,这应该引起学校和老师的高度关注。

3.理应关注线上线下教学的有效衔接

如前数据所示,线上线下教学各有利弊,不能概而论之。但在复学后,学校或者学科教师应该从学生的学习需求出发,对线上教学效果有个整体评价,并根据这种评价结果,合理地安排线下教学,突出重点,有序安排并解决线上教学之不足。

疫情中,各校老师根据线上教学内容进展都相继安排了一些针对性的辅导答疑,布置批改了合适的作业,统计结果如下:

表10　线上教学中老师的针对性辅导答疑情况

线上教学时,你的老师是否有针对性的辅导答疑	总计		省示范高中		市示范高中		一般高中	
	人数	占比(%)	人数	占比(%)	人数	占比(%)	人数	占比(%)
有	349	64.6	181	65.3	104	68.4	64	57.7
偶尔	139	25.7	66	23.8	40	26.3	33	29.7
没有	52	9.6	30	10.8	8	5.3	14	12.6

表11　线上教学结束后老师的作业布置批改情况

线上教学结束后,你的老师是否布置批改合适的作业	总计		省示范高中		市示范高中		一般高中	
	人数	占比(%)	人数	占比(%)	人数	占比(%)	人数	占比(%)
有	445	82.4	224	80.9	136	89.5	85	76.6
偶尔	56	10.4	29	10.5	15	9.9	12	10.8
没有	39	7.2	24	8.7	1	0.7	14	12.6

表12　学生对于线下教学如何衔接线上教学的主要想法

你认为线下教学如何衔接线上教学(学生想法)	人数	占比(%)
结合线上内容合理衔接或巩固复习再上新课	281	52.0
重讲一遍	111	20.7
不知道或无回答	148	27.4

表10和表11显示,一般高中在两项回答"有"的占比低于省市示范高

中，而两项回答"没有"的占比却高于省市示范高中，这与一般高中学生绝大部分为农村学生有关，也可能与农村网络信息相对不畅通有关。这两项数据的结论与表5一般高中学生认为"线上教学速度太快"的79.3%和表9一般高中学生认为"什么也不做"的44.1%等高占比率基本一致。今年（2020年）是我国深入推进精准扶贫政策的关键之年。实际上，在农村，不仅仅要从物质上解决贫困问题，更要在农村建设尤其是教育发展的硬件和软件上齐抓共管，两手都要硬，否则，农村教育"贫困"现象将始终影响国策的推进和落实。

表12显示，半数以上学生较理性地看待线上线下教学衔接问题，而且所提出的建议也非常中肯，不过"重讲一遍"和"不知道或无回答"也占比接近五成，这需要复学后学校和老师既要考虑"吃得饱"学生的需求，也要考虑"没有吃饱"学生的期盼。如何做好线上线下教学的合理衔接，老师应该根据校情和学情来进行合理科学的统筹安排。

4. 学生的学习观念还需不断斧正

每次考试后，学生议论最多关注最多的就是自己的分数，而很少有学生理性地全面地分析自己考试失利的原因。实际上，导致学生成绩差异的因素很多，既有学生自身的主观因素，也有教师以及其他客观因素。但一个受学生欢迎的老师必定有其特殊之处。从学生的感官需求而言，老师的教学风格诸如插科打诨的风趣幽默的教学形式常常很受学生的欢迎，而老师的教学方法、教学技能、对学生学习力的培养等却很少受到学生的关注。如下两表所示：

表13　老师在线上教学中最受学生欣赏之处

你最欣赏线上教学老师的是	总计		省示范高中		市示范高中		一般高中	
	人数	占比(%)	人数	占比(%)	人数	占比(%)	人数	占比(%)
教学风格	166	30.7	78	28.2	55	36.2	33	29.7
对重难点的解析	207	38.3	111	40.1	60	39.5	36	32.4
启发诱导	116	21.5	58	20.9	27	17.8	31	27.9
对学生学习能力的关注	51	9.4	30	10.8	10	6.6	11	9.9

表14　学生选择历史学科的最主要目的

你选择历史学科的最主要目的是	总计		省示范高中		市示范高中		一般高中	
	人数	占比(%)	人数	占比(%)	人数	占比(%)	人数	占比(%)
提升人文素养	152	28.1	67	24.2	32	21.1	53	47.7
应对高考需要	179	33.1	96	34.7	55	36.2	28	25.2
理科基础薄弱	97	18.0	57	20.6	33	21.7	7	6.3
对历史感兴趣	96	17.8	45	16.2	29	19.1	22	19.8
不知道	16	3.0	12	4.3	3	2.0	1	0.9

　　表13和表14显示，课堂中老师"对重难点的解析"和"应对高考需要"的占比显然高于其他选项，但教师课堂的"教学风格"也占比三成多，这很能说明学生在课堂上的感官需求；表13中"对学生学习能力的关注"选项在总体占比和各类别学校中的占比都相当低，这些都表明大部分学生的学习需求很直接。事实上，由于高考指挥棒的影响，唯分数取向造成的学习方法单一化、学习需求功利化、学习视野狭隘化等问题，极大地透支了学生长远的学习兴趣和学习动力，对学生发展而言无异于饮鸩止渴。虽然互联网技术不断发展与教育信息化日益普及，但学生获取有效知识、整合以及应用知识的能力并未显著提高，知识的碎片化现象非常普遍，尤其是历史学科，学生对历史事物和历史事件间的关联很少能阐述清楚，这一切皆源自学生学习观念的滞后、学习创新力的缺失。当然，值得欣慰的是，表13中"启发诱导"总体占比达到两成多，表14中"提升人文素养"总体占比近三成，说明还是有部分学生很清楚自己在课堂教学中应该获取自己所需的思考质疑能力以及人生发展必要的人文素养等人生成长元素。

　　这两份数据也提醒我们教师，如果仅仅囿于传统教育观念，仅仅忠实于与实际生活经验脱轨的填鸭式教学，必然很容易丧失对教育的基本价值判断，最终将会阻碍学生核心素养的全面而真实的发展。所以，我们教师必须以课堂教学为主阵地，打破课堂教学的沉寂，以有效的课堂教学策略引导学生转变学习观念，提高学生关键能力，增加学生必备知识，激发学生求知求真的学习动力和创新能力。

5.学生的历史学科核心素养亟待加强

普通高中历史课程的育人功能，重在引导学生多角度地对历史进行认识，拓宽历史视野，发展历史思维，使学生在探究历史的过程中形成正确的人生观、世界观、价值观。但多年的教学生涯告诉我们，如果学生的历史学习缺乏深度，必然形成知识孤岛；历史学科视野缺乏广度，必然陷入自我囚笼中；历史学科能力训练缺乏效度，必然导致周而复始的简单劳动。而这三种现象的出现，一定与学生的学科核心素养缺失紧密相连。历史学科核心素养中的唯物史观、时空观念、史料实证、历史解释和家国情怀这五大要素，是人文素养的重要组成部分，是学生在接受历史教育过程中逐步形成的基本知识、关键能力和方法、情感态度与价值观等的综合表现，是学生通过历史学习能够体现出的带有历史学科特性的品质，因此，它带有鲜明的历史学科特色，集中体现了历史学科的育人价值。而从这次学生问卷调查情况来看，显然，学生对历史学科核心素养的知晓率并非很高。如下表所示：

表15　学生对历史学科核心素养的知晓情况

你认为历史学科中应培养的核心素养是什么（学生想法）	人数	占比（%）
唯物史观	385	71.3
时空观念	366	67.8
史料实证	517	95.7
历史解释	396	73.3
家国情怀	410	75.9
全知道	93	17.2
一个都不知道	18	3.3

表15虽然显示学生对历史学科核心素养五大要素的部分知晓率相对较高，但全部知晓率仅有17.2%，这与我们历史学科教师有着密切关系。尽管我们并非要求学生必须熟记这五大要素，但知晓率情况却反映出，课堂中教师可能仅仅为增加知识量和提高答题准确率而让学生"挣扎"在题海战术中，没有站在"一核四层四翼"高考评价体系的战略维度上思考历史学科教育的终极目标，没有紧紧围绕"立德树人"根本任务和学生发展所需的必备知识、关键能力与学科素养等方面组织课堂教学。而这些问题在表16、表17中也充分显示出来。

表16 学生认为历史学科学习中最大的困难

你认为历史学科的学习最大的困难是什么(学生想法)	人数	占比(%)
时空观念薄弱	338	62.6
思维能力,尤其是知识迁移和知识关联能力较弱	168	31.1
历史学科核心素养缺失	55	10.2
不知道或无回答	75	13.9

表17 学生对历史老师教学上的建议

你对你的历史老师有何建议(学生想法)	人数	占比(%)
扩大学生知识面;关注学生学习方法和学习能力的培养,尤其是学科素养的培养	421	78.0
强化重点知识和概念教学,帮助学生厘清历史发展线索和阶段特征	433	80.2
增加课堂教学的艺术性,如语言幽默、故事性强等,以活跃课堂氛围	298	55.2
多练多讲习题,提高解题能力;放慢讲课速度	276	51.1

表16中"时空观念薄弱""思维能力,尤其是知识迁移和知识关联能力较弱""历史学科核心素养缺失"三项合计561人次,这不能不说明我们的历史教学理念还是存在较多的不足。而表17中"扩大学生知识面;关注学生学习方法和学习能力的培养,尤其是学科素养的培养""强化重点知识和概念教学,帮助学生厘清历史发展线索和阶段特征""增加课堂教学的艺术性,如语言幽默、故事性强等,以活跃课堂氛围"三项合计1152人次,由此,我们更可以得知学生对课堂教学的期待和对老师的期许。我们深知,学生的历史学科核心素养的培育,是在教师创造的具体教育教学情境场域中由学生自身经历与实践体验内化生成的,如果任自己囿于传统的教育教学模式,那培养学生的学科核心素养将成为水中月镜中花。所以教师应在深刻认识教育本质的基础上,更新和拓展教育观念,正确把握教育观和人才观,引导学生科学学习、乐于学习,只有这样,才能让践行学科核心素养的豪言壮语落地并开花结果。

三、几点认识

1. 理性看待线上教学

本次线上教学模式的出现,是在疫情之下不得已而为之。在逐步复学后，有不少人非议线上教学的点点滴滴，其实，无论线上教学还是线下教学，都各存利弊。就弊而言，主要有六点：一是线上教学为新生事物，不是所有的学生或家长都能很娴熟地操作。二是很多农村地区互联网并未普及，这些地区的学生只能依靠手机那么大的屏幕进行网上学习，对学生的视力自然有相当的影响；在农村甚至还出现了因应网课的需要，家长为孩子配备了手机，但复学后家长却无法收回孩子手机的尴尬局面。三是部分学生对线上教学随意性较大，以及线上教学缺少学校教学的约束性，出现许多孩子趁家长不在家之时大玩特玩游戏的现象。四是网课速度较快，很少给线下听课的学生留有思考余地。五是网课缺乏师生交流沟通的渠道。六是在线上教学情境下，学生容易产生焦虑、烦躁之类的心理问题，尤其是对本身有心理问题的学生影响更大。但我们也不能因噎废食，甚至对线上教学大加否定。在这个特殊的"加长版"假期中，学校除了组织线上教学外别无选择，而且这对推进"互联网+教育"教学模式的实践来说也不啻是一次非常有益的尝试。

"百年大计，教育为本"，教育是人类各项事业发展的重要基础。当今世界的教育正在经历着"百年未有之大变局"，随着信息时代的到来，近现代教育发展史上基于知识本位的"泛智教育"正在被"泛在学习"所挑战，教育实践理论和教育实践范式正在发生亘古未有之变革。2019年2月，中共中央、国务院印发的《中国教育现代化2035》中提出了加快信息化时代教育变革，强调建设智能化校园，统筹建设一体化智能化教学、管理与服务平台；利用现代技术加快推动人才培养模式改革，实现规模化教育与个性化培养的有机结合；创新教育服务业态，建立数字教育资源共建共享机制。这个提法不仅符合世界教育未来发展趋势，更是把握了我国建设教育强国的难得机遇，并契合了我国教育发展的迫切需要。因此，就国家大力推进教育现代化发展战略层面而言，这场突如其来的疫情也是信息化时代背景下对教育技术发展和智慧课堂建设的一场深层次、全方位的考验和检阅。借助线上教学，由"教"到"学"的教学模式在疫情防控这样的客观环境下已经悄然而真实地发生改变。在线上教学过程中，更多的教师学会了在信息条件下如何及时地了解学生学习动态、解决学生学习中遇到的各种困惑、恰当地评价学生学习成效，有利于教师真正地成为学生成长的对话者；而学生则学会了在离校环境下如何学会学习、自我管理等基本学习生活技能。故而，此次线上教学颠覆了传统教育教学模式，既促进了教师角色的变化，也促使了学生角色的变化。

2.合理安排线下教学，弥补线上教学的不足

从线上到线下，如何做到课程的合理化衔接？如何兼顾学生的差异化学习需求？这才是复学后学校和老师必须要认真思考的课题。故而学校和老师们在复学后，一是应重新制定教学计划，依据线上教学存在的问题对症下药，既要考虑到学生学习中的问题，也要考虑到学生的心理问题；既要考虑到学生日常行为习惯的再养成教育，也要考虑到畅通家校渠道，巩固家校教育同盟，夯实强大教育合力。二是课堂教学中不能匆忙地进行新课教学，而应恰当把握课堂教学节奏，适度复习巩固线上教学内容。三是帮助学生重构学习目标，努力实行一人一策，制定学生学科学习的知识清单、问题清单或是任务清单。四是尽量不进行或减少学科检测，多给学生学习缓冲期，延长学生心理调适期，化解学生学习焦虑。五是结合线上线下教学优势，发挥年级组、教研组、备课组的作用，群策群力，制定合理科学的教学策略，助推学生学习力的恢复发展。

3.提升教师的教学胜任力，助推学生的学习力

教师的教学胜任力与学生的学习力两者之间相辅相成，互相促进，离开教师的教学胜任力去奢谈学生的学习力，这根本无法想象。教师作为课堂教学的组织者和实施者，在助推学生的学习力方面有不言而喻之功。因此，教师既要提升自身的专业发展水平，也要运筹帷幄，有组织课堂的教学策略和广受学生欢迎的教学艺术。在历史课堂教学中，教师应立足于本学科特点，以历史问题教学为中心，以目标教学为导向，恰当借助现代教育技术，创设生动形象的学习情境，合理地运用自主学习、师生互动、合作探究等方式方法，致力于坚定学生的学习毅力、提高学生的学习能力、打磨学生的学习动力、发展学生的学习创新力。只有这样，才能让学生在知识吸收和能力培养的过程中能够独立地、自如地对获取的知识信息进行高效提取、整合、转化、运用、再创造。否则，

教师对学生学习理念的培养趋向狭窄化、教师课堂教学水平趋向平庸化和教师对学生学习评价标准趋向滞后化，必然导致对学生学习力的侵蚀，也将会极大地阻碍学生核心素养的发展和学习力的再造。

4.立足立德树人，关注培养学生历史学科核心素养

历史学科核心素养的提出是立足本国国情和教育实践、借鉴世界放眼未来的重大举措，对解除目前历史教育教学的瓶颈有着重大指导意义。但是，历史学科核心素养既不是单纯的历史知识技能的垒砌，也不是单纯的兴趣、动机、态度的叠加，而在于重视运用历史知识技能，通过历史学习与思考来培养现实社会所必需的思考力、判断力、表达力及人格品性。

站在立德树人的教育战略高度上看，具有厚实教化功能的历史学科有着其他学科所无法比拟的优势。因此，历史教师一是要不断以课堂教学为主阵地，丰富基于学科核心素养的课程内容，包括正确地引导学生研习传统文化的精粹，厚积学生的人文素养；以五彩缤纷的历史事件、历史事物、历史人物等充实育人内容，打造便捷的育人路径，砥砺学生的人格修养。二是要优化基于学科核心素养的教学方法，包括探索史学研究方法，加强史料实证教学，提升历史解释能力，培育求真求实的科学精神；着眼课堂教学技能，着力于学生个性化发展。三是要组织基于学科核心素养的学习探究活动，包括基于校情和学情的开放性特色主题研究，扩大学生放眼现实甚至放眼世界的融通视域；结合教育教学实践，立足问题学习，积极开展合作探究，培养学生合作的团队意识。只有这样，才能真正使学生从"知之"小巷走到"好之""乐之"大道，才能使学生从"学什么"的初级阶段发展到"怎么学"的至臻境界，才能把历史学科核心素养的教育本质淋漓尽致地播撒到学生的心田，才能真正地让"立德树人"之花开遍校园的每个角落。

时光如梭，历经两个多月的"宅家"学习生活，活泼可爱的学生们终于沐浴着初夏的阳光，又开始了向往已久的集嬉笑与紧张于一体的校园生活，被打乱的学习节奏正在重新建立，一切又从新的起点再度出发！

【此文2022年获得安徽省中学历史论文评比一等奖】

教研员通识基础组态要素的实证分析

2018年1月,中共中央、国务院印发了《中共中央 国务院关于全面深化新时代教师队伍建设改革的意见》,这是新中国成立以来,党中央出台的第一个专门面向教师队伍建设的里程碑式政策文件。2019年2月,中共中央、国务院印发的《中国教育现代化2035》中明确提出建设高素质专业化创新型教师队伍,坚持把教师队伍建设作为基础工作,为教育现代化提供人才支撑。之后,中共中央办公厅、国务院办公厅再度印发的《加快推进教育现代化实施方案(2018—2022年)》强调指出,提高教师教育质量,实施教师教育振兴行动计划,大力培养高素质专业化中小学教师。为此,2019年11月,教育部印发了《教育部关于加强和改进新时代基础教育教研工作的意见》,详细地规划了新时期基础教育教研工作的主要任务。这一系列重磅文件的出台,涵盖了从推动教育现代化到深化教育教学改革、从加强教师队伍建设到高度重视基础教研工作等全部内容。在此背景下,从事基础教育的各级教研员,更应迫切地认清改革发展趋势,积极主动应对,提升自我价值认同,革新教育教学理念,创新专业发展路径,以满足新时代教育教学改革发展的需要。

一、教研员自我价值认同的调查和分析

教研员专业素养的提升首先是一种源自自我认同和职业认同的专业价值认同。从心理学上讲，认同是一个过程，是一个将外在的理念、标准内化于心、外化于行的社会心理过程；而价值认同，是人们对某类价值观念的认可，并形成相应行为的过程。从这个角度上说，价值认同属于情感认同的基本范畴，没有情感认同难言价值认同，因为情感认同与职业认同、职责认同息息相关，而职业认同、职责认同是实现价值认同的前提和基础。基于此，我们通过综合调查和实证分析等方式方法，在诸省市范围内对教研员基本情况进行初步调查和分析。

2020年11月，教育部高中（历史、化学）学科安徽教研基地承担的部级课题"教研员专业发展制度研究"在全国范围内展开了大规模问卷调查。其中的教研员来源情况调查如表1所示：

表1 教研员来源情况

来源	人数
从优秀教师队伍中招考	2623
推荐与组织考察结合	2068
其他科室人员兼任	447
退居二线教师(或校领导)转岗	132
其他途径	527

参加此次问卷调查的对象来自全国各地教研员，覆盖东部、中西部地区，因此，问卷调查的可信度、可比性较高，能够在一定程度上反映出一些积极趋势和存在的问题。从具体数据看，前两种方式所产生的教研员占比分别高达45.2%和35.7%，该数据表明全国各地高度重视教研员专业化队伍建设和教研员准入制度建设。

2021年3月，我们通过电话和微信方式对某省所辖地级市及所辖县区的历史学科教研员做了初步调查，统计结果如下表所示。

表2 所调查地区历史学科教研员基本概况

基本概况	人数
专职专业教研员	40
兼职专业教研员	77
专职非专业教研员	2
兼职非专业教研员	6

由表2可以看出,在该省所辖地级市及所辖县区历史学科教研员中,专职专业教研员占比为32%,兼职专业教研员占比为61.6%,专职非专业教研员占比为1.6%,兼职非专业教研员占比为4.8%。可见,该省专职专业历史教研员仅占三成多,主力还是兼职专业历史教研员,同时还有少数专职非专业和兼职非专业历史教研员。不可否认,兼职专业教研员在推动该省中学历史教育教学改革中曾发挥了不可替代的巨大作用,但也在一定程度上阻碍了该省中学历史教育教学的深化改革,兼职使这些教研员难以深度地形成对其身份的情感归属和职业归属,从而难以获得对自我价值的认同感。

2021年4月,我们又通过电话和微信方式调查了某地级市教研员的基本情况。该地级市市级仅有专职专业教研员8人,辖区仅有专职专业教研员22人。按中小学、幼儿园开设学科情况看,该地级市及其辖区理应配齐配足教研员80人,但其专职专业教研员占比只达到37.5%,兼职教研员比例也很高。类似教研员缺失如此严重的情况,无论在该省还是在全国其他市县区都是较为普遍的。

上述调查分析说明,各地在教研员的准入制度、发展制度、激励制度和保障制度等方面做了大量工作,也取得了一些显著的成效,但仍存在很多不足,尤其是各地普遍有大量兼职教研员而没有专职专业的教研员,这必然导致三种后果:一是无法使省、地、县三级教研体系与教学实践真正有机地融为一体,同时也无法形成有效联动的教研工作机制;二是在一定程度上制约了教研工作方式和制度的创新;三是将会直接影响近年来我国政府大力推进发展乡村教育的举措,并攸关缩小城乡、地区教育差距和振兴乡村、建设美好乡村的良好愿景。

二、教研员通识基础的组态要素分析

新中国成立以来，党和政府高度重视教育和教师在人的发展和社会发展中的地位和作用，尤其改革开放以来，伴随综合国力的显著增强，党和政府相继确立教育优先发展和科教兴国等战略，这一切都有力地推动了教育教学改革的深化发展、教师队伍建设的日益完善和教师地位的不断提高。在中国特色社会主义建设进入新时代的今天，面对聚焦全面提高立德树人质量中心任务和增强基础教育综合改革针对性实效性的新要求、新形势下，作为教师队伍中的教研员，在学科教育、课程实施、课堂教学、考试评价体系的研究与指导，以及农村地区教学研究工作等方面肩负的任务更艰巨、研究的问题更复杂。因此，建立一支敬业奉献、高效有力、学养精湛、具有一定的领导力和研究力的教研员队伍，对构建中国特色的新型基础教育教学模式、立足教师发展需要的教育服务供给方式和新时代背景下的教育治理新模式具有特别重要的作用。当然，这既需要内在的渐缓驱动，也需要外在的强势推动，因为教研员通识基础的组态要素涵盖内在和外在两大部分。构成教研员通识基础的组态要素主要包括以下五个方面：

第一，自我态度对夯实教研员通识基础的潜在影响。按心理学定义，态度即个体对特定对象（人、观念、情感或者事件等）所持有的稳定的心理倾向。这种心理倾向蕴含着个体的主观评价性陈述，以及由此产生的行为倾向性，涉及情感、行为意向和认知等三个维度。如果某人从事某种工作时，未能形成自我身份认同，这必然影响到对所从事工作的情感认同、特定指向的行为意向和工作性质的基本认知。因此，无论喜欢与否，态度反映了个体对某事的感受，当一个人说"我喜欢我的工作"时，他就是表明对工作的态度。就"通识"字义来看，它是指一个人即将从事或已从事某种工作时理应广泛接触的社会所需的各门知识，以及拓宽视野、开放心态、涵养德性、提升境界和融通识见等基本素养，从而在现代多元化社会中，能自如地观察并选择自身专业和职业发展所需要的各种技能。通识基础属于通识教育范畴，是一种博学与精专相统一的个性化素质教育。作为教研员，通识基础视阈宽泛与否、通识基础教育扎实与否，与态度密切攸关。因为自我态度如何将会影响到对自己的专业和技能所持有的信念、想法，以及所具有的必备知识和关键能力，进而影响到对所从事的工作将要采取的意图和行为方式等。因此，强化和提升通识基础认识，需要教研员提升对本职工作的自我满意度、投入度，同时也需要组织部门的坚定承诺。只有教研员的职业态度与组织教育教学的行为方式保持一致，才能有助于表达自我概念和职业生涯中的核心价值，才能使自己的工作显得更加理性和始终如一，从而使自己获得更加丰富充实的内在满足，由此把教研工作从个人自发的若有若无的无节奏感的片段生活升华成自觉的必不可少的有节奏感的常态生活。

第二，认知效能对提升教研员通识基础的内在影响。教研员通识基础的提升很大程度上取决于教研员的自我认知，以及对学习过程中获取的各种信息的自觉加工、顿悟并最终上升到问题解决的能力建构。格式塔派认知理论认为，知觉的动力原理和学习的动力原理是一致的，这一原理的着重点在于知觉结构的组织、意义和理解，也就是解决问题的关键。进入新时代，随着基础教育改革的不断深入，对于教研员的职责诉求不再是单纯的课堂指导，而应是充分发挥教研员学科教研的引领作用，通过教育教学研究来帮助教师更好地应对教学实践中出现的新挑战。面对新课标、新课程、新课堂，教研员更是肩负着多种中介角色和多元职能，既是理论与实践的转换者、政策与现实的接洽者，也是行政部门与中小学校的沟通者、专家学者与一线教师的对话者，还是中小学教师实践教学的指导者。因此，为突破学习动力源较弱和外部挑战的严峻等困境和局限，教研员毋庸置疑地更需在内在学习动力、学习目标取向、学习过程、学养蕴积以及价值观塑造等认知方面着手，因为在教研员通识基础组态视角下，这五类影响因素是非线性的互联互动。故而只有在秉承教研员三大核心素养基础上强化专业认知和职能认知的深度与广度，才能构建出个性化且适应新时代教育教学改革发展要求的认知风格，才能逐步优化教研员通识基础体系。

第三，行为塑造对指导区域教师教育教学行动的引领作用。从心理学视角看，行为塑造首先需要确定可能达到的具体目标，并引领塑造对象或群体也持有相同的期望和一致的要求,通过共同努力最终实现这个目标。当下,如何提高课堂教学质量、建设高效课堂、强化学生深度学习已成为中小学教育教学共同的话题,但仅靠以往的做法可能无法适应新时代教育教学改革发展的趋势。因此,转变教育教学理念,优化课堂教学方式,注重启发诱导式、互动探究式和情境化教学,开展智能化、项目化、研究性、合作式学习,重视差异性教学和个性化教学指导模式,精准分析课标、教材、学情等,这些已成为当下教育教学改革的必然选择。相应地,在课程改革中发挥核心中介和重要支撑作用的教研员,理应通过自己的行为方式去影响或塑造区域内教师群体教育教学的行为方式。因此,教研员的行为方式不仅包括自身的学习力、教学力,更包括教研员的领导力。一个拥有不竭的学习力、较强的教学力和领导力的教研员,无疑是区域内教师群体凝聚力的核心和灵魂。管理学认为,成员之间越是相互吸引,群体目标与个人目标越是一致,群体的凝聚力就越强。研究表明,在一般情况下,凝聚力非常强的群体比凝聚力弱的群体更有效率。从某种意义上说,区域内以教研员为核心的学科教师队伍既是一个工作群体,也是一个工作团队。因为在日常教育教学研究中,作为工作群体,教研员需要集聚教师群体的力量共享区域内优秀教师的教学成果并取得共赢的结果;作为工作团队,教研员需要通过区域内教师们在协作奋进、技能互补以及彼此责任一致基础上致力于实现具体的共同目标。比如,在学习共同体建设上,教研员可以根据教师的个性与差异、角色分配、多样化的学习方式、互补学习途径、具体目标等,定期地组织教师开展经典"悦读"或具体化教学任务的研讨。诸如此类的区域教师群体凝聚力的形成和教育教学能力的强化,离不开教研员个人拥有的专业专长、提供决策和解决问题的领导力、熟悉区域内教师专业素养的洞察力、娴熟的为人处世技能等。倘若如此,对每个教师而言,能有机会获得专业成长发展将是件令人愉悦幸福的事情;对教研员而言,通过自身的行为塑造影响和推动区域内教师队伍的建设也是件颇有价值的好事。

第四,变革创新对强化教研员通识基础的深远影响。在课程改革大潮扑面而来的时代语境下,无论是学校的管理者还是学校的教师,都应该牢牢地把握教育教学的时代属性,跟进时代脉搏,调整教育教学的行为方式,自觉对焦"立德树人"理念,主动革新价值观念,升华感悟新时代对教育教学改革的具体目标要求。从教研员层面看,作为区域内教师可持续发展的专业领导者,必须在学术研究、专业指导、课程开发、教育测评等各个环节中,深刻体会领悟学科核心素养,不断地推进理念与实践创新,以此强化自身通识基础学习并引领区域内教师实现多元共赢。因此,教研员理应熟稔学科教育教学和学科前沿研究的热点、焦点,与区域内教研员或教师形成价值共识,笃定教育教学信念,提高履责意识,展现行动担当。其应该做到:一是增强对通识基础的充分认识,拓宽学科场域,提升专业引领技能;二是增强自身职能的主体意识,以自身的学养和魅力去营造学科队伍建设的文化氛围,汇聚群体智慧,推动区域内教师相向而行;三是带头深挖学科发展的内生动力,致力于开掘学科文化和课堂文化浸润的作用,将育己、育人融为一体,最大限度地激发学科文化育人的功能。

第五,教研机制对教研员通识基础的外在影响。目前很多地方教研员队伍建设尚未健全,教研机制还存在不合理、不科学的弊端,这势必影响到教研员通识基础的夯实与教研员职责的坚守。因此,从现代教育治理的角度看,各级地方政府尤其是教育行政部门务必要牢固树立教研工作"三个服务"的指导思想,即为学生健康成长服务,为教育教学改革服务,为教育管理决策服务。因为各级教育行政部门肩负着对教学研究工作的组织领导责任,在教育工作的整体布局和发展规划中,要把教学研究工作摆在更加突出的位置,重视和加强对教学研究工作的统筹规划,充分依靠专业的教研机构开展教学研究工作,发挥其在提升基础教育质量中的专业支撑作用。而专业的教研机构理应由专业教研员组成,各种非专业的、兼职的教研员队伍的存在,必然制约教研机构在提升基础教育质量上的专业支撑作用。所以,建立健全科学合理的立德树人教育体制机制与学科发展主体问责机制相结合的底线式机制,在新时代教育教学改革发展大势之下显得尤其必要和重要。

综上所述,教研员通识基础无论是对专业教研员队伍建设还是对基础教育教学改革都具有基础性和前提性的作用。因此,只有严格教研员专业标准建设和教研员准入制度建设，创新教研员工作机制，才能更好地促进教师发展、促进基础教育发展和更好地服务于教育管理决策。

【此文原载于《教育文汇》2021年第9期，略有改动】

在和融的情怀中寻找历史教学的"理性精神"

——三思学生公开评议历史课堂教学

华东师范大学教授李政涛在《教育与生命的重负》中说过："真正的教育不会是轻松的，不是冰面上的滑行和舞蹈，而是要在严寒冷酷的生存状态下，挥舞着冰刀，用全部内心的激情和冷静，去对冰进行雕刻。"这样"教育者与受教育者的交往，就不仅仅是一个生命与另一个生命的短暂相遇，而是一个生命扎根在另一个生命里面"。而做到这些就需要教育者拥有深厚的学力和长袖善舞的才干，并能在学生面前时刻保持着优雅的笑容、宽容的心态、和融的情怀。实际上历史课堂教学的主观样态至少体现在两个层面上，一是历史文化层面的知识与技能的建构性获得，二是学生个体精神层面的思维与理性的主体提升。一言以蔽之，即教学主体对象的学养和素养的获得与升华。我们经常赞许某个教师的课如何如何，但对教师的课最有发言权、最有体验感的理应是学生主体，而不是学生之外的群体，因为课堂教学的完美与缺憾只能由而且必须由学生们去拥抱、感悟、畅议。倘若学生在聆听品味中能不断地燃烧学习思考激辩的热情，能在课堂教学的缝隙间体会到历史课带给他们的历史风韵与和融的情怀，并能在其中寻找到质疑、批判、创新的理性精神，那这节课将会是精彩至极的。从历史学科核心素养所含五个维度来看，历史课堂中学生获得的知识只是作为谋求进一步获得认知的"科学理性"，而不是作为学生发展的"价值理性"，学生的"价值理性"是学生在其人生发展的各个阶段中自觉地运用所掌握的"科学理性"独自作出的利于终身发展的有益抉择。因而，在历史教学中，以人格教育为历史教育的出发点，培育学生的理性精神，重塑学生的理性判断，这既是历史教师肩负历史教育的初心和担当之所在，也是"人是社会的人"这一哲学命题所决定的。

主体心理学认为，"主体——首先是自由的人"，"主体不是人的心理，而是具有心理的人；不是人的某些心理特性、积极性的形式，而是活动和交往中的人本身"[1]。该理论将研究主体界定为生龙活虎的、有思想的人，强调了主体的能动性、整体性、自主性。由此延及到历史教育教学，最能体现出学生主体能动性、整体性、自主性的，不在课堂教学本身，而在课堂教学之后的学生公开评议上。学生公开评议教师的课堂教学，不啻是一种大胆的有益的教学创新，因其不仅实景地再现了我们的教学是否接地气、是否有温度，更是再现出学生如何由"科学理性"上升到"价值理性"的动态过程。值此，本文以我所经历的两次学生公开评议教师课堂教学课为例谈自己的所思所悟。

一、用心倾听是沟通师生精神生命交互的桥梁

课堂教学本身就是一种交往与对话的理性过程，而倾听则是交往与对话延续的润滑剂，体现出教学氛围的民主与师生人格的平等。师生间相互细细地倾听能够舒展彼此的精神与心灵，能够拓展民主、平等、理解和接纳的空间，能够实现学生之间、师生之间思维与激情的相互摇曳，这对浓厚学习氛围的形成、核心素养的浸润都会产生直接的促进作用。如在成都嘉祥外国语学校和宜昌人文艺术高中的两次课堂教学，李惠军老师以其特有的超乎寻常的感染力和亲和力，倾听完每一位学生的陈述后，皆随即辅以赞许的笑容和肯定的点评。如此倾听、赞许、点评，激发了学生们积极思考和踊跃表达的

---

[1] 刘成刚、高申春：《主体心理学及其对人本主义的优越性》，《东北师大学报》（哲学社会科学版）2013年第1期。

热情，把这节课逐步推向了高潮。尤其引人注目的是，李惠军老师倾听时，能与学生共情，并据此提供可能的帮助这种倾听，不仅是目光的对视，更是心与心的交融；不仅体现出教学的民主与平等意识，更体现出对彼此自由人格的尊重与接纳。

由此而论，无论任何形式的课堂教学，倾听都是一种生命声音的表达，言语里蕴涵着生命的意义、生命的气息、生命的情感和生命的愿望；同时倾听也是践行学科核心素养有效途径的前提，是夯实有效教学的基石，是沟通师生精神的桥梁。故而，教师必须调整高高在上的心态，躬身俯耳，彼此尊重与理解，彼此敞开与接纳，彼此欣赏与交互，以此营造出和谐、民主、人文、有生命力的课堂教学生态环境。

二、提倡自主是实现受教育者自觉"立德树人"的杠杆

《普通高中历史课程标准（2017年版2020年修订）》明确强调历史课程目标："普通高中历史课程的目标是坚持落实立德树人的根本任务。学生通过历史课程的学习，形成历史学科核心素养，得到全面发展、个性发展和持续发展。"正如《礼记·中庸》说道："天命之谓性，率性之谓道，修道之谓教。"故教育之道在于修"人之所以为人"的良知德行之道，即在于修"立德树人"之道。但教育之道的获得无法靠胡萝卜加大棒，而必须以理性去获得，即教育者的循循善诱、因势利导和受教育者的自主意识与自觉行为。因为学生作为一个个生命体，有着各自独特的个性；他们的言行，蕴涵着生命的精致和飞扬；但毕竟他们正处于生命的成长过程，这就需要他们在教育者的善导下，并在自主的氛围里，对所受的教育由好奇而怀萌蘖，由萌蘖而孕情怀，由情怀而生思想，由思想而志追求，而后才有人性的自我升华和人格的自我塑型。所以，挖掘历史学科中"立德树人"的教育潜能，发挥历史学科"立德树人"的价值优势，理应从教学方法和技巧入手，在教学实践中以善导为切入点，以自主为推手，实现师生主体间的自如交互，这样才能让教学成为自由的思想对话。在成都、宜昌的学生评议课中，李惠军、唐琴两位老师以其睿智、博识和情怀，不遗余力，适时点拨，顺势启迪，让学生们把

课堂上所获得的心灵体验和丰富的情韵情致都淋漓尽致地呈现出来，有的热情奔放指点江河，有的喜悦真挚侃侃而谈，有的泪水晶莹哽咽难语，有的单纯可爱语出大笑，有的深思卓见引人惊叹。可以说，没有这样的善导，没有这样的自主，我们可能很难看到"立德树人"的境界得到升华的这一种旖旎风景。

德国著名哲学家卡尔·雅斯贝尔斯在《什么是教育》中说："所谓教育，不过是人对人的主体间灵肉交流活动（尤其是老一代对年轻一代），包括知识内容的传授、生命内涵的领悟、意志行为的规范，并通过文化传递功能，将文化遗产教给年轻一代，使他们自由地生成，并启迪其自由天性。"换言之，教育不是用教材教学生，而是用自己的人格去影响学生。所以，作为教师既要关注自身生命之河的流动并不断地灌注新的跃动的元素，也要以博大的胸怀最大限度地创造和融的民主的教学氛围，由学生"自去理会，自去体察，自去涵养"，这样才能达到"智者成事，慧者成人"的至高教学境界。

三、发展思维是促进学生追求理性精神的加速器

爱因斯坦说："当你把学校给你的所有东西都忘记以后剩下的就是教育。"他在这里提出了一个关于教育价值的永恒命题，即教育的价值不是仅记住一些基本知识，而是培育发展学生的思维品质和人格意志。在教育价值中，思维品质和人格意志理应超越学科知识本身，而学生的思维发展正是我们教育中的短板，这也是"钱学森之问"的关键问题所在。

就历史学科而言，这个"教育"就是唯物史观、时空观念、史料实证、历史解释和家国情怀所蕴涵的理性精神，而这种理性精神的达成则需要架构自由与舒适的"家园精神"、探究与创造的"实验室精神"，使课堂真正地变成自由思想的乐园。可现今的教育教学现状中，最缺的不是想象力，而是理性精神。什么是理性精神？启蒙思想家们宣称，一切所谓的真理、教义、常识，都必须接受理性的审判，并为自己的存在寻找理由。简而言之，即人们能够运用自己的理智独立地对事物进行判断、批判、创新，不盲从盲信，不人云亦云，不唯权威至上，只唯求实求是，只唯真相真理。在教学中，我们不能太简单地把"教育"等同于"知识"，也不能假设每个人都拥有相同的

心理智能，而是应该努力确保每个人所受的教育，都有助于受教育者最大限度地发挥其智能。作为教育者，既要善于诊断学生的心智水平和把握学生的愿望渴求，又要善于融知识传授、能力发展、价值观教育于一体；既要注重学生知识的积累，也要注重学生批判性思维和创新性思维的培养。如在主持者李惠军老师的引导下，众多学生对教材和教师的结论相继地提出质疑，同时按照自己所积累的知识和逻辑思维能力，用分析性和建设性的论证论理方式对自己的质疑进行解释并做出判断。这些渗透着批判性思维和创新性思维而又精彩绝伦的阐述让与会者莫不惊叹。

在历史教学中，学生对历史知识的"接受并非是消极被动的，学生在接受过程中要始终进行探究，否则是无法真正接受的"[1]。这就需要学生具有自觉的主体意识、反思惯性和探究精神，在教师积极有效的引导下，以唯物史观为指导，通过自己的理性思维从浅层次的感性历史认知中走出来，深层次地挖掘教材文本中的历史叙述和评判中所蕴涵的价值与情怀，从而实现精神生命的自主构建和自我超越。

《普通高中历史课程标准（2017年版2020年修订）》指出："探寻历史真相，总结历史经验，认识历史规律，顺应历史发展趋势，是历史学的重要社会功能。"如果我们能转变过去以知识为中心的观念为重视学生思维发展的教育观念；能不断地用倾听为学生创设宽松、宽容的教学氛围；能有意识地保护学生的"胡思乱想"，给予学生充分的自主想象空间；能让学生不断地寻找善于质疑现有问题、批判性地提出自己的问题、创新性地解决问题的理性精神。如此，课堂"核心素养之花"将会越开越艳，"理性之光"也将更璀璨夺目。

【此文为笔者参加2018年陕西师范大学基础教育研究院和《中学历史教学参考》编辑部主办的"探索新时代历史教育——核心素养与教学改革"全国学术研讨会所感，并获得年会论文评比一等奖，略有改动】

---

①刘硕：《"重建学习概念"辩》，《教育学报》2007年第1期。

高滔思维之上　涵养学理其中

——以"工业革命利与弊"辩论课为例

清华大学教授钱颖一曾指出，教育的价值不是记住很多知识，而是训练大脑的思维。就中学历史学科教育教学而言，其价值定位不仅仅在于"知真""求通"之思维价值，还有"立德"之育人价值。

实际上，任何学科教育教学最基本也是最重要的目标就是培养适合现代社会发展所需要的合格公民，而公民教育的基本内涵就是培养适合公民发展需要的核心素养，即教育目标所指向的"教育应培养什么样的人"这一根本问题。不可否认，新课程改革以来，教育生态虽发生了很大改观，但正如广东省教育厅教研室编《高中新课程历史优秀教学设计与案例》中所说，"教师课堂教学中呈现出来的知识扁平僵化，关注学生的经验阅历不够，激发学生的学习兴趣、求知欲与探索精神不够，引导学生获取新知识的能力、分析和解决问题的能力、交流与合作的能力不够，满足不同发展潜能学生的不同需求不够"等现象依然大量存在，这在一定程度上阻碍了核心素养理念的贯彻实施。

新版高中历史课标中所强调的唯物史观、时空观念、史料实证、历史解释、家国情怀等历史学科核心素养，其概括起来是指学生在接受历史教育过程中逐步形成的基本知识、关键能力和方法、情感态度与价值观等的综合表现,这既是历史学科的特性和品质,也是历史教学的根本任务。作为一个历史教师,必须高屋建瓴地从教学实际出发,从培养学生优秀的学习品质入手,因势利导,超越知识和技能的阻碍,给予学生充分地展示自我、展示个性、展示自信的机会,侧重于学生的自主探究和自我体验,让学生凭借自己睿智的眼光在实践中摸索、积累和体悟。只有让学生在个体认知与元认知建构的过程中,冷静而客观地看待世界,理解现实并融入现实,才能使学生的学识、思维、素养等方面得到全面提高与发展,才能实现学生自我发展与超越。

我们深知,一切学习从问题出发,提出问题远比解决问题更重要。问题与核心素养的培育和养成关系密切,因为核心素养无法靠外界的灌输和硬塞,只有将学习中的问题变成自己的自觉行为,才能深深融进自己的血脉之中。但在实际教学中,常常缺少问题意识,原因在于"我们不会对熟悉发问,习惯阻碍了我们的发问能力。也就是说,缺少预设,经验材料将处于不察、不闻和不睹的状态"[1]。那何为问题?问题即学习者对学习内容的再思考和对现实的深度反思。只有敢于质疑,勤于深思,才能激发思维的脉动与活跃,才能时时处处地彰显出核心素养的灵光。

基于以上思考,本文以"工业革命利与弊"辩论课为例,对历史学科核心素养的微型实践做若干探讨。《普通高中历史课程标准(2017年版)》规定:"通过了解工业革命带来的社会生产力的极大发展以及所引起的生产关系的深刻变化,理解工业革命对资本主义世界体系的形成及对人类社会生活的深远影响。"这决定了其内容不仅理论性强,而且知识延伸和拓展非常宽广。因此,采取辩论会形式,既能凸显出学生可学、教师可教的知识外显部分,又能展示出学生可感、可知的能力内隐部分,这有助于引发学生更多的问题质疑,拓宽历史视野,发展全方位多角度地审视历史的思维能力,从而使学生形成对人类历史多维发展的正确认识。

---

①曹锦清:《问题意识与调查研究》,《社会学评论》2014年第5期。

（辩论要点摘选）

正方辩题：工业革命利大于弊

反方辩题：工业革命弊大于利

（一）阐述立场

正方一辩：我方的观点是工业革命利大于弊！

众所周知，生产力是人类社会发展过程中最基本也是最活跃的因素。我们评价一件历史事件所持的最重要的标准是看它是否符合生产力发展的要求，是否符合社会发展的趋势，是否代表人类共同的夙愿。

工业革命前前后后的无数历史事实已经充分证明：它是人类跨进文明时代以来生产力最重要的一次飞跃，它把人类社会由农耕文明推进到工业文明，由传统社会推进到现代社会，由"老死不相往来"的时代推进到"地球村"的时代，它奠定了现代文明发展的基石。

设想一下，假如没有工业革命，我们仍处在铁犁牛耕的小农经济藩篱之中，我们仍因坐井观天而夜郎自大，我们仍在松油灯火下徘徊彷徨……因此，我方郑重强调：工业革命利大于弊！

反方一辩：我方的观点是工业革命弊大于利！理由是：第一，工业革命带给我们的是数不尽的环境污染，如雾霾、汽车尾气、核辐射等。第二，工业革命加剧了业已存在的贫富分化，如今南北问题仍是困扰全球可持续发展的重大难题。第三，工业革命演绎了中国百年耻辱史，我们一提起那段悲怆的历史，至今心中仍隐隐作痛。因此，我方认为，工业革命弊大于利！

正方二辩：对方辩友对工业革命采取了全盘否定的看法，这是极端错误的。工业革命最直接最重要的影响是推动了人类社会生产力以前所未有的速度向前发展。譬如近代中国，19世纪中期清朝国势式微，仍在几千年的传统中艰难跋涉，但在沐浴欧风美雨之后，中国出现了改变民族命运、变革社会制度的进步力量和进步思想。因此，认为"工业革命弊大于利"是一种不科学的态度，是历史虚无主义，是消极颓废思想。

反方二辩：无法否认，工业革命推动了社会发展，但这种发展是建立在对大自然杀鸡取卵式的索取上。工业革命带给我们的是什么呢？是滚滚刺鼻的有毒烟雾，是漫天飞舞的沙尘暴，是抬头不见天日的雾霾，是频频告急的物种灭绝，是人类互相虐杀的利器。而作为工业革命的发源地，英国又得到了什么呢？是扬名世界的"雾都"，是臭水横流的泰晤士河。如果我们认为"工业革命利大于弊"，为什么大气层一出现"天窗"就举世震惊呢？为什么南极大陆少了冰山一角人们就喋喋不休呢？为什么一听到厄尔尼诺的芳名大家就惊愕失色呢？

正方三辩：听了对方辩友刚才颠倒是非的诡辩，使我等十分惊诧。这里我们来重新审视工业革命的积极意义：

第一，工业革命逐渐改变了世界经济结构和经济增长模式。

第二，工业革命加速了城市化进程，促进了人们思想观念、价值观念、工作方式、生活方式的革命性变化。

第三，工业革命不仅仅是生产方式上的革命，也是科学技术领域的一场伟大革命，推动了世界近现代科学技术的迅猛发展。

第四，工业革命加强了世界各地之间的紧密联系，真正使世界变成了"地球村"；同时促进了人类文明的交融和发展，使"民族的也是世界的"观念更加深入人心。

反方三辩：各位好！面对正方的狡辩，有必要进一步阐述我方的观点"工业革命弊大于利"。理由是：

第一，工业革命后世界经济增长是建立在西方发达国家掠夺本国人民和侵略奴役他国人民基础之上的。

第二，虽然机器代替了手工，但随之而来的是工业污染四处皆是，人类家园的环境持续恶化；虽然城市逐渐取代了乡村，但接踵而至的是城市人口暴涨，贫富分化加剧。这一切的一切又导致了人性的沦丧、道德的败坏、天伦的失落甚至是空前的大厮杀。

第三，我们不否认工业革命带来科学技术的发展，但这些发展却产生了很多摧毁文明和人类的利器，诸如坦克、大炮、核武器等，至今人类还处于核恐怖的阴影之中。诸位想想吧，一战、二战，全世界死了多少人？为什么死的？难道不令人扼腕深思吗？

第四，工业革命虽然加强了世界各地之间的联系，但这些联系对落后国家而言，无疑是一场浩劫，一场灾难。痛苦的呻吟、刺眼的白骨换来了发达国家狰狞的冷笑！

所以，由于工业革命，今天的地球村上的村民们仍无法平起平坐；由于工业革命，今天的西方大国仍专横跋扈，不可一世；由于工业革命，世界上百分之九十九的财富掌握在百分之一的富裕阶层手中。难道这一切还不足以让对方辩友们幡然醒悟吗？

（二）自由辩论

正方：请问对方辩友，既然工业革命弊大于利，那么你们对火车的发明和使用怎么看？

反方：不要忘记，我们今天辩论的是工业革命的影响而不是讨论火车问题。

正方：请注意，对方辩友是在偷梁换柱。我再举一个例子，曾有过这样一篇报道，有一颗小行星将在若干年后与地球轨道重合。很多国家的科学家正在研究采取何种措施来避免此类悲剧发生，如果像对方辩友所言，那到时我们岂不是束手无策，静等悲剧发生吗？

反方：此言差矣。第一，这不是我们今天讨论的话题。第二，据我所知，这所谓的"小行星"是美国人丢弃在太空中的垃圾，也就是"工业革命的遗产"，这更能说明现在污染的形式越来越多样，污染的危害越来越大了。第三，想一想，工业革命之前，少有此类骇人听闻的新闻出现，但工业革命之后，一会儿这儿地震那儿海啸，再有什么厄尔尼诺现象、台风尼伯特等闹得人心惶惶。

正方：我方郑重声明，请反方辩友正视我方提出的问题，不要顾左右而言他。

任何事物的发展都是绝对与相对的统一。目前，学术界对工业革命多持肯定态度，而你们却认为工业革命弊大于利，倒有点"风景这边独好"的孤僻寡陋之嫌。

反方：对方辩友的话让我想起了一些史实，这为我方的观点做了一个很好的注脚。当时生活在18世纪末到19世纪前半期的很多学者并没有注意到身边所发生的这场革命给他们所带来的巨大变化。如英国著名的古典经济学家亚当·斯密在此时所著的《国民财富的性质和原因的研究》中，他并没有提及当时出现的工业革命。经济学领域如此，其他领域亦然。生活在19世纪前半期的英国人中，根本无人使用"工业革命"这个词。历史学家马蒂诺、麦考莱在著作中没有使用，狄更斯、迪斯累里的社会小说中也没有出现，在宪章运动的演讲中似乎也没有作出肯定的回应。即使到19世纪中期和随后的几十年，也几乎没有人在讲或者写这个国家的历史时谈到叫作"工业革命"的事情①。正如对方辩友所言，如果工业革命利大于弊，那为何当时很多名人名著没有谈及呢？

正方：历史上这些名人名著虽没有谈及，但也并没有否认工业革命的伟大成就。譬如说生活于工业革命时期的恩格斯就说过："分工，水力特别是蒸汽力的利用，机器装置的应用，这就是从上世纪（18世纪）中叶起工业用来摇撼旧世界基础的三个伟大的杠杆。"因此，对方辩友刚才的论点是不成立的。

（三）总结陈词

正方：谢谢各位，更谢谢对方辩友！我首先总结对方辩友所犯的两个基本错误：其一是以偏概全，表现在一味地大辩特辩工业革命对环境的破坏以及引起的贫富分化问题上，而忽视了对工业革命整体性的主流性评价上。其二是隔靴搔痒，论证缺乏深度信度，其论点论据云山雾罩，让人不知所云。相反地，我方论点明确，立论有据，思维清晰，情理交融，令人叹服。对此，我方再次强调：

第一，工业革命创造了巨大的社会生产力。工业革命后英国工人的劳动生产率大为提高，工业资产阶级也因此提高了政治地位，并促进英国民主政治不断发展。

第二，工业革命使现代工厂代替了工场手工业，产生了现代无产阶级，为社会变革和时代进步准备了新的政治力量。

第三，工业革命引起了世界经济地理、人口结构、生活方式等的变化，西方很多国家由此相继进入工业化国家。同时工业革命促进了诸如竞争意

①舒小昀：《工业革命定义之争》，《史学理论研究》2006年第3期。

识、效率意识、时间意识、风险意识、变革意识、民主法制意识和开拓创新意识的形成与发展。

第四，工业革命推动了近代世界市场经济体系的形成和发展。此后，近代工业生产方式扩展到全球，世界各地之间的联系逐步加强。

反方： 谢谢各位老师和同学们！此次唇枪舌战，我们不难发现对方辩友一是避重就轻，很多时候没有正面回应我们的问题；二是泛泛而谈，空发议论，有些观点仍是牵强附会，肆意垒砌。而我方史论结合，论从史出，观点明确，谈吐诙谐，反击入木三分，从会场上不断的掌声中可略见一斑。现在，我方总结如下：

第一，工业革命对环境的破坏无法估量。地球是我们赖以生存的家园，我们只有一个地球，因此，保护地球已成为人们共同的呼声和心愿。而工业革命的进行导致了人与自然的关系前所未有的紧张。可以说，人类虽一手创造了世界，但同时也在不断地毁灭自身。

第二，工业革命玷污了人类纯洁的心灵。"人之初，性本善"，而由于工业革命的进行，唯利是图、尔虞我诈、相互利用、刀光剑影等代替了人性中至善至美的东西，尤其在西方国家更是俯拾皆是，《我的叔叔于勒》《高老头》《欧也妮·葛朗台》等一篇篇发人深省的文章无一不是警世之作。难道这还要我们为之而振臂高呼吗？

第三，工业革命造就了一堆堆摧毁文明和人类的利器。伴随而来的是旷古未有的大厮杀，在这些厮杀中，有多少无辜的生灵被涂炭？有多少无尽的财产被毁尽？难道这一切也需要我们拊掌欢迎吗？

爱因斯坦曾言："发展独立思考和独立判断的能力，应当始终放在首位，而不应当把获得专业知识放在首位。"举办此次辩论会的初衷，就是让学生从自己的学习生活实际出发，着力拓宽学科视野，促进批判性思维发展，找准核心素养发展坐标。可以看出，在辩论中，各辩手言辞锋利、旁征博引、视野开阔、辩论精辟、思维敏捷、张弛有度，展现了学生们求真务实、博学上进、标新立异的精神风貌和发展素养。著名史学家白寿彝说过："我们研究过去是为了了解过去，了解过去是为了解释现在，解释现在是为了观察将来，总之，研究历史不是引导人们向后看，而是引导人们向前看。"在围绕"工业革命利与弊"的话题中，学生们不断提出新问题、新视角，舒展思维的翅膀，去观察历史、反思历史，并在反思中观察现实，触及生活的方方面面。尤其是有的学生敏锐地捕捉到了工业革命对人性、伦理方面的影响，这确实反映了同学们在独立或合作中具有从纷繁复杂的史料中抽丝剥茧、慧眼识金、冷静求证、独立思考、理性分析等基本素养，而这正是我们聚焦核心素养培育的价值所在。

通过本次辩论会，我对历史学科核心素养的培养和发展的一些建构性的思考油然而生:

第一，秉持以生为本的课程观。学生既是核心素养发展的主体，也是核心素养发展的最终受益者，任何的脱离学生而谈核心素养都是世外高谈，以生为本的理念必须贯穿于核心素养发展的全过程。本次辩论会把活动话语主导权交还给学生，让学生们自主选择、分享与合作、对话与交流，"通过对话，使课堂成为播撒思考的种子、展开交流的场所"①。这样做，教师就如郭思乐在《教育走向生本》中所说，从知识的"灌输者走向了引导者，从知识生产者的蓝领变成了知识生产过程的管理的白领，从参与化学反应的元素变成了催化剂"。所以，作为教师，不能图自己一时讲述之痛快，而忽视一个个鲜活的生命个体，要以学生的学习需求为出发点，以发展学生的历史学科核心素养为纲，循序渐进地推进立德树人的历史课程目标。

第二，树立生活即教育的学习观。生活即哲学，生活即历史。课本知识源于生活，生活实践是学生获取知识的主要源泉。新课标提倡发展学生的核心素养之最终目标还是着眼于学生的未来发展，脱离现实生活的核心素养只会是水中月镜中花。本次辩论会举办前，我就安排学生充分利用一切历史课程资源，然后根据辩论所需资料分门别类地整理和归纳，并以学生们撰写的小论文观点为基础分成正反方，组织学生们商讨酝酿素材和观点，斟酌语言文字。可以说，这次活动如按传统的课堂教学套路出牌，必然难见花开瞬间

---

①钟启泉:《核心素养的"核心"在哪里——核心素养研究的构图》,《中国教育报》2015年4月1日。

的炫目与精彩。故历史教学须以课本为依托，以情景问题为抓手，以生活实践为延伸，找到与学生的学习生活产生共鸣的节拍，以此拨动学生思维的心弦，实现课内学习与课外生活的和谐统一。这样才能丰富学生的人文沉淀，发展学生的理性思维，使学生们敢于批判质疑，勤于反思，逐步提高自身的学习力和思想力。

第三，倡导情景问题的教学观。学生所面对的现实生活是复杂的、不确定的、日益互联的，他们每天被迎面扑来的诸多的生活学习等信息所包围。怎么从诸多的信息中获取他们成长所需要的营养？这就需要有浓厚的问题意识。问题即思维，问题即思想。在从情景问题的提出到情景问题的解决过程中，让学生学会学习，学会交流与合作，学会站在世界的角度看我们自己，学会理解自己之于社会的价值，"思维着的头脑要为民族思考，为中华民族的伟大复兴做好精神上的准备"[①]。本次辩论会的辩手们旁征博引、妙语不断，学科知识被大量地综合运用，从宇宙到地球，从历史到现实，从人性到伦理，综合素养表现得淋漓尽致。当然，情景问题教学不是信口开河、随意发问，情景问题的设计必须从课本和生活实际出发，以学情和历史事实为依据，以课堂教学为主阵地，以多维思维的引导和学理的培育为立足点，以一个个问题的发现和解决为节点，以发展学生的历史学科核心素养为终极目标。如此，才能精心地呵护学生的好奇心，孕育他们整合人类智慧的核心素养，发展他们创造性思维的品质，最后帮助他们形成终身学习能力。

总之，由问题入手再及思维并终至核心素养，这需要每位教师既要有转轴拨弦三两声的情怀，更要有咬定青山不放松的精神。因为高中学生正处于人生发展渐趋成型阶段，渴望得到老师的肯定与欣赏。如果我们用真诚的心灵去欣赏，用眼睛去注视，用耳朵去聆听，用心智去体味；如果我们少一点挑剔、多一点信任，少一点冷漠、多一点热情，那我们的课堂将会其乐融融、其境邃远，核心素养发展的愿景将会百花争艳、硕果累累。

虽日月绵绵，但学生学科核心素养的培育与发展永远在路上！

【此文获得2019年安徽省中学历史论文评比三等奖】

---

① 曹锦清：《问题意识与调查研究》，《社会学评论》2014年第5期。

■ 德才双修　厚德载物
——谈新课程背景下德育与历史教学的整合

高中课程改革要求学科教学充分关注成长中的学生，关注学生和学生的生活，引导学生去建构个人圆满的道德生活和正确的世界观、人生观、价值观，从而实现学校德育目标。从学科特点看，历史学科所包含的博大精深的人文内涵、催人泪下的壮阔历史画面、意味深长的历史探索足迹、金戈铁马的历史历程、激昂慷慨的英雄史诗等，为德育目标的实现提供了丰富的感性材料，具有其他学科所无法取代的优势。在历史教学中，利用丰富的历史素材和生动的讲述分析，整合德育目标和历史课堂教学目标，优化历史课堂教学，能够很好地帮助学生养成正确的行为习惯和塑造完美的人格，促进学生的全面发展。下面就我多年的历史教学实践谈谈我在这方面的体会。

首先，以思想道德教育为重心，通过历史教学，促使学生端正人生态度，深化情感体验，树立正确的世界观、人生观、价值观，奠定人生发展的基石。

《普通高中历史课程标准（实验）》提出，历史学科在"情感态度与价值观"培养上主要指向三个目标：一是爱国主义教育，二是人文主义教育，三是积极开放意识教育。为实现历史教育目标，我在课堂教学中，从三方面入手。第一，打破教材现有的知识体系和知识结构，选定历史德育专题，改革课堂教学方法，丰富课堂德育内容。譬如在讲述20世纪大审判——纽伦堡审判和东京审判时，以"跪着永远比站着更伟大"为专题，从审判的过程、结果和审判后德、日两国在对二战截然不同的反思和表现上对学生进行了一次深刻的战争与和平的教育，进一步帮助学生加强了对当今世界和平与发展这个主题的深刻认识，并借此延伸到对目前中日关系的一些理性思考，使学生学会认知世界，确立发展才是硬道理的理念，激励学生为国家、民族的振兴而磨砺意志、发奋图强。第二，积极开展综合实践活动课和研究性学习，探讨历史课德育教育新途径。博大精深的中华古文明、旖旎秀美的自然风光、日新月异的建设成就、举世瞩目的国际影响、彪炳千秋的英雄模范……德育教育的内容无一例外地都贴近学生的生活学习实际且为学生所喜闻乐见。通过"走出去"的方式，引导学生观察、研究、思考、探讨，使他们在针对性很强的综合实践活动课和研究性学习中，感知祖国的山山水水、一草一木，并对祖国知之深、爱之切，这样就自然而然地达到了爱国主义教育目的。第三，开展灵活多样、趣味横生的活动，发挥德育阵地中以学生为主体的作用。如在纪念五四运动、庆祝国庆节、纪念"一二·九"运动等活动中多让学生自筹自办、自编自导自演、自评自议，让学生在这些活动中既锻炼了能力，又陶冶了情操，达到了培养优良思想品德的目的。

其次，以提高学生智能素养为历史教学的核心，加强教研，转变教学方式，提高学生的科学文化素养，夯实学生思想道德升华的智能基础。

历史发展到今天，社会已进入了信息化、科学化、开放化的时代，国际竞争的制高点都不约而同地转向人才的竞争上来。由此，把智育定位为素质教育的核心内容乃是由素质教育的本质所决定的。在新课程背景下，历史教师应如何在课堂教学过程中提高学生的科学文化素养，完善学生的智能素养呢？总结我个人的教育教学实践经验，我认为必须高度重视教研的作用，树立教研作为教学第一生产力的意识，在教育教学理论的指导下，在民主和平等的精神基础上，实现改革教学方法手段与提高教学质量的有机结合。教学过程是一个复杂的施教与受教双方互动的过程，是促使受教育者知、情、意、行、信五要素协调发展的过程，而"向课堂教学要效益"是每位教师孜孜追求的理想佳境。为此，在教学实践中，我一方面吸收他人的新课改精华，扬长避短，为我所用；另一方面独辟蹊径，潜心教改，熔铸自己的教学风格。如历史坐标教学法，即以简练的线条对教材内容进行抽象的概括、组合，准确、科学、形象地再现客观历史现象的方法；学生主体教学法，即让学生或充当小老师讲评教材内容，或充当历史事件的当事人，以教材为依托展开想象再现历史事件的过程；综合实践和研究性学习方法，让学生深入社会、深入生活展开自主探讨、合作研究；师生互动反思教学法；等等。通过课堂教学改革，我深刻认识到要融入新课程改革理念，构建旨在培养创新精神和实践能力的学习方式及其对应的教学方式，就必须转变学生的学习方式和教师的教学方式。因此教师在课堂教学中特别要注重培养学生的批判意识和怀疑精神，鼓励学生对书本的质疑和对教师的超越，赞赏学生的具有独特性和富有个性化的理解和表述，要积极引导学生从事实验活动和实践活动，培养学生乐于动手、勤于实践的意识和习惯，稳步地提高学生的动手能力和实践能力。学生智能素养的提高，既是学生人生发展的重要条件，又是学生人格升华的必要因素。

再次，以生理和心理教育为历史教学的延伸，培养学生热爱劳动、勤奋刻苦的优秀品质和自强不息、百折不挠的竞争意识，帮助学生形成健康的生理和心理状态，获得从事道德实践的生理和心理素质。

没有健全的心理和健康的体魄，缺乏竞争意识，禁不起任何挫折或打击，就无法适应当今快节奏和竞争日益激烈的形势。现实中大量的事例表明，我们的学生心理和生理健康已呈现出日益恶化的趋势。阻止这种趋势，历史教师责无旁贷。也许有人哑然失笑：心理和生理健康教育与历史教学何干？这种想法大错特错。人类从蛮荒的远古时代走向今天开放的文明时代就是人类不断走向成熟的过程，它构成了历史教学的最重要组成部分。从历史角度讲述人类自身发展史，不仅能够普及健康教育知识，增强学生对于健康教育的兴趣，更有助于培养学生从小热爱劳动、吃苦耐劳、拼搏进取、团结协作的优良品德和自尊自信、健康向上的良好心理素质，增强学生振兴中华的使命感与责任感。为达到上述目的，我先是采用专题形式，介绍某些重大体育项目和体育活动的渊源、发展状况。接着重点介绍中国体育的发展情况，尤其是新中国的体育腾飞史，让学生明白社会主义中国如何使一个备受屈辱的"东亚病夫"一跃成为世界体育强国。然后在历史教学中，利用生动形象的史实，通过多样形式对学生进行劳动教育、集体主义教育、竞争意识教育及挫折教育等。

最后，以美育支持历史教学，培养学生健康的审美观念和审美能力，促进学生道德素质以至综合素质的养成。

美育在素质教育中处于一种特殊的地位，有着独特的作用。它启发学生的悟性，是智力教育的延伸。可以说，没有美育的教育是不完整的教育。李岚清同志曾经说过："美育是贯彻德、智、体等全面发展教育方针的重要方面，是对青少年进行全面素质教育的重要内容。"他十分明确地阐述了美育在学校教育中的地位及作用。虽然艺术教育是美育的主要内容，但美的事物及现象无不根植于人类历史活动的方方面面。在很大程度上可以说，历史教育即美育，而美育又是历史教育的延伸和拓展。那么如何把美育与历史教育贯穿于教学具体环节中去呢？我的做法是：第一，深挖教材美育因素。比如从山顶洞人发明的弓箭到今天举世瞩目的三峡工程，从古都西安、北京到今天崛起的深圳、浦东……让学生从不同的角度和层次的对比中感受到历史美与现代美，从而掌握一定的审美知识，提高感受美、评议美的能力，为实施德育教育开好头、起好步。第二，拓宽美育途径。讲课中不仅利用实物图片来引导学生以美启真、以美寻善，而且让学生动手创造美，如在设计仿制秦始皇陵兵马俑过程中，全班学生各显神通，仿制出形态各异、惟妙惟肖的兵马俑并相互评议。经常性地开展此类活动，可以使学生的思想品德、情感、能力在美的意境中尽情地陶冶并日臻升华。第三，壮大美育群体。为丰富学生的课外活动，我与学校美术、音乐教师经常组织历史与艺术两个兴趣小组举办联谊活动，让学生在活动中互谈体会，让美在心灵与心灵的撞击中闪烁着迷人的火花。第四，对学生进行心理教育和心理素质的强化训练。结合历史教学，采取合作学习或者研究性学习方式，与学生共同探讨历史上一些著名历史人物，把历史和现实的德育方式融入心理健康教育之中，把解决青少年的思想问题与心理问题结合起来，教育学生学习历史上著名人物的坚强品质和顽强的意志，逐步改善学生的个性心理品质，增强其适应能力，使其具有良好的心理素质，能够坦然面对和正确处理在学习、成长、择业、人际交往等方面所遇到的问题，走出"学习心理障碍的怪圈"，找回生活中真正的自我。

加强高中学生的思想道德教育，培养他们良好的思想道德品质，这是全社会的重大责任，为此需要形成一个社会、学校、家庭各方面结合的道德教育体系。新课程背景下德育与历史课堂教学的整合，既是历史学科教学的要求，也是学校德育的要求，这方面的尝试与探索，将为历史教学及学校德育开辟新天地。

【原载于《中学课程资源》2008年第8期，略有改动】

谈社会主义市场经济条件下的教师人格魅力

经过几十年的改革开放，我国已成功地完成了由计划经济向社会主义市场经济的转变，从历史上看，每一次社会转型和社会进步，学校教育都面临着巨大的发展机遇和严峻挑战，进而对广大教师的德、知、能等人格素养提出了更高的要求。在当今方兴未艾的教育教学改革中，面对扑面而来的新一轮基础课程改革的浪潮，每一位为师者应该以怎样的形象自省、自律、自强？怎样展示在社会主义市场经济条件下的教师人格魅力？

古人曰："师者，所以传道授业解惑也。"社会主义市场经济的建立对现代教育的发展和教师的发展都提出了更高的要求和更严格的标准。教育是一个综合性系统性工程，这也就决定了教师应是一个集师德师品、师才师识、师能师力于一身的高素质劳动者，所以单纯的"传道授业解惑"不能满足现代教育发展的需要，不能适应全面建设小康社会的新形势。作为一个教师就应该时刻注意自身的硬件和软件建设，从各方面打造自己的人格魅力。在这一点上，作为"真善美三者兼备"并具有高尚人格魅力的"万世师表"陶行知先生，为我们每一个为师者树立了很好的榜样。无论社会环境多么恶劣，无论世道多么险恶，他始终没有半句怨言，没有任何犹豫，更没有任何退缩；他始终热爱自己的工作、挚爱自己的事业；他始终把自己的事业与祖国的命运紧紧地联系在一起。从陶行知先生执着追求、终身奉献的高风亮节中，我们应该悟出什么呢？

第一，树立"执教终身绝不悔"的理想信念是塑造教师人格魅力的前提。爱岗敬业、献身教育是师德的基本规范和基本要求。只有树立献身教育的理想和信念，才能爱岗敬业，才能积极而勇敢地承担自身工作所应负起的社会义务和社会责任，正如陶行知先生所践行的"捧着一颗心来，不带半根草去"这朴素而又充满凛然正气的千金诺言。随着社会主义市场经济的深入发展，不可避免地会产生一些消极因素，诱发拜金主义、享乐主义和极端个人主义，这在部分教师身上也有所反映，他们不愿履行教师基本职业道德。但从整体上看，目前绝大部分教师始终热爱自己的职业，热爱自己的工作，并且兢兢业业地扎根在属于自己的三尺讲台上。作为一名教师，在基础课程改革的实践中，我们应该自觉地进行正确的世界观、人生观和价值观教育；自觉地抵制社会上不良思想观念和生活方式的影响；自觉地把"执教终身绝不悔"的理念深深融入自己的教育教学实践中；自觉地用自己的良知去谱写师德正气之歌。在教育教学实践中，我们应该像陶行知先生所说的那样："要人敬的必先自敬，重师首在师之自重。"只有自尊、自爱、自重，才能自强、自立，才能更好地通过自己的人格魅力去塑造影响更多学生的人格。

第二，倡导与落实"一切为了学生，为了学生的一切"的教育思想是塑造教师人格魅力的核心。教师，代表着希望与未来，是一个国家民族精神维系光大的链条，是人类智慧和文明的薪火传递者。因此，作为教师，必须积极地具体地倡导与落实"一切为了学生，为了学生的一切"的教育思想，这是教师人格力量本质的自然展现，是教师职业的基本生命主题。陶行知先生之所以在今天仍闪耀着不灭的光芒，就在于他把自己的"爱满天下"的思想与自己的一言一行有机地结合起来，把自己的伟大人格魅力播洒在每一位学生身上，播洒在他所走过的每一寸土地上。苏联教育家赞科夫也曾说："当教师必不可少的，甚至几乎是最主要的品质就是热爱学生。"热爱学生、关注学生的发展既是教师的道义所在，也是教师的职业道德要求，因为教师的任务就是研究、开发、促进人的全面发展。如果一个教师连最起码的热爱学生之心都没有，他根本就谈不上去研究学生、关心学生、促进学生的全面发展，也就绝对不适合当一名教师。那么一名教师应靠什么去热爱、关注自己的学生？我认为靠的是责任感和崇高感，靠的是尊重理解信任，靠的是文化自觉和人文关怀，靠的是民主平等和谐的师生关系，靠的是教育中爱的广泛性、纯洁性和理智性。可以说，我们只要像陶行知先生一样"爱满天下"，把"一切为了学生，为了学生的一切"的教育思想具体而细致地落实在自己的教育教学实践中，用生命去点燃生命，用智慧去创造智慧，用人格去塑造人格，这样，就能够把自己的人格魅力变成教育的孵化器，就能够达到"教人求真""学做真人"的目的，教师职业的道德意义、人生价值、人格魅力就会因与社会发展和时代要求与时俱进而更添辉煌的色彩。

第三，坚信"处处是创造之地，天天是创造之时，人人是创造之人"的信念，这是教师人格保持永恒魅力的源泉。作为我国创造教育理论和实践的开拓与奠基者，陶行知先生曾说："教师的成功是创造出值得自己崇拜的人。先生之最大的快乐是创造出值得自己崇拜的学生。"他还进一步强调"教育者也要创造值得自己崇拜之创造理论和创造技术"，积极地倡导"行动是老子，知识是儿子，创造是孙子"的理念。他不仅是这样说的，也是这样做的，他无论在创办育才学校中还是在创办晓庄师范学校中，都身体力行，以身作则，实践生活教育理念中提出的"六大解放"，即解放学生的头脑、双手、嘴、眼、空间和时间。陶行知先生这些光辉的创造教育思想在我们今天基础教育改革的时代大潮中尤其具有时代意义，对我们每一位教师更具有启迪性。江泽民同志指出："创新是一个民族的灵魂"，"没有创新的民族是一个没有希望的民族"。《基础教育课程改革纲要（试行）》也明确提出基础课程改革的主要目标之一就是培养学生具有初步的创新精神、实践能力、科学和人文素养以及环境意识，并强调这次课程改革重点之一就是要让学生学习产生实质性的变化，提倡自主、探究与合作的学习方式，逐步改变以教师为中心、课堂为中心和书本为中心的局面，促进学生创新意识与实践能力的发展。因此从陶行知先生的教育理念与实践到今天我国教育改革新形势，都无一例外地对教师提出了更高的希望和要求。毋庸置疑,一个没有创造力的教师是培养不出具有创造精神和创造能力的学生的。创新不是取代而是发展,学生知识的生成不是靠教师的灌输而是在于师生之间、学生之间的互动,教师创造的人格魅力更多地体现在课堂上,师生人格的和谐与升华呈现在课堂间师生的互动中。为此,我们要在教育教学实践中转变教育观念,时刻认识到学生"不但有力量,而且有创造力",更要深知"教育不能创造什么,但它能启发解放儿童创造力以从事于创造之工作";同时,构建民主和谐有创造性的课堂教学环境,去培养学生的创造力,发现学生的创造力,发展学生的创造力。

第四,坚持终身学习、与时俱进的发展观是教师人格魅力的理性光芒之所在。中国特色社会主义事业的不断发展,社会主义市场经济体制的逐步完善,基础教育课程改革的稳步推进,要求我们教师必须在有限的时空中不断地开发学生无限的发展潜能,为中华民族的伟大复兴培养出更多更好的建设者,这既是时代的呼唤,也是我们教师责无旁贷的天职。因此,每一个为师者,都必须倡导终身学习的理念,不断地加强学习、开动脑筋、解放思想,树立与时俱进的科学发展观,完善自己的知识结构,提高自己应对新形势发展的业务能力,注重自身潜力的挖掘,勤于实践,敢于探究,善于反思,精于总结,做到"疑难能自决,是非能自辨,斗争能自奋,高精能自探",做一个适应社会主义市场经济发展的与时代同步的教师,正如陶行知先生所言:"做一个现代人必须取得现代的知识,学会现代的技能,感觉现代的问题,并以现代的方法发挥我们的力量。时代是继续不断地前进,我们必得参加在现代生活里面,与时代俱进,才能做一个长久的现代人。"

总之,教师的职业性质注定了教师是一个具有社会公益性的职业,奉献教育、热爱学生、创造未来是教师生命的永恒主题,也是教师人格魅力辉煌闪耀之所在。在社会主义市场经济大潮中,我们应该像陶行知先生那样,既要有可为,也要有不可为,既要"教人求真",也要"学做真人",踏踏实实地在自身的教育教学实践中践行"捧着一颗心来,不带半根草去"的理念。

【原载于《安徽教育科研》2008年第3期,略有改动】

社区服务与社会实践的管理与规划

社区服务与社会实践是指学生在教师指导下，走出教室，参与社区和社会实践活动，以获得直接经验、发展学生的实践能力、提高学生的社会责任感为主旨的学习领域。把社区服务与社会实践纳入课程改革内容是现代教育发展的必然趋势和社会发展对教育改革提出的时代课题，也是教育社会化、社会教育化的一种重要模式。教育环境包括家庭、学校和社会三大教育场，而这三大教育场归结起来就是社区教育环境。所以学校要培养出优秀的学生，家庭要教育好孩子，社会需要好公民，必须整合教师、家长和社会等教育力量。

下面我就我校在社区服务和社会实践理论与实践上的主要做法介绍如下：

1.加强理论研究，探索社区服务和社会实践内容

作为综合实践活动课的一部分，社区服务和社会实践服从于综合实践活动课程的总体目标。社区服务和社会实践开放性、灵活性、多样化的特点决定了它的主要内容：

第一，服务社区。通过服务社区的活动，使学生熟悉社区在地理环境、

人文景观、物产特色、民间风俗等方面的特点，继而萌生亲切之情，懂得爱惜、保护它们；使学生经常留意社区中人们关注、谈论的问题，并能学会综合而灵活地运用自己的知识加以解决，掌握服务社区的本领，形成建立良好生活环境的情感和态度。

第二，走进社会。通过走进社会情境，接触社会现实，参与各种社会活动，使学生理解社会基本运作方式、人类生活的基本活动方式和经验；理解社会规范的意义，并能自觉遵守、维护社会规范与公德；在社会实践活动中形成并增进法治观念、民主意识，锻炼社会参与能力，形成参与意识和较强的公民意识。

第三，珍惜环境。让学生通过和自然的接触，领悟自然的神奇与博大，懂得欣赏自然的美，对自然充满热爱之情；通过观察、考察身边的环境，思考自身的生活与环境之息息相关，加深珍惜环境的情感；通过保护环境的活动，懂得人们的生产、生活对环境的各种影响，熟悉环境并掌握研究环境的基本技能，并能综合运用所学的知识解决环保中的一些问题，自觉地从身边小事开始，关注周围、社区、国家乃至世界的环境问题，并养成随时随地保护环境的意识和习惯。

第四，关爱他人。让学生通过和他人的接触、交流，学会理解他人的生活习惯、个性特点、职业情况，懂得尊重人、体谅人；通过体验个人与他人交往的关系，懂得他人和社会群体在个人生存与发展方面的重要性，体验关怀的温暖，对他人的帮助心存感激；通过与人交往、合作，培养合作精神。

第五，善待自己。通过各种活动感悟生命的奥秘、意义与价值，让学生发现自己的优点与缺点，知道自己如何发挥优势、弥补短处；能够了解自己的性格和脾气，会用适当的方式方法控制和调节自己的情绪，进一步适应各种社会角色，正确理解人生价值；懂得自己的权利与义务，能够学会用法律的武器保护自己，在生活中养成良好的习惯和健康乐观的生活态度，愿意为创造更美好的生活而不懈努力。

2.整合教育资源，建立社区服务和社会实践基地

把学校的新课程改革工作纳入整个社会的大系统、大环境之中，使之在空间上向社会发展，时间上向课外延伸，从而形成学校、家庭、社区三位一体的教育网络，优化育人环境，实现全方位、多层次、立体交叉式的有效教育是发展学校教育的最终目标。因此，建立一个跨行业、跨系统、横向联系的学校教育基地是开展综合实践课的首要任务。为此，我校建立了学校综合实践活动课领导小组，将学校所属辖区内关心教育事业、热心青少年工作的部门领导及家长代表组织在一起，并直接参与规划学校的社区服务与社会实践方案，沟通学校与社区的联系，为学生的健康成长创造良好的条件。如及时提供便利，指导和组织所在地学生参与力所能及的社区服务、公益劳动、社会实践活动；指导学生进行国防教育和人防教育，增强学生的组织纪律性，培养学生吃苦耐劳、艰苦奋斗的精神和良好的心理素质。同时，学校还建立了学校社区联系制度，定期了解情况，交换意见，密切组织联系。这样有效地整合了社会各方面的教育力量，扩大了学校教育工作的广度，提高了学校教育的延续性。

3.积极实施新课程改革，开展内容多样的社区服务和社会实践

根据党的教育方针和新课程改革的理念，我们在社区服务和社会实践的内容构思上，把增进学生的思想道德教育和动手动脑能力、合作团结意识作为一条主线贯穿始终，把全面发展教育作为目标，把政治思想教育和道德行为训练、心理意志培养融合为一个整体。

（1）爱国主义和革命传统教育。充分利用市内颐寿山庄、科技馆、烈士陵园、金牛洞遗址、白鳍豚养殖基地等资源，建立德育基地，开展爱祖国、爱家乡活动，教育学生以祖国腾飞、家乡巨变为自豪，坚定理想信念，立志成才。

（2）集体主义教育。通过有意识地组织学生集体开展社区服务和社会实践活动，将原有无组织的游离失控的校外生活变为有组织、有管理、有目的、有意义的社区生活，并以此来培养学生的团队合作精神和与人交往的基本社交能力。

（3）行为规范、道德观念和法制教育。以《中学生日常行为规范》《公民道德建设实施纲要》和青少年法律常识等为主要内容，通过知识考查和指导学生参与创建文明社区活动，在实践中培育他们遵纪守法、平等待人、讲文明、懂礼貌、帮助他人等社会公德和传统美德，逐步形成良好的文明习惯和心理品质。

（4）劳动教育。根据学生能力的差异性，引导学生自发地参加力所能及的公益劳动，从小养成爱劳动的良好习惯，并逐步建立一套完善的学生劳动教育制度。

（5）学校特色教育。在每年起始年级中，充分发挥学校办学特色。比如开展毒品预防教育、行为规范考试、安全教育等，引导学生成为一名合格的中学生。

4.完善活动制度，促进学生能力发展

社区服务和社会实践活动的开展应该要考虑到学生的层次需求，在服务和实践的内容上尽量安排得要合理、科学，同时在形式安排上要考虑青少年学生的生理、心理特点，力求教育形式多样性和共同性相结合，趣味性和教育性相结合，理论性和实践性相结合，引导性和自主性相结合，使活动成为学生自愿、自觉的行为，真正地实现综合实践的德育教育功能。例如：一是成立学生社区服务和社会实践活动小组。以原有的班级为基础，利用节假日和寒暑假开展自发的各种各样的社区服务活动。二是举办家长学校，提高家庭教育水平。我们采取"走出去"和"请进来"相结合的方式，通过家访、班会开放日、家校情况反馈制度，加强学校对家庭教育的指导。三是建立学生社区服务和社会实践表现评估机制。制定《学生社区服务和社区实践活动记录表》，做好学生社会实践认定工作，并将其列入学生综合实践活动课考核内容。

通过不断实践和摸索，我们确立了"学校教育为主导，家庭教育为基础，社区教育为依托，主体为方向，活动为载体，制度为保证，评估为动力，学校、家庭、社会相结合的社区服务和社会实践教育模式"，并取得了明显成效。

第一，走出学校教育误区，增强学校教育教学实效。

通过实践，我们走出了以往教育理论和评价上重智轻德、重分轻能的误区，建立了一套由自评、互评、家长评、社区评、教师评组成的综合评价机制，从而保证学校新课程目标的实现，为素质教育评价奠定基础。在活动中，学生的主人翁角色不仅得以实现，而且取得了令人喜悦的成绩。据统计，在体育方面，学校在市级体育比赛中获奖人数近100人次，在历年举办的市级各类球赛和田径赛中，我校都位列中学组前三名。在毒品预防教育宣传工作方面，学校不仅在学生中积极宣传毒品的危害，传播预防毒品的知识，而且采取为社区居民喜闻乐见的方式把毒品预防知识送到社区各个角落。由于工作扎实有效，2003年，学校获得了"全国中学生毒品预防教育活动示范学校"光荣称号。

第二，走出家庭教育误区，提高家庭教育水平。

我们以家长学校为主阵地，对家长经常进行"科学家教的理念和方法"指导；开展家访活动，及时反馈信息，协调家校教育，使原有的"只看文化成绩，忽视全面发展；虽有'成龙'之心，却无教子方法；家长素质不高，不能言传身教；只管赚钱，不管育人"的不良现象得到不同程度的改善，有效树立了家长的榜样作用，提高了家庭教育的能力和水平，优化了学生学习和健康成长的家庭环境。如学校根据不同时期的《给家长的一封公开信》，积极指导家长对孩子及时地进行因势利导；"告别网吧"活动，给学生以文明休闲的启示；假期学生家务劳动制，让学生体会到劳动的乐趣和家庭的温馨。目前我校家校建设取得了令人非常满意的成绩，省级课题"学习困难学生之家庭教育现状及对策的研究"在2005年第五届安徽省教育科研评比中获得三等奖，其中一项研究成果既获得了全国思想道德建设成果展评一等奖，又获得了2005年全国家庭教育学会成果评比一等奖，极大地提升了我校在家庭教育方面的社会影响。

第三，走出社区教育误区，实现教育社会化。

由于长期以来学校封闭办学和垂直管理的教育体制，造成非教育人士片面地认为教育就是学校的事、教师的事，导致教育与社会严重脱离。开展社区服务和社会实践活动正是充分利用和发挥了社会教育资源的教育功能，一方面通过制度和规范建立封闭式管理，在学校和社会之间建立一道净化的

"防护网"，预防"病菌"侵入。另一方面，让学生走进社区，直面生活，接受开放式的大德育。在学校的指导和社区的积极支持下，学生们积极投入到社区服务和社会实践活动中，根据自己的特长协助社区环境美化、绘制板报、慰问孤寡老人、参与文艺演出、参加公德活动等。学生们以自己的辛勤劳动不仅为创建文明社区付出了一片真心，而且为自己的健康成长撑出了一片蓝天。

几年来社区服务和社会实践活动的积极有效开展，已使我校的校容校貌发生了很大变化，并日益显示出其独特和谐的教育魅力。在教育创新格局的实践中，我们要动员全社会的力量，继续把社区服务和社会实践作为学生素质发展的生长点，不断完善综合实践课程运行机制，不断探索新的教育模式，优化学校教育的大环境，促进广大学生的健康成长。

【此文为安徽省教育科学规划立项课题"社区服务与社会实践的管理与规划"的成果，原载于《安徽教育科研》2007年第2期，略有改动】

基于再认知教材的二轮复习教学策略
——以人教版教材为例

　　教育部办公厅已对2020年高考考试范围等做了具体释疑和较详说明，继续强调坚持"立德树人"导向、厚植家国情怀的总体目标不变；渗透智体美劳教育，贯彻全面发展的理念不变；坚持完善高考评价体系，引领中学教育教学改革的路径不变；紧扣时代主题，突出历史学科核心素养的要求不变。如何贯彻领会上述四个不变，这对我们高三历史教师在即将开始的二轮复习中有着重要的指向意义。本文试图从再认知教材的层面谈谈如何提高高考历史二轮复习有效策略。

一、再认知教材，建构历史主干知识体系

　　依托教材、夯实基础是历史复习的首要任务，教材既是学生学科核心素养达成的基本平台，更是高考历史复习中无法回避的根本。因此，教师应依据《普通高等学校招生全国统一考试大纲》（以下简称为《考试大纲》）规定的知识要点，逐点复习和整理教材知识，使学生准确掌握学科内最基本、最常见的主干知识，并在此基础上对考点进行深度挖掘，达到举一反三、纲举目张的效果。在此过程中，教师应该高度重视历史学科的"古今贯通、中

外关联",以便于培养学生的通史意识和素养意识,使学生的历史知识体系化、网络化。因此以新视角重新认识教材、把握基本知识点和主干知识是复习的前提和基础。

(一)从单册教材角度看

要了解整册教材所讲的知识,必须从阅读历史教材目录着手,厘清教材总体知识结构,把握教材内容的总框架。在阅读教材目录时,应解决以下问题:本册教材共有几个单元?每个单元的中心标题是什么?每个单元包括哪几课?每个单元涉及的历史知识是哪一历史时段的?本册教材涉及的历史知识中,哪几课的内容是学生很了解的?还有什么是学生不清楚的?复习时,教师可以把三册必修教材所涵盖的单元、课目、子目内容进行归纳和汇总,作为学生复习时的必备资料。

(二)从整合三册必修教材的角度看

高考试题通常考查一定时期内的各种现象间的关联性,如:

例1.(2019年全国卷I第25题)汉武帝时,朝廷制作出许多一尺见方的白鹿皮,称为"皮币",定价为40万钱一张。诸侯王参加献礼时,必须购皮币用来置放礼物,而当时一个"千户侯"一年的租税收入约为20万钱。朝廷这种做法(　　)

A.加强了货币管理

B.确立了思想上的统一

C.削弱了诸侯实力

D.实现了对地方的控制

本题主要考查汉武帝削弱诸侯王经济实力的措施,仅凭借必修一所涉及的相关知识点很难理解,若结合必修三的相关内容,学生便可相对容易理解并解答试题。现有教材按照专题史编写,仅从政治、经济、思想文化的单一角度来看,无法全面了解每个历史阶段发展的整体特征,更无法形成历史主干知识线索。因此,教师应按照《考试大纲》的通史体系整合三册教材,使学生形成对历史阶段的全面理解。例如,中国封建社会为什么延续两千年之久？教师应指导学生学会构建教材知识点的内在逻辑关联，整合主干知识，将三册必修教材第一单元的主干内容进行整合，形成对该问题的完整知识结构，即整合必修一的中央集权制度、必修二的小农经济、必修三的儒家思想的主流地位三大主干知识以形成结论。

（三）从教材各单元之间关系的角度看

"古今贯通"和"中外关联"是高考材料解析题的两大题型，因此，教师在二轮复习时必须兼顾这种命题思路。教材虽然按专题史编写，但也体现了编年体的特点，且各单元彼此间存在非常紧密的联系，因此，厘清各单元之间的关系，有助于深化对"古今贯通"和"中外关联"的理解。例如，在设计和思考必修一的二轮复习时，古今中外的政治制度史是复习教学的核心，教师不妨进行如下思考。

必修一教材主要讲了人类社会发展过程中的四大主要政治制度：中国古代中央集权制度、古希腊民主政治制度、西方资本主义代议制、中国特色社会主义政治制度。这实际上主要阐述了人类对民主政治的不断追求和完善，反映了民主发展具有阶级性、时代性、多样性等特点。通过对必修一教材内容的分析，教师就可发现第一、三、四单元间的关系就是人类社会不断从专制到民主的过程，可使学生认识到民主道路的艰难性、曲折性；第三、四单元与第七、八单元的联系可使学生认识到民主是有阶级性的，实现民主的形式是多样化的，民主制度是目前人类制度建设中最好的制度。教师还可结合中国特色社会主义政治制度的建立情况，引导学生理解中国特色的民主政治既汲取了人类史上优秀的政治文明成果，如古希腊的文明、近代西方的政治文明等，又汲取了苏联的政治文明，还结合了自身的国情。这样既对比又联系，可使学生清楚地把握教材中各知识间的关系，有助于其全面把握教材。

（四）从教材单元内部的关系看

教材每个单元内部一般包括3到8课，这些课目之间围绕什么中心展开？前后知识点间存在哪些关联？这是了解本单元内容的基本前提，也是二轮复习中构建本单元知识体系的重要基础。例如，必修三第五单元《近代中国的思想解放潮流》前言概述可使学生更好地把握单元内容：鸦片战争以前，清朝统治者极力提倡程朱理学，让人们埋头读经，不问政治，禁锢着人们的思想。鸦片战争中，英国侵略者的坚船利炮，使林则徐、魏源等清朝爱国官员，从"天朝上国"的梦幻里惊醒。他们开始开眼看世界，关注时局，探求新知，萌发了"向西方学习"，寻求强国御侮之道的新思想。从此，向西方学习成为近代中国思想解放的潮流，一浪高过一浪。从"师夷长技以制夷""师夷长技以自强"，到维新变法、追求民主共和、提倡民主和科学、接受马克思主义；从学造器物、仿行制度到提倡思想解放，不断探求强国之路。这是近代中国人向西方学习的渐进过程，也是近代中国人思想不断解放的过程。

根据这样的表述，教师在复习时可帮助学生从中归纳如下问题：①鸦片战争对中国思想界产生了怎样的影响？为什么？②明清之际提出的"经世致用"在鸦片战争后又有什么重大发展？其发展的社会条件是什么？③近代中国先进的知识分子先后提出哪些先进的救国主张？进行过哪些救国实践活动？如何评价这些主张和实践活动？④近代先进中国人向西方学习的历程呈现哪些特点？结合所学知识分析这些特点形成的原因。⑤在马克思主义传入中国以前，为什么这些主张和实践都相继失败？从中你得到什么启示？⑥简述从接受马克思主义到马克思主义在中国的胜利过程，并分析马克思主义在中国胜利的原因。

（五）从各课子目内容看

各课子目是本课学习的线索，但子目与子目所含知识点间存在历史事物发展的延续性、递进性。如：

例2.（2019年全国卷Ⅰ第24题）据学者考订，商朝产生了17代30位王，多为兄终弟及；而西周产生了11代12位王。这反映出（　　）

A.禅让制度的长期影响

B.王位继承方式的变化

C.君主寿命的时代差异

D.血缘纽带关系的弱化

本题以商周王位继承制的变化来考查古代政治制度的不断发展和日益成熟，材料讲明了商朝多为兄终弟及，从教材看，西周多为父子相继，因为西周时期宗法制已然定型，这必然对西周的王位继承产生显著影响。

现行教材各课编写皆以某一主题为中心，如必修一第26课《世界多极化趋势的出现》包括"走向联合的欧洲""日本谋求政治大国地位""不结盟运动的兴起"，各子目分别从走向一体化的欧洲、崛起的日本、日益发展的发展中国家等三个方面阐述世界格局的多极化发展趋势。在复习中，教师可引导学生理解，正是新的力量兴起和发展不断冲击着已有的国际关系格局，推动世界由两极格局向多极化方向发展。再如，必修二第10课《中国民族资本主义的曲折发展》包括"民族资本主义的初步发展""短暂的春天""曲折的发展"三个阶段，以时间为线索将近代民族资本主义发展演变的整体概况清晰地呈现出来，教师可在复习中要求学生准确地理解和掌握民族资本主义出现初步发展、短暂的春天和曲折的发展的原因，全面归纳民族资本主义演变发展的整体特点。

二、再认基础知识，强化历史概念

《考试大纲》的"考核目标与要求"中明确要求考生掌握的四大能力，实际上是要求考生能够准确理解历史概念和历史基础知识。历史概念是历史现象的本质特点和内在联系的反映，是历史现象的科学概括，形成和运用历史概念是理性认识历史的起点。若干个相关的历史概念，就形成了相关的历史知识系列，历史学科知识体系就是历史概念的体系。近几年的高考试题体现了对历史概念和基础知识的高度重视，这就要求我们在二轮复习过程中要高度重视基本的历史概念和基础知识，避免学生对历史事物的理解似是而非、模棱两可。

（一）如何认识近代中国主要潮流？

必修一第四单元《近代中国反侵略、求民主的潮流》暗含一个基本概念，即近代以来中国人民所要解决的两大任务：独立与发展问题。而且本单元通过近代中国历史的简述，非常清楚地阐述了在半殖民地半封建社会的中国不实现独立问题就不可能解决发展问题，因为独立是发展的前提，发展是独立的保障。

（二）如何认识林则徐、魏源的"师夷长技以制夷"思想？

教师在复习时往往只注意分析"师夷"与"制夷"的关系，忽视对这个思想主张的全面认识。教师可以进一步拓宽分析思路，如林则徐、魏源对西方认识的程度；林则徐、魏源与当时清朝文武官员态度的对比；林则徐、魏源对西学认识的主观目的和客观评价的关系；林则徐、魏源的认识与明清之际经世致用思想的关系。

（三）罗斯福新政如何完善了美国民主政治制度？

教师可以引导学生转换角度并依托教材得出如下结论：加强国家对经济的全面干预，进一步扩大了联邦政府的职能；扩大联邦储备委员会的权力和建立农业调整署、联邦紧急救济署等机构，进一步完善了联邦政府机构；颁布《全国工业复兴法》和《全国劳工关系法》，进一步完善了美国资本主义法律体系；加强社会救济工作和重视保障工人的基本权利，遏制了美国法西斯势力，稳定了美国社会秩序和民主政治制度。

三、再认历史主干线索，创新二轮复习高效思维

在二轮复习过程中，教师理应有意识地以创新思维方式使学生自主建立自己的学科知识网络，形成历史发展的主干线索。教师可提供给学生自建知识网络的原则，指导学生对教材内容再认识。

（一）合纵连横，聚点成面，再认历史主干知识

由于教材是按照专题形式编写的，每个时期的知识点散落在不同的教材中，若不注意归纳和整理，极有可能造成知识点的遗漏。例如，教师可根据必修一第一单元、必修三第一单元、选修一第一单元的知识形成有关"秦

朝"的完整知识结构：政治上包括秦的建立和统一、专制主义中央集权制度和秦的暴政；经济上包括统一度量衡、货币、车轨和修驰道；民族关系上包括建长城、大举移民、统一越族和设三郡；思想文化上包括统一文字和焚书坑儒。所以，秦朝是我国第一个统一多民族封建国家，它开创了我国古代多元一体的政治文化格局。

（二）移步换景，对历史知识进行多角度、多层次的理解，强调新情景下的运用

《考试大纲》强调："命题不拘泥于教科书，运用新材料，创设新情境，古今贯通，中外关联，把握历史发展的基本脉络。"通过对近几年高考试题的分析，教师不难发现，命题者往往在立足教材的基础上，注意多角度、多层次地考查学生的理解和分析能力。如果教师仅仅依靠教材现有的分析说明，难以适应高考的需要。因此，高屋建瓴地审视教材主干知识并获得对教材的重新认识是复习过程中的必然要求。

例3.（2017年全国卷Ⅰ第24题）周灭商之后，推行分封制，如封武王弟康叔于卫，都朝歌（今河南淇县）；封周公长子伯禽于鲁，都奄（今山东曲阜）；封召公奭于燕，都蓟（今北京）。分封制（　　）

A.推动了文化的交流与文化认同

B.强化了君主专制权力

C.实现了王室对地方的直接控制

D.建立了贵族世袭特权

本题由教材中《西周分封示意图》转化成文字材料加以考查，同时把分封制与文化认同相连。何为文化认同？文化认同的途径是什么？文化认同与文化传承有何关系？文化认同与民族认同有何关系？高考基于"立德树人"的导向性，特别强调对传统文化的态度。由题目可知，武王弟康叔、周公长子伯禽、召公奭被分封在不同的地方，这有助于地区间的经济文化交流，可知A选项正确。B选项不符合史实，分封制下最高执政集团尚未实现权力的高度集中。分封制下有严格的几个等级，无法实现中央对地方的直接控制，故C选项排除。材料所讲的是分封制，而D项属于宗法制的范畴，不符合题意,排除。

在二轮复习中,教师在全面、精细地提高学生分析和解决问题的能力时,既要立足于教材,又要超越教材,多视角、多层面地比较、归纳,提升教材内容的深度和广度,开阔学生的视野,培养学生的学科核心素养。

(三)通古今之变,增强学生宏观和微观把握历史主干知识的能力

古今贯通、中外关联一直是高考命题的基本走向,这也凸显了历史学科"以古鉴今,古为今用"的教化功能。因此,二轮复习中应立足于创新思维的角度,基于历史学科核心素养,强化学生的通史意识,使学生真正从微观上把握历史史实、概念,从中观上把握历史发展阶段特征,从宏观上把握历史发展线索、规律。例如,2018年全国卷I第41题体现了古今贯通的命题要求,三则材料涵盖古代、近代、现代三个阶段,从乡村治理这个微观历史视角入手,既吻合精准扶贫政策热点,又与高考对学生的能力和素养考查目标相结合;既立足于唯物史观、文明史观、现代化史观等史学范式,又充分体现了史学的社会价值功能,从而通古今之变,为高考有效复习提供了生动的样本。

总之,高考复习对广大师生而言是一场异常艰巨的攻坚战,高三老师们应站在新角度、新思维、新方法的复习教学制高点,既要从战略上统筹规划,把握历史学科核心素养,讲究策略,运筹帷幄;又要从战术上再认知教材,扫描每一单元,攻克每个知识堡垒,注重学生基本技能的训练和提高。只有这样,才能逐步提高学生的历史成绩。

【此文原载于《教学考试》2020年第17期,略有改动】

■ 高考历史思维规律略谈

从事多年的高考历史教学工作，我深切地感受到：老师课堂教学必须是有效的，学生记忆必须是有用的，历史教学思维必须是有规律的，学生语言叙述必须是符合规范的。但是在我们的教学中，却发现学生很难做到。从宏观角度上讲，在高中三年，如果只指望通过高三短暂的一年时间要求学生去完成思维能力上的飞跃，实在有点强人所难。因为历史学科不仅仅是让学生知道一点点历史知识，更重要的是在此基础上着重培养学生在人文科学和社会科学方面的思维品质，进而掌握独立观察问题、分析问题、解决问题的各方面能力。所以，我认为在我们的历史教学中，如何培养学生的思维品质，帮助学生在学习中把握思维规律，理应时时刻刻地贯穿在我们所有的历史教学中。

从高考的角度看，由于时间关系，学生课业负担重，生理心理负荷大，老师怎么帮助学生减轻学习压力，并在有限的时间内尽可能地提高学生的高考复习成绩？这时候老师帮助学生从总体上总结历史复习的思维规律就显得非常必要。在复习中挖掘并潜移默化地传授给学生相应的思维方法，通过反复的指导和训练使学生形成比较成熟的思维体系和稳定的解题思维方法，最终在一定程度上使学生能以思维为主线做到触类旁通,举一反三,进而从容地应对各种考试中出现的新情景、新问题。

现将我在复习中总结出来的帮助学生提高思维能力的一些做法扼要归纳如下:

一、思维公式

1.政治因素分析思维公式

国家状况:统一、分裂、安定、战乱、并立等。

社会制度:历史上五种社会制度、一般国家制度(政治管理制度、经济管理制度、文化管理制度等)和社会治理体系等。

中国近代政治因素分析思维公式:反动统治、外国侵略、人民斗争等。

世界政治格局分析思维公式:封建国家、资本主义国家、民族国家、社会主义国家等。

2.经济因素分析思维公式

经济政策:促进或阻碍生产力发展的措施等。

经济状况:

中国古代:农业(农业技术、耕作方式、生产工具、水利、土地制度和赋税政策、农作物品种、自然条件等);手工业(七大手工业部门、生产技术、地区交流和区域分布、生产经营组织方式、政府政策、行业特点、交通和市场条件等);商业(政府政策、市场分布、经营情况、市场特点等);资本主义萌芽(政策、市场、商品、交通、货币、经营者、分布等)。

中国近代:前期三大经济结构(自然经济、外国资本主义经济、民族资本主义经济);后期五大经济结构(自然经济、外国资本主义经济、民族资本主义经济、官僚资本主义经济、新民主主义经济)。

中国现代:过渡时期五种经济结构(国营经济、合作社经济、国家资本主义经济、私人资本主义经济、个体经济);社会主义初级阶段经济结构和产业结构(社会主义公有制为主体,多种所有制经济共同发展;工业、农业、第三产业和对外贸易等)。

世界历史：近代前期（资本主义手工工场及工业革命、民族国家的资本主义经济）；近代后期（资本主义经济、社会主义经济、民族国家经济）。

3.中国古代民族关系因素分析思维公式

民族交融是民族之间自发的自愿的没有外力强加的交流交往的一种动态过程。民族交融是我国古代民族关系的重要表现形态。我国古代历代王朝基本都采取了非常开明的民族政策，这也是中华民族生生不息并保持强大生命力的重要原因。在民族问题处理方式上，可分为统一形态和战争形态，前者如战争、政治联系、管理制度、册封、联姻，后者如统一管辖、政权强推、政权战和、人民联斗、文化交流、迁徙通婚等。对我国古代民族分布可以一律按照"逆时针"来记忆，记忆的方法是先想民族，再想方位，最后想状况与关系。对于民族关系的发展产生的影响，无论在什么时期都可以归纳如下：和平友好交往是民族关系的主流，促进了民族交融和少数民族地区的进步发展，加强了各族人民的经济文化交流，丰富了人民的物质文化生活，巩固了祖国统一，推动了边疆地区的开发和有效管理，推动了中华民族的形成并增强了中华民族的凝聚力。

4.对外关系因素分析思维公式

按照历史发展的阶段特点可分为中国古代、近代、现代，世界近代、现代几个时期；按照对外关系发展的状态特征可分为开放和闭关自守两种情况；按照对外交往的方式手段可分为和平交往和暴力交往两种情况。和平交往的原因可以从国家政策、国家政治经济文化状况、交通和技术条件等方面分析；和平交往的内容可分为人员往来（包括使节交往）、经济文化学习与交流；和平交往的影响可以从对双方的影响来概括。暴力交往的原因可以从国家政权性质和政治状况、资本主义发展要求、交通和技术条件、暴力交往对象国家现状等方面分析；暴力交往的内容可以分为政治、经济、文化等三个方面；暴力交往的影响可以从对资本主义国家的影响、对被侵略国家的影响（包括主观和客观两方面）、对世界格局的影响等来概括。

5.文化关系因素分析思维公式

文化关系史也是历年高考中越来越引起关注的重要热点问题。作为人类文明史的重要组成部分，文化涵盖了人类的政治、经济、思想、社会生活等一切活动的总和。高中历史教材中纯粹意义上的文化史部分内容不是很多，但是我们也应该给予必要的重视。学生所要注意的文化发展的原因主要有国家状况、文化思想政策、经济、民族关系、教育、对外政策；文化内容包含了科技、教育、哲学思想、文学艺术、史学、社会生活等；文化发展对政治、经济、思想的影响（如百家争鸣、维新变法、新文化运动、延安整风运动、关于真理标准问题的讨论、文艺复兴、启蒙运动等）。

6.**历史事件因素分析思维公式**

历史是由大大小小的无数历史事件组成的。从了解历史事件的全局过程来看，需要学生了解事件发生发展的过程及其结果和影响。现举出一些例子说明分析如下：

一是历史上的统一。无论中国史还是世界史，任何时期统一的原因我们都可以归纳成以下因素：政治状况、经济发展、民族交往、有利环境、人心所向、统一策略、杰出人物等。而统一的方式自古至今只有两种：战争与和平。统一的作用不外乎从促进国家政治制度的建立和完善、符合人民的愿望、推动经济发展和社会进步、加强民族融合、增强国家实力、改变地区甚至世界政治格局等方面概括。

二是历史上的改革。改革也是人类社会进步和发展的力量。纵观历史上大大小小的改革，都有其历史必然性。我们对改革史的复习，按照历史思维的分析方法，可以归纳为：改革的根本原因是落后的政治阻碍了经济发展或经济发展面临巨大困难，具体原因包括复杂尖锐的社会矛盾引起严重的社会危机、新兴阶级力量的壮大与推动、内外直接因素等；改革的根本目的是维护统治和促进经济发展；改革的方式是自上而下；改革的性质有两种，一是导致社会性质巨变，二是社会制度的自我完善与发展；改革的内容主要包括政治、经济、文化思想、军事、外交等内容；改革的作用主要从加强统治、改革旧制或摆脱危机、促进经济发展和提高人民生活水平、增强实力或提高地位、改变国际关系格局等方面总结。

三是对外关系。国家实力是发展外交的后盾，利益是处理外交的核心。

无论古代外交还是近现代外交，任何国家推行外交的原因都与国家政治状况（统一与稳定的程度、制度、政策）、经济状况（繁荣程度、市场的成熟度与饱和度）、交通状况（交往路线、交通工具）、科技状况（技术、科学知识）等有关；推行外交的目的都可分为政治因素（炫耀实力、巩固统治、加强友谊）、经济因素（满足消费、开拓市场、发展经济）；推行外交的方式都主要是和平外交和战争扩张；推行外交所产生的影响都可以从对本国、对他国乃至对世界三个方面归纳，近代西方列强外交的影响可以利用殖民侵略是一把"双刃剑"来分析。

四是经济发展。生产力的不断进步是人类一切活动的根本，而人类的经济活动是社会进步和发展的基础。任何时期任何国家经济发展的原因都可以总结如下：制度的建立或完善、稳定的政治环境、国家的重视和经济政策的调整（重点是生产关系的调整）、科技文化的进步和发展、民族政策和对外政策的变化等。经济发展的表现既可以从农业、工业、商业、城市经济等方面概括，也可以细化，比如农业分为农业技术、生产工具的革新、耕作方式的变化、水利事业的发展、土地资源的开发利用、土地制度的变化、农产品的引进和推广、经济作物的种植等；工业分为工业技术、工业部门、产业结构及增长方式的变化、工业组织形式、工业制度的改革等。经济发展的影响可以从政治、国家实力、人民生活、思想变化、对外政策、国际地位等方面说明。

二、思维培养模式

高考历史复习中如果掌握了正确的思维方法并不断地进行思维分析能力训练，可以取得事半功倍之效，现就我采取的一些方法介绍如下：

一是纵向梳理法。以问题为中心，不再注重知识结构的先后顺序，将知识进行拆分、加工和重组。如我们在复习中通常将农业发展分为农业技术、耕作方式、生产工具、水利、土地制度和赋税政策、农作物品种、自然条件等方面，一条主线贯通中外历史。在这种复习方法中，最重要的是必须让学生自己动手，教师只是指出思路、线索，由学生根据思路、线索寻找史实。

同时教师还要帮助学生学会拆分、重组历史知识,从而形成新的历史结构,并获得对历史现象以及知识重点、难点问题的新认识。如复习洋务运动内容时,不仅仅是简单地讲述洋务运动的原因、内容、影响,更关键的是指导学生结合不同的历史知识复习需要,将洋务运动的各个知识点分散到不同的内容,如洋务运动与近代思想的变化、近代化实践、近代海军的发展及海防思想、近代教育的发展、近代经济结构的变化、上海和武汉等城市的近代化进程、对中国传统的重农抑商政策和民族资本主义政策的影响等。

二是等量代替法。在复习中,找出中外历史中类似的知识点,学会归纳出这些知识点的共性,并把共性转化为某一个知识点的个性,或者把个性转化为类似知识点的共性。如我们分析国家统一的原因时,可以给学生提供这样一种思维方法:秦王朝统一的原因就是美国、德国统一的原因。可能很多人对此都感到很好笑,其实不然,因为历史上任何国家统一的原因都是相同的,即政治状况、经济发展、民族交往、有利环境、人心所向、统一策略、杰出人物等。这种把全面性知识转化为局域性知识的复习套路对学生迅速地掌握历史知识并锻炼提高思维和分析的能力很有益处。

三是逆向拓展法。世界上任何事物的发展都由正反两方面构成,从历史发展的反向角度去思考问题,不仅是一种有效的思维方法,也是一种解决问题的技巧。如分析近代扬州衰落的原因这一题时,我们发现近代史教材中根本没有讲述扬州衰落的原因,那么这个题目是不是超出了教材和考纲呢?我们对教材内容仔细地回忆一下,想一想教材在什么地方提及了扬州,便可知古代史教材中讲述了隋唐时期扬州繁荣的原因,我们就可以从古代扬州繁荣的原因反向推测近代扬州衰落的原因,而答案正是如此归纳的。

四是总讲特征、分讲说明法。每一历史发展阶段都有其特征,由于编年体的编写方法,我们现有的教材是按照章节顺序来讲述历史的,因此,学生必须牢牢掌握每一历史阶段的总体特征。在复习中,我们不仅要让学生熟悉具体阶段特征,更要把中国历史发展的进程放在世界历史发展的进程中去思考分析,这样通过比较的方法来把握历史发展的脉络。在复习中,学生理应记清章标题和节标题之间的关系,并牢记不同历史时期的历史事件,按纪事本末体的编写体例来把握教材。教师复习也一定要有模型，即记忆模型、思维模型，任何类似的或相同的问题都有特定的模型，只是语言表述和逻辑结构关系有所差异而已。

五是关键语言提炼法。在高考当中，我们不难发现，有一些文字表述使用的频率比较高，如改变、促进、增强、加强、推动、推进、提高、巩固等，对此，我们应该在复习中通过对教材内容的概括和对试卷分析的讲解让学生反复领会这些词的使用情景。一般而言，语言组织方法可分为四种情况：选取概括法，即正确选用课本中的知识要点，或现有的带有实质性的史实、论断、关键词语乃至章节标题去掉修饰性语言提炼成三言两语，如秦朝实现统一的原因之一是当时的人民渴望统一，就可归纳成"人渴"；提炼概括法，即把课本中的长句缩成短句，几句缩成一句，或形成新的见解，然后用自己的语言准确地表达出来，如日本明治维新成功的原因可概括成力量薄弱、实力雄厚、有效改革、有利环境等；时间为纲概括法，即以时间为线索来概括；逻辑关系概括法，即以历史事件发生发展之间的因果关系来推导事件之间的必然联系。

提高思维能力是提高学习成绩的关键，也是高考复习的重中之重，应引起我们的高度重视。

【此文据笔者在2007年铜陵市高考研讨会上的发言稿整理】

关于安徽高考恢复使用全国卷的几点思考

在国家高考改革的大背景下，高考重新回归全国卷是大趋势，尽管这只是时间问题。从2009年安徽自主命题以来，老师和学生已经基本习惯了安徽命题的风格和趋势，而现在"回归全国卷"，对于老师和学生而言不是仅仅"换了一张试卷"那么简单的事。"回归全国卷"不仅意味着考纲和考试说明解读变了，而且意味着命题的方向和模式也变了（全国卷是从多个模块中抽取几个模块来考，事先并不告诉你到底选哪几个模块，而安徽卷则是明确了哪几个模块要考）。对于今年高二的老师和学生来说，只有一年多的时间来适应全国卷，会有比较大的压力。

因此，面对高考生态的改变，我们老师一定要未雨绸缪，不打无准备之仗，既要有战略上的统筹考量，也应有战术上的策略设计。我认为，目前我们应主要做好以下五点：

"一个中心"，即坚持以课标为中心。无论自主命题还是回归全国卷，本质上是一样的，因为课程标准这个核心元素是不变的，是课堂教学和高考命题的最基本依据和出发点。所以无论在什么情况下，我们还是要仔仔细细地深入研读课标。俗话说"万变不离其宗"，我们应以不变应万变，并以此为切入点，把课标所体现的精神和内涵融入我们的课堂教学中。

"两个抓手"，即狠抓学科素养和狠抓学科能力建设。课程改革的最终方向是通过学生的学科素养和学科能力的培养与提高，为学生的终身发展奠定坚实的基础。高中课程内容的选择是根据学生身心发展的需要和时代的需要而量身定制的。就历史学科而言，全国卷高考与安徽自主命题相比显示出很多的不同，比如视野更开阔、知识面更广、难度增加、素质立意命题趋势明显等，这些都深深地反映出高考改革的方向和对学生发展的明确要求。

"三个认真"，即认真研究全国卷的特色和趋势，认真研究"以学生为中心"的高效课堂建设，认真思考如何提升自身的教学水平和教学能力。尽管我们很多教师过去是在全国卷的背景下参加的高考，但时移事易，我们不能拿过去的眼光看现实，切实地研究近年全国卷的特色和趋势，才是当今刻不容缓的事情，毕竟心中有粮才能不慌不忙。学生学科素养的提高和学科能力的发展最重要的渠道还是课堂，以学生为中心、以人为本是打造高效课堂的基本出发点，怎么打造？我们传统有效的方式方法要发扬光大，但更要借鉴全国名校名师典型有效的做法和经验。实际上，以高效课堂建设为主阵地实现学生的终身发展是教育教学改革的永恒话题。我个人认为，教师能走多远在一定程度上影响着绝大多数学生能走多远；而教师的发展和学生的发展又在一定程度上影响着一所学校能走多远，这是学校教育教学发展的主旋律。面对高考改革的不可逆转的趋势，我们做教师的，发展是必须的，充电是必要的，只有不断夯实自身的专业基础，不断锻造自身的专业能力，紧随改革的步伐，才能更好地适应改革时代的需要。

"四对关系"，即处理好课标考纲与教材的关系，学科知识与学生学科素养、学科能力发展的关系，课内与课外的关系，高考复习中继承、借鉴与创新的关系。虽然现在我们还是处于一标多本的教育生态中，但课标是高考的风向标、指挥棒，跟着课标走，把握课标大方向，仔细研读每年的考纲，尤其是要字斟句酌地研读最近两年的考纲，结合教材，洞悉细微，奠定复习的良好基础。我始终认为，思维和方法比知识更重要。在课堂教学中，狠抓学生基础知识的同时，一定要侧重于发展学生的学科素养和学科能力，这是学生未来发展的基石；同样地，课内与课外都是学生展示自己的素养和能力的平台，应给予学生更多的平台，让学生飞得更远更高；在高考复习中，不能闭关自守，不能睡倒在自己曾经的经验上，而是既要摸着石头过河，及时总结及时完善，也要善借它山之石，熔铸自身的复习风格和特色。

"五个关键"，即高考历史复习中一定要紧紧围绕历史发展的知识线索、历史发展阶段特征、历史基本概念、历史发展规律、时下流行的史学范式等。从学生的基础和需要出发，倡导学生主动学习，在多样化、开放式的学习环境中，充分地发挥学生的主动性、积极性和参与性。在复习中一定要让学生厘清历史线索，理解历史特征，掌握历史规律，透析历史概念，整合史学范式，从而培养学生探究历史问题的能力和实事求是的科学态度，提高学生的创新意识和实践能力；同时把握高考的命题趋势和价值取向，领会历史教育教学的真谛，从学生发展的角度思考，一点一滴地打造高考高效复习课堂，奠定学生应对高考的坚实基础，实现学生的情感、态度和价值观的良好培育与和谐发展。

各学科虽自有特色和规律，但强调学生思维和能力的培育与发展却是教学共识。就历史学科而言，立足学科特色，厘清历史发展线索，把握历史发展规律，精准理解历史课标和考纲精神内涵，进行格式化分析模式探讨也不失为打造高效课堂的有益尝试。

【此文据笔者在2016年铜陵市新高考研讨会上的发言稿整理】

活水源流随处满　东风花柳逐时新
——对优化高考历史试题命制的几点建议

纵观2011年全国以前各省市新课标历史学科高考试题命制情况，总体上都积极贯彻考试大纲的精神，稳中求变、变中求新。毋庸讳言，某些试题的命制从情境材料的选择、试题切入角度、考查内容、命题技术、试题结构、能力要求、学科特点等方面进行了积极有益的探索，但也存在一些不足之处。有鉴于此，从优化高考试题命制的目的出发，以下五个方面必须予以高度重视。

一、坚持历史学科特色，发挥史学价值功能

历史学是一门人文学科，历史教育的终极目的是要关注人的生存和精神状况。复旦大学哲学系博士生导师张汝伦教授曾说，中学历史教育就是通过历史的学习，使学生激发一种"天赋的"、独立的判断能力和价值取向；一种高尚的情操和趣味，对个人、家庭、国家、天下有一种责任感，对人类的命运有一种担待；一种成己成物、悲天悯人的宽阔胸怀，升华自己的人生境界，追问人之为人的终极目的。把历史学科列为高考必须考查的内容，显示出历史教育对国民素质的培养发展起着很多学科无法相提并论的积极作用。

从高考试题命制角度而言，坚持历史学科特色，牢固地坚守史料、史论、史观的阵地，真正发挥史学的人文价值功能，乃是高考试题命制的立足点和最终目的。

二、强化历史主干知识和历史发展阶段特征，坚持学科整体性和知识专题化

虽然高考是考查学生对学科的基础知识掌握和理解运用状况，但高考文综的历史试题是有限的，要想在这有限的试题中做到所有知识点面面俱到是绝对不可能的。因此，这就要求在命题时必须把握支撑历史学科知识体系的主干知识和阶段发展特征，并在命题时保证较高的广度和必要的深度，特别是对教材中的重点知识做重点考查，显示出重点知识在试卷中的突出位置。同时命制试题时要充分考虑学科整体性和知识专题化，并站在整体的角度设计问题：既检验学生是否形成了网络化的知识体系，又检验学生能否从专题化史料中提取相关的信息，并运用历史思维有效地、灵活地解决问题。只有这样，才能真正发挥高考对课堂教学的反拨作用。

三、淡化机械记忆，强调历史思维和方法

如今新课标试卷题型日趋稳定，无论客观题还是主观题，大都以全新的情境史料形式呈现，这为中学历史教学的理念选择提供了广阔空间，也使史料教学在中学课堂教学中地位更加重要。这些新颖的史料试题基本上摈弃了过去纯粹的以机械记忆模式呈现的题型，强调了课程资源的开发、学生对教材知识的理解以及对社会生活的关注，更加凸显了历史思维和方法在高考中的重要性。历史学科思维和方法是历史知识在更高层次上的抽象和概括，它蕴含在历史现象、事件发生和发展的过程中。历史思维和方法诸如抽象与概括、联系与比较、分析与综合、归纳与拓展、迁移与运用、一般性与特殊性等，理应是每年高考考查中理解、思考、分析与解决问题的常用方法。

四、强化探究意识，提倡合作创新精神

新课程改革中的亮点之一就是研究性学习课程的开设，它不仅开辟了由

单学科教学研究向综合中求得拓展的新天地，而且也促进了由传统单一的课本资源向丰富多样的课程资源转化，让教育教学真正成为一种多元开放、平等民主、自主合作、探究创新的过程。如今在全国及各省市新课标高考试题设计中，不乏这样的经典试题呈现，可以说这是一个很好的趋势。但欣喜之余，还是有三点缺憾：一是有些省市的试题并没有出现能体现探究意识和创新能力的题型；二是这类题型在高考试题总量中的比例还很低；三是这类题型仍处于摸索之中。站在我国教育教学改革的战略制高点和突出高考选拔性考试功能上看，这类试题必须进一步强化。因为这样的高考试题，侧重于考查学生的探究能力和创新意识。更具体地说，这样的试题是给学生提供了充分展示能力的空间，而不是限制在狭小的范围内考查学生的能力。这种充分体现学生主体性的考题，使高考这个重要的评价形式建立在新的理念基础上，对今后考试内容的改革将产生重要的影响。

五、避免试题过分形式化，适当降低试题难度

从各省市高考试题中可以看出，不少试题超出教学范围，与历史教材没有丝毫的联系，有的虽然有点联系，但考的是非常边缘的知识，很偏很怪，让考生无从下手，背离了高考命题的宗旨和目标。高考历史应该避免出现过分形式化的试题，要不断引入材料情境，防止机械记忆，还要尽量减少不必要的材料叙述和信息干扰，保证试题主旨突出。试题引入材料情境时，应当注意科学有度，符合学生的认知水平，贴近学生的生活，要注意材料的引入与试题的关联度，避免出现一些与正确答案无关联的、可能有装饰性的材料；避免设置一些"高深莫测"的材料，来考查学生对材料之语言、意境的所谓"精读"功力；避免把材料弄成让试题绕弯子的"圈套"和"陷阱"。高考历史试题的设计必须克服专业化和成人化倾向，适应高中学生的心理特征和认知水平。其既要为高一级学校选拔人才，也要顾及高中阶段的历史教学和学生对历史的终身学习。只有这样，才能既有利于选拔人才，又有利于高中教学。

理想的高考历史命题应该是在课程标准的指导下，以主干知识为载体，

以学科能力为目标,以学科素养为导向,将历史知识、史学观点、史学方法、人文素养、教育功能巧妙地糅合在一起。只有这样,我们的高考历史试题才会给人耳目一新之感,才能经受得住时间的考验并值得人们回味和鉴赏,才会真正地成为新课程改革的强大推力。

【原载于《基础教育课程》2011年第11期,略有改动】

问渠哪得清如许

——谈谈想象力培养在历史创新教学中的作用

江泽民同志曾说过："创新是一个民族进步的灵魂"，"一个没有创新能力的民族，难以屹立于世界先进民族之林"。由此看来，创造力不仅是个人发展的重要基础和现代教育发展的内在需要，而且是社会前进的原动力。创造力这种重要性和无可替代性决定了创造力的培养应成为现代教育教学活动的重要指向。那么，在历史教学中，如何培养和发展学生的创新能力呢？伟大科学家爱因斯坦说："想象力比知识更重要"，它"概括着世界上的一切，推动着进步，并且是知识进化的源泉"。因此，培养学生的想象力应是目前教学中最基本的要求之一。很难想象一个没有想象力的人能够自如地遨游在广袤无垠的知识宇宙中，甚至还能够在前人筚路蓝缕的基础上开创出一片更辉煌灿烂的知识天地。

想象力是人们根据信息之间的某种联系，由一个信息想象到另一个信息或多个信息的心理活动过程中所产生的具有创造新信息的能力，而包罗万象、缤纷斑斓的历史则为学生想象力的发挥提供了广阔的天地。历史是指自然界和人类社会已逝去的历程，从某种程度上说，也就是看不到的过去，而学习历史可使你获得理解这些过去的人或事物的能力。显然，这种能力获得的基础就是依靠丰富的想象力。作为一名历史教师，理应责无旁贷地改革和创新教学方法，让学生插上想象的翅膀，饱饮知识进化的源泉。刘勰在《文心雕龙》中说："寂然凝虑，思接千载；悄焉动容，视通万里；吟咏之间，吐纳珠玉之声；眉睫之前，卷舒风云之色。"只有这样才能达到"登山则情满于山，观海则意溢于海"的至高境界。

历史教学创新之首义应是培养学生的时空想象力。时间是指物质运动过程中的顺序性和持续性，它具有一去不复返的特质；空间是指物质存在的广延性，即分布和运动的状态。宇宙中的万事万物都是处于时空的绝对和相对的统一之中，历史是由时间、空间、人物、事件等要素构成的，每一历史事件都是发生在一定的时间和特定的空间中。但由于学生的年龄特点和知识水平的限制，若仅仅通过教材上寥寥数语的叙述或者教师干巴巴的、枯燥乏味的讲解，就要求学生对历史事件发生的时代和历史人物活动的特定社会场合完全理解，是绝难做到的。为了再造过去的正确形象，获得历史的真实感，避免学生离开特定的时空概念而盲人摸象似的胡思乱想，必须在教学中充分调动学生独立的能动思维活动能力，使学生在已知的基础上形成与未知的新联系，必须使学生充分地把握历史人物和历史事件的特定时空概念，这样就能让学生掌握并创造出解决问题的新思路、新办法。

结合我个人的教学实践，我认为培养学生的想象力应注意以下三个方面：

一、阅读和自学是想象力的基础

教学的目的是使学生从"要我学"的必然王国走进"我要学"的自由王国，而阅读和自学是实现这一质变的基础。因此任何一门学科都必须教会学生阅读、自学，直至学会学习，享益终生。但是如何通过阅读和自学才能达到培养学生的创新意识和创新能力的目标呢？罗生布拉特认为，如果阅读材料、阅读情境与阅读者的心情呈现某种一致性时，那么阅读理解的效果就好。也就是说，只有做到阅读情境和阅读者心情的和谐与协调时，才会使阅读知觉活动不至于像一台没有润滑剂的机器那样不断减慢运转速度。因此，在阅读中必须给予学生以一定情感上的刺激，促进学生形成积极的良好的阅读心境。比如在讲述原始社会时，学生对这一遥远的社会阶段，往往会作一些幼稚的想象，对猿如何变成人没有直接的感性认识，似懂非懂，更不要说把人类的进化、历史的发展同时间、空间观念联系起来。这种普遍缺乏时空想象力，把时间当作孤立的年代数字，把空间当作单纯的具体地点的现象，在很大程度上抑制了学生创新意识和创新能力的培养及发展。因此，在学生阅读和自学时，我将猿如何变成人的过程从时空两个角度制作了四幅投影画打在屏幕上，先让学生仔细地观察图画内容，然后再阅读自学教材，这样学生就可以通过具体和抽象的印象比较容易地理解劳动在猿转变成人的过程中所起的伟大作用，进而能够使学生在脑海中初步想象出原始人类所生活的时代画面。实际上，在教学中经常性地采取这种方法，久而久之，学生就能在学习中不断地触摸思维中的历史，勾勒出真实而理想的历史画卷，品味着人类社会进步和发展带给学生们的历史韵味和哲学思辨。这种触摸、勾勒、品味是一次思维的洗涤和加工，而这种洗涤和加工的过程便是培养和训练想象力的过程。

二、合作与互动是想象力的关键

历史教育是人的教育。世界是多姿多彩的，而构成世界主体的人则是各显本色。教育肩负着育人的神圣使命，倘若没有创新，世界整齐划一，那不仅是教育的悲哀，更是人类的悲哀。故而只有创新教育才有发展，只有创新人类社会才有进步，我们生活的这个星球才有勃勃生机。而创新教育是建立在一种师生平等民主和谐融洽的关系之上，只有这样，学生的想象力才能得到充分地发挥；反之，若师尊生卑，必然会制约学生个性的发展。孔子曾说："爱之能勿劳乎？忠焉能勿诲乎？"正是对学生的无限热爱，才会使他在教学中创新迭出，成就斐然。现代教育家布鲁纳认为，现代教育方法不仅是师生之间的合作，也是学生之间的合作。正是这种平等和谐的合作关系才能开学生想象之门，启学生想象之智。譬如我在高三历史复习中讲述到人地关系时，为了培养学生的学科间综合学习能力，花了整整一节课时间，与学生共同探讨了一个重要问题：月地关系。在课堂中，我首先在黑板上出了一个题目："假如没有月球，地球将会是什么样子？"之后，就让学生围绕这个问题展开讨论。可以说要解决这个问题，必须要正确地认识月球对地球产生了哪些重大影响。学生只有充分地发挥自己的时空想象力，才能科学地得出正确的结论。在这一节课中，我与学生共同讨论，学生那奇特的想象，那激烈的争论，那缤纷的答案让我感受到师生之间、学生之间的合作与互动这种教学创新所带来的无穷魅力。为了进一步升华学生对这一问题的理解，我从四个方面谈了自己对这一问题的观点：一是假若没有月球，陆地上的生命将不会如此斑斓多姿，虽然生命起源于海洋，但生命的进化则是通过潮汐来实现；二是假若没有月球，地球上一天的时间将会短得多，而且地球也会像木星一样时时狂风怒吼，地球上的生命不会像今天一样悠然自在地各居其所、各安其乐；三是假若没有月球，地球将会变得千疮百孔；四是假若没有月球，地球也许会像初学步的婴儿，在公转轨道上摇摇晃晃。可见，营造宽松、合作、探究的课堂教学氛围，让学生轻松而愉快地沉浸在对多姿多彩的历史回味与留恋之中，学生能够自己学会认知和理解事物的现象与本质，并相互交流和分享因此而带来的喜悦之情。这既激发了学生对事物的想象和钻研的兴趣，又尊重了学生的人格，发展了学生的个性。如此而为，在教学中，把握学生思维的脉搏，诱发学生情感的共振，使学生的想象力与创造力通过激趣、放胆、反判、存异等途径在互动和合作中不断地交融、凝练、升华。

三、交流和反馈是想象力的延伸

教学的目的不单单是帮助学生解难释疑，更主要的是让学生能够在学会学习中求创造，在创造活动中学会学习，因此交流和反馈是非常必要的。通过交流和反馈既让学生的学习得到充分发展，又让学生的想象力得到无限延伸。如在日常生活中，学生可以通过自己的学习经验和体会来感受品味学习的乐趣，来检验自己适应生活的能力和创新能力，从而进一步地发展自己完善自己。在这一过程中，教师应赋予学生更多的灵活性、创造性、开放性，使学生能够有更多的发展空间。再如我在讲述我国改革开放以来的伟大成就时，学生若仅仅通过教材上的片言只语来展开时空上的想象，则比较难以认识和理解我国二十多年来各行各业发生的翻天覆地的变化。为此，我在讲述后，又特地安排了深化教材内容的两个层次：第一个层次要求学生根据自己家中的生活变化合理地讲述改革开放对自己家庭所产生的影响；第二个层次要求学生根据自己生活的城市变化来讲述改革开放对自己家乡所产生的影响。这样处理教材，使时空概念更贴近学生生活的实际，而且学生比较容易根据自己的所见所闻展开真切的想象，最终学生得出来的结论又真实又生动，学生的想象和创造的能力得到了完美的统一和发展，同时学生从中还得到了一次深刻的思想教育。所以，在交流和反馈中，积极地启发学生理解教材，并结合学生自己对生活的初步认识和体验，展开课内课外、古今中外的广泛想象，把课本的文字符号变成跳动的音符或者多维的立体画面，有利于学生活跃思维，开阔眼界，丰富精神世界，培养创新意识和创新能力；有利于在更深更广的程度上增添教学的无穷魅力和推进教学面向世界、面向未来的改革。

实践证明，在历史教学中注意培养学生的想象力是教学改革的基石，是挖掘学生潜力的关键，是培养学生创新能力的源泉。愿我们每一位教师在教学中多一点激情、多一点创新，使平淡如水的四十五分钟多一点亮色、多一点喝彩吧！

点滴管见，敬请斧正。

【原载于2008年7月16日《安徽青年报》，略有改动】

农村中学历史教师专业成长的养成问题随谈

一、农村中学历史教师专业成长中存在的问题

我们先看"龟兔赛跑"故事新编：

兔子因为输掉了比赛而感到失望，它仔细地分析了失利的原因，发现自己失败只是因为过于自信而导致粗心大意、疏于防范，如果不那么自以为是，乌龟根本没有获胜的可能。于是兔子向乌龟发出挑战，再比一次。乌龟同意了。在这次比赛中，兔子全力以赴，毫不停歇地从起点跑到了终点，把乌龟甩在几公里之后。

乌龟失败后，也进行了反思，它认为，以当前的比赛形式，它是不可能胜过兔子的。它辗转思考后，向兔子发出了新的挑战，它要跟兔子再比一次，但比赛路线会与以前不同。兔子同意了。比赛开始后，兔子依然遵循原先的策略，坚持以最快的速度飞跑，但不久，面前出现了一条大河，而终点位于河对岸两公里处。兔子坐了下来，思考下一步比赛策略。而这时乌龟赶了上来，不假思索地跳进了河里，游到了对岸，并最终到达了终点。

后来，兔子和乌龟成了要好的朋友，它们决定再比一次。但这次，它们

作为一个团队完成比赛。这一次，兔子扛着乌龟跑到了河岸边，然后，乌龟驮着兔子游到了对岸，兔子又把乌龟扛了起来。最终兔子和乌龟一齐冲过了终点线。

龟兔赛跑的不同结局告诉我们，每位教师在专业成长中都必须要相信自己，要善于总结和反思，从失败中探索成功的奥秘；要有团结合作精神，要善于借助外力；要有追求和理想，把实现追求看作自己专业成长和发展的动力。

然而，就农村中学历史教师而言，专业成长的道路显得十分艰难。我从自己多年农村学校工作的经历了解到，目前农村学校历史教师专业成长中确实存在一些问题，主要表现在以下五个方面：

一是缺乏内生力。很多历史老教师囿于经验，只满足于应付知识传授，完成教学任务是农村老师们最基本也是最主要的要求。因而，工作中缺乏内生力，少有热情，疏于上进，拒绝新事物，结果只增教龄不增功力和学识。

二是工作环境不尽如人意。众所周知，农村教师的工作条件和环境，如地方政府的投入、工资待遇、学校软硬件设施、教育科研氛围、家长对孩子教育的重视程度等确实无法与城市相比，加上沉重的生活压力和人文关怀的缺失，农村教师产生了依靠工作与生活的惯性甚至惰性，他们也仅仅将教师当作谋生的一种方式而非一种崇高的职业。

三是团队意识的缺失。目前，大部分农村学校普遍存在师资力量薄弱、办学条件差、教师缺编和顶岗现象严重、教师年龄结构极不合理等现象，尤其各地调整学校布局后，更是出现了众多的"麻雀学校"，形成了有限教师办无限教育的局面，教师疲于应付各种事务，无暇顾及专业成长；此外，城乡差异明显，城市学校形成了对农村学校的"虹吸现象"，结果农村学校骨干教师大量流向城市。在此背景之下，既没有建成有利于历史教师专业成长的教研共同体，又没有形成良好的合作氛围和专业空间，教师之间缺乏团队意识，单兵作战，必然导致同伴互助互学基本停顿，视野变窄，信息获取途径受阻。久而久之，农村教师的专业成长自然成为农村教育发展的难题之一。

四是评价体系的缺陷。相对于语数外等学科而言，领导对历史学科的不重视，同行学科老师的轻视，学生和家长的不重视，更重要的是学校现有的评价管理体系和教育资源往往倾斜于语数外等大学科，而历史学科往往成为学校办学的一个点缀，这些共同导致历史教师无法形成良好的自我意识和学科发展意识。

五是价值取向日趋保守。由于农村历史教师大多年龄较大，受传统教师文化的熏陶日久，其价值观念和行为方式相对封闭，不愿意通过平等合作的交流平台使自己的经验受到挑战，甚至害怕暴露自身的缺点与不足而影响自己的地位和声望。这种相对保守的价值趋向既使自己走向封闭，也抑制了创新欲望和创新行为，进而阻碍了自己的专业成长。

对此，我认为，改变目前农村历史教师的这种僵化而尴尬的境况，既需要来自教师本人内部的改变，也需要外部力量的推动，只有形成内外合力，才有可能取得真正的突破。当然，最主要的还是从教师自身的改变做起。

二、农村历史教师专业成长的几点建议

（一）立足课程智慧

2000年前后，中国教育界出现"课程改革"这个词语，现在叫"新课程"。为什么不叫"教学改革"而叫"课程改革"？好的老师必须考虑课程问题，首先改变"教材"，然后才能改变"教法"。我们称之为"课程智慧"。

一个好的老师，他之所以受学生欢迎，因为他有课程智慧。什么叫作课程智慧？这是说，这个老师上课的时候，他讲的知识比较丰富，丰富不是杂多杂乱的；这些丰富的知识让学生感觉到有足够的信息量，而不是贫乏简单的。

从教育实践看，如何使用教材、采取符合教育规律的教育教学方法很重要。许多孩子对某些课程的厌烦与逃避，很大程度上与不科学的教学方法有关系。怎样转变教育理念、改进教育方法，促成教材和教法的良性互动？温儒敏先生曾说，如果把教材比喻为菜谱，那么教师就是课堂上的"厨师"。

"菜"做得不好倒胃口，不能总是怪罪于菜谱，而应看看"厨师"的烹饪手法有无问题。所以说教师这个"厨师"合不合格，对教学效果非常关键。现在国家加大投入，推行教师全员培训的"国培计划"，我是非常赞成的。现在要做的工作一方面是修订教材，另一方面则是提升教师的专业素养与教学水平，改革教学理念与方法，尽可能用好教材。

怎么用？

一是吃透教材，即教师要把教材读厚，学生要把教材读薄，实现教学真正的相长。如何让教材变得厚起来？一般的老师是不敢自由处理教材的。为什么？因为要"考教材"。做老师的往往有一个念头，我教的就是要考的。教什么，考什么，这使老师们不太敢去变动课本、去改变教材。一个好老师，必须越过这道坎。无论什么课本，拿到手里之后，必须改变。

改变教材有一个前提，就是必须知道什么样的改变是有益的且有意义的。如果随意调整教材，给学生提供一些没有意义的、比较简单的内容去学习，这样的改变还不如不改变。由此得出一条最基本的结论，即先吃透教材，然后再超越教材。不可以连现有教材都没弄明白，就想抛弃教材，另起炉灶。所以，要先吃透教材，然后再超越教材，这是最基本的前提。

譬如说人教版八年级上册第一单元《侵略与反抗》以及第二单元《近代化的探索》，我们做老师的不能拿到教材就立即走上讲台，口若悬河地一竹竿到底就完事。这种做法显然不对。为什么呢？因为我们还没有认真地审视教材、吃透教材，那样教学只能说我们老师与学生一样，处在同一个水平线上。我们在走进课堂前理应去研究教材、吃透教材。怎么吃透？如果我们把这两个单元放在近代中国反侵略求民主的这个课程高度去审视，我们就可能获得一个崭新的角度。近代中国人民的反侵略与求民主是相随相伴的，实际上近代史就是中国人民反抗侵略压迫、追求民族独立、反抗封建专制、追求民主进步的历史，每一次中国人民的反侵略斗争客观上都推动了先进的中国人在探索民主的历程上曲折前进。这样，教师读厚了教材，视野开阔了，在教学过程中就可以通过灵活的教学方法教薄教材，这更有利于实现课堂教学基本目标。

在教学过程中，如果我们在单元教学前，先做好两件事情，也会有利于课堂教学。以人教版八年级上册第二单元《近代化的探索》为例。这个单元包括四个部分：洋务运动、戊戌变法、辛亥革命、新文化运动。首先我们应该明确地向学生指出这是中国近代化探索的四个阶段，它包含着先进的中国人学习西方的三个历程，即从学习西方技术到学习西方制度再到学习西方思想文化，反映了先进的中国人对西方的了解是一个渐进的过程，这既体现了近代中国反侵略水平的提高，更代表了近代中国的历史发展趋势。从这个角度上看，明确地指出了本单元四个部分之间的关系以及这四个重大历史事件总体目标的一致性，这既为学生后面的学习搭好了总体知识框架，也为完成后面的教学任务奠定了扎实的基础。当然，在本单元学习任务结束以后，可以给学生布置一道作业，让学生围绕这些内容写一篇字数在800字左右的小论文。这一做法既有利于教师指导学生吃透教材，又有利于学生能力的培养与发展。如果每次都让学生这样做，那学生岂不把教材读薄了。所以教师要把教材读厚，学生要把教材读薄，这有利于实现教学相长。

二是补充教材，即在课堂教学中把补充教材视作一种教学力量、教学机智、教学创新。补充材料并不是我们对教材内容的简单堆砌，而是对教材的再加工过程。怎么补充呢？就是以"加法"的态度对待教材。

我曾经听过一位初中历史教师的课，他的课很特别，学生特别喜欢上他的课。特别在什么地方呢？一是特别在他的板书上，看他的粉笔字简直就是一种美的享受，字体圆润，架构豪放，笔画有力，很有震撼力。二是他的上课手势很有领导人的魅力，一举一动透露出超强的课堂驾驭力。三是语言味道十足，妙趣迭起，并且会惟妙惟肖地模仿一些历史人物的讲话。四是很多课他只讲二十分钟，其余时间都让学生阅读他所提供的本课补充材料，并让学生或独自或合作地完成相关课堂作业。记得我当时听他的公开课是人教版七年级下册的《明清经济的发展与"闭关锁国"》这一课，他把明朝冯梦龙所著的小说《醒世恒言》中的第十八卷《施润泽滩阙遇友》的故事复印给学生，让学生在阅读中去培养历史智慧。他所补充的课堂阅读材料即我们常讲的课程资源。实际上课程资源非常重要。我们以前教课本，老师觉得只要把课本内容讲完就尽到了责任。现在则不行了，现在我们要把课本变薄或者变厚，把课本变成"我的"，带上我个人的智慧，补充相关的资源进去。所以历史教师补充课程资源从某种意义上讲也是在开发课程、创新课程，而教师在开发和创新的过程中也就自觉地实现了自己的专业成长。

从某种程度上讲，课程资源是教师对自己的智慧再批判的升华。教学中每一个老师不一定都要有绝招，但都要过这一关：他必须能够"补充有效的资源"。

三是更新教材，即要有独特的教学个性和不断创新的思考。更新教材也可以叫作开发教材，就是重新开发一个教材来。这跟做"加法"的补充教材不同，更新教材不仅仅是做"加法"，它首先要做"减法"。

我们听大学老师讲课时，会发现他们很少照着教材来个一二三四五，而是按照自己的研究来上完每节课。当然，我们的教科书体现了国家意志，是我们老师教学和学生学习的依据。但现在中高考命题都非常强调能力立意，仅仅依靠教材提供的知识显然不可能解决学生应试中所遇到的各种问题。那怎么提高学生学科素养呢？教师不妨在课程智慧和课程资源上多挖掘一下，这对教学而言是非常有必要的。歌手崔健有一首歌叫作《假行僧》。歌词是"我要从南走到北，我还要从白走到黑，我要人们都看见我，但不知道我是谁。"崔健说得太对了。理想的生活就是流浪，真正的流浪是精神流浪，不断地突围，不断地更新，不断地去寻找新的方向，新的方向一定是在远方。教师在教学中就必须不断地突围，不断地更新，不断地寻找新的方向。有一个说法："做正确的事情比正确地做事情更重要。"我们首先要保证我们教的知识是正确的、有意义的，然后我们再去想，如何用好的、正确的方法去教授这些知识。一个好老师，他必须首先是一个课程工作者，然后才是一个教学工作者。中国的教育界一直把教师视为"教育教学工作者"，这没错。但是，真正出色的教学工作者，他应善于加工、改变教材。当然你不可以随意地改变，不能把那些做得好好的教材丢掉，这显然不行。但是，一个真正有经验的老师，他就是用自己的阅读和经历去发现有意义的材料，从而给学生提供有意义的补充资源。

作为历史学科，我们不可能去更新全部教材，但是我们可以对教材的章节内容顺序做合理安排。我们还是以人教版八年级上册历史教材为例，教材中把《经济和社会生活》《科技与思想文化》这两个单元安排在教材的最后，我觉得我们教师在教学中可以根据学生学习的规律以及学生心理发展的水平对这些单元内容的教学顺序做个适度的更新和调整，我们可以把它们放在第二单元之后，为什么呢？因为这两个单元本身就是讲述1919年之前的历史，近代列强的侵略和中国近代化的历程对近代中国的经济和社会生活乃至科技文化思想都产生了直接的影响。如果放在教材最后，学生理解起来可能会产生一定偏差，而且这样处理更能让学生理解列强侵略产生的客观影响和中国近代化的全面内容。

刚才所讲的就是教师如何以自己的专业眼光去解读教材问题。总而言之，我们在上好一节课之前，确实需要对教材的文本、练习、插图、资料作全面解读，把教材读厚、读薄、读新就是吃透教材、补充教材、更新教材这三个重要环节，这是上好一节课的前提和基础。

（二）创新教学智慧

前面我们谈了历史教师的课程智慧，这是从备课层面而言的。但如何让课程资源在课堂上充分地展示出来？这就涉及"教学智慧"。严格地说，教师的"课程智慧"与"教学智慧"是连在一起的，很难分割。教师的"课程智慧"以及课程资源的开发既属于教师备课行为，也存在于具体的教学过程中。我们可以做一个简单的划界，教师的"课程智慧"主要显示为教师的备课行为，而教师的"教学智慧"主要为教师的课堂行为。因此，当我们讨论"教师应该具备哪些教学智慧"这个主题时，也可以转换为，一堂好课的标准是什么？或者，什么样的课是一堂好课？

尽管仁者见仁，智者见智，但一节好的历史课应该有以下五个基本特点：

一是教学目标明确，重难点突出，三维目标清晰。

教师必须明确本节课的教学重点，包括需要重点讲解和解决的知识点，重点培养的能力，使教师的教和学生的学都更有针对性，使学生在每堂课上都能学有所获。采用各种方法和手段对教学难点问题进行深入浅出的讲解。评价一堂好课的重要标准主要是看学生的表现，即学生能否在教师的组织下获得有效的学习，而衡量学生有效学习的标准是看三维目标的实现程度，即历史知识目标是否完整、课程内容是否符合学生的认知水平。

二是教学基本功扎实，驾驭课堂能力强。

教师教学基本功主要包括：教材是否熟练、语言表达是否精准而富于感染力、教师与学生的沟通协调是否畅通、板书是否规范、驾驭课堂和教学应变能力是否强、语言和教态是否有亲和力等。

三是教学过程流畅，充分体现历史学科特色和人文特色。

历史教学一定要体现历史学科特有的人文关怀和家国情怀，体现历史学科的教化特质。因此，一堂优秀的历史课应该有清晰的教学思路、正确的教学策略、充实的教学内容、动感的教学体验等。

四是构建和谐、民主、自由的生态课堂，注重教学情感交流。

好的课堂应当能够为学生创设宽松和谐的学习环境，并使学生在学习过程中获得丰富的情感体验。这样的课堂以知识交流为目标，以情感交流为基础，情感交流使知识交流能够顺利开展，同时又使知识交流得到升华。如讲孔子，让学生充分认识他是一位追求政治理想，潜心教育并为后人留下许多宝贵精神财富的哲人；讲司马迁，让学生感悟史学家的责任感和为事业忍辱负重的悲壮；讲张骞，启发学生思考什么叫"开拓"精神。在一堂好的历史课上，应该有"教学变成了欣赏的过程，变成了体验生命价值的活动"的深切体验，也就是说，通过体验情感来熏陶情感，通过理解观点而形成批判精神，通过探究切磋而培养思维能力，通过引导反思而培育历史智慧。

五是教学方法灵活多样，形成教师独特的教学风格。

"教学有法，教无定法，贵在得法。"教师要能够根据不同的教学内容、不同学生的发展水平，选择适合他们的教学方法，并注意多种方法的有机结合，坚持"一法为主，多法配合"。或采取启发式引导学生进行思考，或采取回顾式引导学生温故知新，或采取讨论式引导学生取长补短，或采取练习式引导学生规范和强化自己的学习。同时我们提倡自主学习、合作学习、探究学习，充分发挥学生学习的主动性和积极性，让不同水平的学生学习同一教学内容时都有不同层次的收获。

当然，"好课"也不只是具备上述五个特点，平时的课堂教学也不可能是每一特点都具备的精品课。好的课堂教学理应能够随时进行动态调整。平时我们很多老师上课之前精心备课，这一点都没错，但是在上课时，却全部按照自己的预设推进自己的课堂教学，这就犯了课堂教学之大忌。因为他的课堂预设不可能与每节课的实际动态有机结合起来，他的课堂没有生成新的内容，这与我们课程改革中倡导的生成本质是相违背的。

因此，我们首先应认识到，预设与生成不是"你死我活"。

"生成"是新课程倡导的一个重要教学理念。传统的课堂教学，常常只有预设而不见生成。譬如说，我曾经听过这样一节课，老师上完《统一多民族国家的巩固》后，在总结中老师问道："学完了本课，同学们有什么收获和感受？"

学生A："学习了明清两朝统治者在处理民族问题时所持的不同态度，也就是明修长城清修庙，我觉得清朝统治者的民族政策更胜一筹。"

学生B："我认识到了祖国统一是中国历史发展的必然趋势。"

学生C："我学习到了土尔扈特部不畏强暴、不畏艰险的英勇精神。"

学生们各抒己见，说得都很好。

突然，学生D站起来说："我跟大家想法不一样，土尔扈特部在明末受准噶尔部欺负时离开了中国，一百多年后，又因不堪忍受俄国的重重压迫而回归中国。如果俄国对他们好一点呢，他们还会回来吗？"

听了学生D的发言后，很多同学都露出惊讶的表情，有的举手表示不同意，有的则和旁边的同学窃窃私语起来，似乎在小声讨论土尔扈特部东归的行为。当时，这位老师也感到很惊讶，这样的回答也出乎我们听课老师的意料，因为这是初一学生。但是这位老师很快就镇静下来，并做了个安静的手势，等学生们稍稍安静下来后，这位老师说："同学们，你们如何看待土尔扈特部东归？大家可以大胆地发表自己的见解。"

有的说："土尔扈特部回归祖国反映了祖国儿女的思国之心，反映了祖国强大的凝聚力和向心力，而乾隆皇帝在承德避暑山庄亲自接见了他们说明当时政府对游子的无限关怀！"

马上有人提出反对意见："土尔扈特人回归祖国是迫不得已，是因为俄国人压迫他们，他们实在没办法了才回来的。"

紧接着，一学生反驳说："不管怎么样，他们毕竟回来了，维护了中华民族的民族团结，维护了国家统一！"

…………

就这样你来我往的，下课的铃声响了。

作为教师，他并没有制止他们的争论，也没有急于下结论，而是趁热打铁，让学生在放学后通过查阅书籍和网络资料，了解土尔扈特部西迁和东归的真相。

上述教学片段可谓"一石击起千层浪"，其结果肯定是这位老师预设中所没有预料到的。但学生的回答却让我们看到学生无限的想象力，他们的思维非常活跃并富有开拓性，他们对历史有独特的理解。由于教科书对很多历史事件只简单地几句话带过，光靠教科书学生难以了解历史事件发生发展的基本脉络，这就可能导致学生管中窥豹的现象发生。因此，为了防止这种现象的发生，教师就应适时引导学生去挖掘历史真相。

新课程所提出的生成开放式教学思想，不是指放任学生，而是对教材的开放，对学生评价的开放，对课堂教学内容的生成，提倡多元化教学，这当中包括学生对教材的不同体验和感受。

所以，我们在教学设计中必须给生成留下足够的空间。课前设定越多，课上学生的自由空间就越小。受传统教学的影响，我们在设计时往往喜欢面面俱到。教师如何问，学生如何答；什么时候小结、过渡等等，环环相扣，不知不觉间给自己和学生来了个"五花大绑"！有时候我们也看到有的课堂教学情境与预设不一致的时候，不少教师就感到束手无策，不知应变。此外，注意在生成中应即时"变奏与调整"。教学过程本应是一个生成性的动态过程，有着一些我们无法预见的教学因素和教学情境，这才是真实的。在课堂上，面对学生们激烈的争论，如果教师不拘泥于预设的教案，及时改变预设的程序——"让我们一起共同分析怎么样?"教学效果是否会更好?这样，我们的教学必将在动态生成中更趋完善。

其次，要着实理会并深刻理解真实的课堂才是有效的。

多年来，我们经常看到这样的"示范课"：一节课上，教师的讲是滴水不漏、一气呵成，学生的学是井然有序，回答问题条理清晰，这样精心包装出来的课显然失去了课堂的真实感。

"作秀"一词，让我不由得想起这样一个真实的案例——几年前，国外一个教育代表团到上海参观考察，听了某名校一位优秀教师的物理课。课堂上，教师提出的每一个问题，学生均给予了满意的答复。整堂课如行云流水般流畅顺达，看上去似乎滴水不漏。课后，教者、陪同的领导都自我感觉良好。但当他们礼节性地征询该代表团教育同行的意见时，一同行却说了一句十分耐人寻味的话："既然学生已经全部都会了懂了，教师还有必要上这堂课吗?"

俗话说，话外有话，听话听音，换句话说，他们是在毫不客气地指出：这堂课是毫无意义的。为什么这么说?因为，"学生已经全部都会了懂了"，这堂课根本没有让学生经历由不知到知、由不会到会的探索、思考过程，它根本没有真正意义上促进学生发展。它充其量不过是一次师生按照预设剧本进行的同台演出而已。

虽然上述案例过去了很多年，但我们必须正视的现实是，在新课程改革很多年后的今天，这样的现状并没有得到彻底改观。以一位教师执教《第二次世界大战》一课为例。上课伊始，教师播放《二战的爆发和扩大》影片激趣，学生观后学习热情看上去也比较高，之后这位教师整个教学过程也无可非议。更令人对学生"刮目相看"的还在后头。教学结束前10分钟时，教师让学生自由组合进行《日本投降》节目表演，学生随即三五成群地准备开演，整个场面十分热闹。课后，有老师向执教教师请教如何准备的，她回答得很坦诚："对，这堂课事先在班上上过一次了。不提前演练怎么行?这是一次面向外校教师的公开课啊，万一砸锅了怎么办?"

应该说，这番话代表了很多教师这样一种认识——公开课只能成功不许失败，为了成功，只能做好充分的"前期准备"。说到底，这是一种功利思想在作怪。殊不知，这样的"成功"，是以学生厌倦课堂学习和浪费学习时间为代价的。试想，对学生而言，他们从这样重复的课堂学习中能有所收获吗？回答是不能。不仅如此，虚假、不诚信的负面影响也许还会跟随学生一生，给他们正确的人生观、价值观的养成涂抹上一层不该出现的阴影。所以说，课堂教学确实需要打假，需要提倡真实的课堂，因为，只有真实的课堂才有价值。只有在真实的课堂中，我们才有可能发现教法、学法上存在的问题，也才有可能通过研讨集思广益，改进教学方式，提升教学水平，从而真正促进教师的专业发展，最终达到促进学生发展的终极目标。

著名教育家叶澜积极倡导的"新基础教育"，反对借班上课，为的就是让教师淡化公开课、观摩课等概念。在她看来，公开课、观摩课更应该是"研讨课"。因此，她告诫老师们："不管是谁坐在你的教室里，哪怕是部长、市长，你都要旁若无人，你是为孩子、为学生上课，不是给听课的人听的，要'无他人'。"她把这样的课称为平实（平平常常、实实在在）的课，并强调：这种课是平时都能上的课，而不是有多人帮着准备然后才能上的课。

当然，课不可能十全十美，只要是真实的就会有缺憾，有缺憾是真实的一个指标。公开课、观摩课要上成没有一点点问题的，那么这个预设目标本身就是错误的，这样的预设会给教师增加很多心理压力，最后的效果往往是出不了"彩"。生活中的课本来就是有待完善，这样的课称之为"真实的课"。扎实、充实、平实、真实，说起来好像很容易，真正做起来却很难，但正是在这样的追求过程中，教师的专业水平才能提高，心胸才能博大起来，同时也才能真正享受到教学作为一个创造过程的全部欢乐和智慧的体验。所以，课堂上出点问题出点意外是好事，它是一个信号弹，告诉你应该及时调整教学行为；它是一块磨刀石，磨炼你的现场反应能力。

在多年的教学实践中，我非常认真地备课，但上课时从来不带教案。因为已备好的教案是死的，课堂是活的，教学对象是活的。即使课堂上的提问也与备课并不总是一致，有时在教学过程中突然灵感一来，提出来的问题连自己也非常欣赏。比如说我在讲述《现代中国教育的发展》一课时,我就根据教材中的第一句话"1949年底,第一次全国教育工作会议召开"及时地提出了问题"据此,你得到怎样的认识?"我们知道,新中国刚刚成立,百业待举,百废待兴,但仅仅月余,就召开全国教育工作会议,足以说明新中国政府高度重视教育。

还有一次,我听一位老师的公开课,刚听到约10分钟时,突然停电了,这位老师所做的精美的课件无法使用了,面对全班学生和听课的老师,这位老师不慌不忙,拿起粉笔行云流水般上完了这节课。课后我们对这位老师临危不乱、镇定自若的教态,扎实的教学基本功和超强的课堂调控力非常赞叹。因为从她这节课中,我们看到了她真实的一面,没有点缀,没有作秀,只是很平平淡淡的、正常的本真教学。

所以在课堂教学中,只要我们老师有心,真心地追求课堂的真实性和有效性,那么什么时候开始都不晚。

再次,要适度把握给每株小草开花的机会。

《重庆晚报》曾报道,全球21个国家的调查结果显示,中国中小学生想象力倒数第一,而且是年龄越大、知识越多,越与创造性想象力"反着动"。记者拿出一幅无标准答案的无名抽象画,在孩子们眼里,它"一切皆有可能";而对许多成年人来说,这不过是一幅人脸而已。美国几个专业学会共同评出的影响人类20世纪生活的20项重大发明中,没有一项由中国人发明;中国学子每年在美国拿博士学位的有数千人,为非美裔学生之冠,但美国专家评论说,虽然中国学子成绩突出,想象力却非常缺乏。

一个人口大国不能成为创新大国,这是为什么?这也给我们每位教师提出了一个严峻的问题,我们的课堂如何实现学生个性的发展?教学是门艺术创造,那我们的艺术创造是需要放飞思维还是需要依葫芦画瓢?

我曾经组织两个班级的学生进行了"工业革命利与弊"的辩论赛。布置任务后,我要求正反方同学穷尽自己所能寻找自己能找到的资料,并且要求双方同学把自己所找到的资料进行资源共享。学生在做了大量的资料搜集整理工作后,就开始准备辩论内容。两个星期后,辩论开始了,双方唇枪舌战，攻守有度，你来我往，激烈异常，当时场面非常火爆，与平时课堂上学生们的表现判若鸿沟。在这场辩论赛中，我特别欣赏反方同学的表现。因为反方的观点"工业革命弊大于利"确实不好找资料，更不好反驳正方的观点，但是反方同学却找了大量的资料，并经常驳得正方同学哑口无言，而且根据两班同学投票的结果显示，反方同学获得的票数更多。当时反方同学的主要观点是：工业革命加剧了各国社会贫富两极分化，社会矛盾激化；增强了欧美工业资产阶级的实力，给亚非拉国家带来深重的殖民灾难，阻碍了亚非拉国家的进步和发展，是当今世界政治经济不公正、不公平秩序存在的根源；大量童工的存在和歧视妇女的现象，严重侵犯了人权；导致了全球严重的环境污染，发达国家是今天全球气候变暖的罪魁祸首；等等。如果在正常的课堂教学中，仅仅依靠45分钟，学生不可能得出如此视野开阔、丰富多彩的结论。而且在辩论过程中，我仅仅做了技术指导工作，而学生的努力和成果却让我由衷地感叹，其实我们的学生是非常有创造力的，只是他们的创造力在很多时候被我们教师扼杀了。有一句话这样说"孩子的错都是大人的错"。这句话确实有一定的道理。无论小学还是中学，无论农村还是城市，如果我们把学生平时的游玩也看作学习，如果我们把学生的走路也看作思考，如果我们对每个学生都给予发展的机会，那我们的教育就一定大有希望了。

所以，什么时候都别忘记，一定要给每株小草开花的机会！

（三）融铸管理智慧

一个好教师对学生的影响，一是他的专业智慧，二是他的管理智慧，这是两个最重要的部分。因为，一个教师只会教学而不会管理，肯定不是一个好教师。

什么叫教育？教育就是过了若干年后，学生把你所教给他的知识忘记以后所剩下的东西。而这剩下的东西就是课堂上教师给予学生成长过程中的点滴人生智慧。所以任何学科的教师都要学习一些管理学，让自己的课堂张弛有度，紧张与活泼并存，使自己的学生在若干年后还无法忘怀你所给予他的道德智慧和人生启迪。

我当了那么多年班主任，集平时班主任工作所想所做所得，颇有自己的点滴感受。

感受一：用民主造就民主。

什么叫民主呢？让学生自己作主，当学生遇到什么困难，自己作主之后，若是还解决不了，那么我来帮助你一下，这就是民主。

当然民主不是一味地强调学生的自由度，也要遵守学校和班级的规章制度。譬如说，现在学生带手机进课堂非常普遍，实际上学生带手机有什么用处呢？我最反对学生带手机进课堂的。凡我所带班主任的班级，我都三令五申明确要求家长和学生不要带手机进课堂。因此，在每届新生入学时，我要学生自己给自己定规矩，若违背了自己所立的规矩，必须要接受自己给自己定的惩罚。而我呢，对学生说，我也绝对不会带手机上课，己所不欲勿施于人，老师如此，对你们也一样的要求。所以，在我的课堂上从来没有发生学生上课玩手机的现象。在民主管理班级上，我觉得大家可以多看看魏书生老师和李镇西老师的讲座视频以及万玮老师所著的《班主任兵法》，这些对我们平时管理确实有益。

在教育教学管理中，我们做老师的更要有一种超凡卓越的功夫，譬如说善于敏锐地发现并挖掘管理过程中每一笔宝贵的教育资源，善于把教育教学中每一次突发事件都当作一次教育的良机，善于用民主造就民主，善于在民主气氛中构建和谐的教育教学关系，实现师生共同幸福成长。

感受二：树立学生是教育对象更是教育资源的理念。

功夫最精深的武师，常把打斗对象的力量看作自己的资源。当对手冲来的时候，他顺势轻轻一拨，就把对手放倒，这比那些与对手拼命对打的人，不仅境界要高，而且省时省事又精明。由此，我们从中得到了启示，学生不仅是教育对象，更应看作教育资源。自觉利用这一资源，并发挥这种资源的最优化作用，不仅是我们教育管理评价工作中一个应十分重视的问题，更理应是我们每个教师责无旁贷的历史使命和社会责任。了解学生是对学生进行评价的前提和基础。学生的全部，包括既有的经验、智慧、知识和学习的内在积极性都是我们教师必须了解的内容，是我们能够进行正确教育评价的依据。我们今天进行的新课程改革的主要指向，就是把学生这个资源所富含的能量全部激活。可以说，学生资源的发现与利用是我们今天提高教育质量的希望所在，是我们教师提高自身素质和业务水平的关键所在，是我们民族和国家未来发展的希望所在。

教育是生产力，教育生产力的进步体现在教育对象的发展上。学生学习的过程不仅体现在学习信息的接受上，更体现在学习信息的创建上。所以，我们对学生的管理，也必须是一个动态的管理过程。前几年，宣城中学在安徽省研究性学习成果研讨会中展示了学校在研究性学习中取得的一系列成果。当时，我看到他们所编写的研究性学习文集时，非常惊讶，譬如《走进社区》《走进聊斋》，如果学生没有这样高度的热情和学习的积极性、主动性，便不可能有这些成果问世，也不会了解到学生这一宝贵资源的能量。在宣城中学研究性学习活动中，学生深入到街道社区、工厂田地，了解自己生活的这块土地上的方方面面情况，这不仅使学生的视野开阔起来，也使学生把自己在课本上所学与自己实践中所学结合起来，两者相得益彰，这必然提高了学生对自己、对生活、对社会、对学习的兴趣，各种能力也必然得到锻炼和提升。由此，我们可以形象地说，学生资源具有自身的加速器，生生不息，生机勃勃。一个成功的教师之所以成功，就在于他充分地认识并最大限度地发掘了学生这一无尽的资源。可以说，正确地引导与管理必会产生巨大的效益。

感受三：教育管理的生态环境应是可持续发展的、开放的环境。

教育是限制与自由的统一。限制有两种：一种是与学生的内在动力相对立的、相碰撞的；另一种是与学生的内在动力相一致的。前者带来封闭的环境，而后者带来开放的环境。人只有处于对他开放的世界中，才能展示自我，他所有的禀赋才能得以发挥。正如我们在历史课堂上，如果一节课从始至终都是教师一竹竿到底，不给学生任何自由发言讨论的机会，那么我们既不知道学生学得怎样，也无权对学生的能力说三道四。管理开放的课堂必然带来活跃的气氛，必然调动学生学习的积极性和主动性，而教师在这样的管理环境中也自然得到熏陶，情感也必然得到升华。

作为教师，我们在密切注意学生学习的内在动力的同时，也应该知道，外在压力是用于保证人的内在自由实现的重要因素。我们在历史课堂上经常看到许多老师通过各种活动将知识传授贯穿于课堂教学始终，这是一种很好的教学模式，也是新课程改革下大家共同努力的结果。如果把那些能够让学生乐而忘返的活动，诸如做班级游戏、做小课题研究、写自己最喜欢写的东西、创作板报、读书会、故事会、小竞赛、野外考察等，融入学生智慧力量的培养和人格精神的孕育中，把社会道德规范的基本要求与学生的天性统一起来，这样的课堂一定是学生自己的课堂，一定是学生自由展翅飞翔的天地，一定是学生与教师共振共鸣的情境，这样可持续发展的教育教学情境，将把学生的生命活动、教师的生命活动与社会发展的需要统一起来。这样，在相互促进的过程中，师生都感到精神更加振奋，更加自由开放，更加能够接受自己和他人，更加乐于倾听新的思想和观点。

在教育教学管理智慧中，我们同样也要关注教师的威信，威信在教育教学中同样很重要。譬如大家如果学过鲁迅先生的《藤野先生》，就会明白鲁迅为什么敬畏那个老师，这就是威信的力量。当然，威信是民主的前提和基础，但教育中光有威信还远远不够，还要有管理的技巧，技巧是实现管理目的的关键。如果不讲究策略和技巧，只凭借教师的威信把学生管得死死的，这个班级里面可能非常安静，很有秩序，但从此就一潭死水了，轻则你这个教师就失败了，重则你这个管理方法可能扼杀了一批爱迪生、爱因斯坦。所以我觉得，一个好的老师，能够引导学生明白“我明天要干什么?”应该让这个班级中的每个学生都有活力并充满生机。

（四）夯实发展智慧

一般而言，教师的专业成长有三个阶段，一是初级阶段，主要是掌握教育教学的基本规范，学会操作，做一名合格教师；二是中级阶段，表现在对教学技能的娴熟运用、对教学的胜任，成为一名成熟教师；三是高级阶段，由驾驭教学到发展教学，由学会模仿到学会研究，形成自己的教学风格和个性化的教学思想，能够引领学科教学发展。

世界上没有两片相同的叶子。每个教师的专业成长过程不可能相同，但是每个教师专业成长的轨迹大致相同，而且实现教师专业成长是教师职业发展的必然需要。目前国际上对专业成长的标准有这样的界定：有专门的知识、较长时间的职业训练、专门的职业道德、自主权、组织及行业自身实行监督控制的约束机制、终身学习等。针对历史教师而言，其专业化成长的标志包括：确立了与新课程相适应的教学观念、教学信念，构建了体现新课程理念的教学方式、教学模式、教学风格，形成了驾驭新课程教学的有效经验、教育智慧，具备了校本课程开发的知识和能力，产生了很多个性化的教学故事和案例。

从我个人的教育教学经历出发，我认为，历史教师的专业成长要着重从以下三个方面着手。

一是坚持每日十思。

怎样才能成为一名优秀的历史教师？怎样才能提升历史教师专业的自主性？实践业已证明，教师自我反思是教师专业发展和职业成熟的有效方式。通过"教师每日十思"，形成反思习惯，为解决教育教学问题，提升专业水平和教学胜任力提供保障。

一思：上课前还有哪些方面我没有准备好？

目的性和计划性是课堂教学的重要性所在。我们在上课之前，要细致地分析学生，充分地把握教材，精心地设计教学进程，恰当地选择教学方法，准确地拟定教学目标并对学生多种可能的反应做出预期。实践经验告诉我们，课前准备越充分，教师在课堂上就越能游刃有余，得心应手，否则很容易出现问题甚至出现僵局。

二思：课堂上我组织教学的情况怎么样？

有许多事例可以说明，很大一部分教师的教学效果不好、教学质量不高，主要是因为教师组织教学的意识不强，组织教学的能力欠佳。因此，教师不仅是教育者，还是管理者。尤其需要指出的是，组织教学贯穿在课堂的始终，而不仅仅是上课时的一个起始环节。教师不仅要知道如何"教"，还要知道如何整合新颖的教学内容，如何组织学生的学习活动，如何协调教育内外部的期望，如何运用和调整自己的教学计划。教师更要学会自我评价与改进，从不断追问中提高课堂教学管理能力。

三思：课堂上我充分调动学生主动参与的积极性了吗？

教学是师生共同参与的活动，课堂是师生共同活动（学习、生命成长）的场所。所以教师教的重要任务之一是如何让学生认真听讲、主动思维、积极配合、自觉学习。为此，在课堂教学中，教师要关注学生非智力因素的作用，包括激发学生的兴趣，培养学生克服困难的自信心和意志力，调动学生积极的情感因素等，使学生产生学习的渴望和动机，真正实现学生的主体性。

四思：课堂上我尊重、激发、引导学生的学习了吗？

之所以这样问，是因为让学生愿意学习、自觉学习、会学习是课堂教学的核心目标。尊重学生的学习，就是尊重学生学习的实际、尊重学生学习的个体差异、尊重学生学习的不同方式。同时，学生是否愿意学，教师要把握；学生是否会学，学习方法是否科学，教师更应该清楚。教师在课堂上要不失时机、有目的地激发学生学习的内在动机，要教会学生正确的学习方法和学习策略。

五思：课堂上学生在知识、能力、方法、情感等方面有什么收获？

学生在课堂上收获的不只有知识，还有学习能力、学习方法、学习态度、学习习惯、钻研精神、合作技能、创新意识等。课堂教学中要避免只关注学生知识的获得而忽视其他方面的培养。通过借助教材的文化力量和教师的教育理念，促使学生在知识与能力、理解与沟通、理想与追求、情感与态度诸方面获得良好的自我认识与自我发展。

六思：课堂上我恪尽职守、投入激情了吗？

课堂是师生生命成长与延续的场所，课堂充满着责任、充满着希望。青少年学生喜欢的是充满激情的教师，喜欢的是充满活力的课堂。教师需要在一种道德责任感的驱使下产生对学生诚挚的亲密感情、对教育教学的忠诚和热情。具备这种情感，教师才可能善意地对待学生出现的各种问题，才可能以最大的热情投入工作，才可能对教育教学充满激情，课堂才能因此充满生机。

七思：我的教学设计在课堂上落实得怎么样？

教学设计是对教学过程的一种事先预设，其中主要包括教学目的的确定，以及为了实现这些目的而对学生状况的分析、对教材的处理、对教学方法和手段的选择、对教学顺序的安排和对教学问题的处理等。一堂课的教学设计，是精心准备的，是有理论基础的，也是有实践依据的。因此，教学课后反思，必须要对比教学的实际过程与事前的设计，看教学目标是否实现，教学任务是否完成；重点是否突出，难点是否突破；课堂中出现了什么新的情况，又是如何应对的。要找出差距，分析原因，总结经验，吸取教训，以便采取补救措施。

八思：今天我的"得"与"失"在哪里？

教育教学是一门具有独特规律的科学，同时也是一个目的性、针对性、具体性以及灵活性都很强的实践活动。要想成为一名优秀的教师，必须善于总结，并把总结的经验应用于日后的教育教学中，发扬优点，改正缺点，使自己的课堂教学既符合教育教学的基本规律，又拥有独具特色的个人风格。

九思：明天我还有哪些工作和任务？

教师的工作繁忙、琐碎、庞杂，不仅包括备课、上课、批改作业、做学生的思想工作、处理班级事务，还要接受学校的统一领导、配合各种行政管理。如果不能及时协调和安排各种任务，那么教师的工作就会事倍功半，甚至可能处于忙乱之中，形成恶性循环。所以讲究工作的计划性和有序性，是按时完成任务、提高工作效率、减少工作压力、避免职业倦怠的前提。

十思：今天我快乐吗？

教师已经被公认为是产生职业倦怠的高危人群。导致职业倦怠的原因有内部的，也有外部的，通过个人的力量来立竿见影地改变外部环境并不现实，最有效的方式还是教师自己心态的调整和工作方式的变化。有人说："一个人的幸福不是因为他得到的多，而是因为他计较的少。"如果我们把教书育人看作最幸福的事情，就会在工作中获得快乐，产生成就感，产生满足感,我们何乐而不为。不会快乐思考的教师很难快乐地工作,不能快乐工作的教师很难享受生活的快乐。

二是多阅读经典。

《今日早报》刊登的某地一教研室随机调查资料显示:八成教师一学期读书不超过3本。当一个国家的教师不爱读书已不是新闻的时候,试问,他的学生会爱读书吗?我们常说给学生一杯水,教师要长流水,没有阅读,哪有源头活水来?培根说过"知识就是力量"。知识是怎么来的?一是通过学校学到的,二是自己后天学习的。我从大学毕业到现在,从未停止过看书读报,随着工资水平不断提高,我每月花在书刊报纸上的费用也水涨船高。在看书读报的过程中,我不仅获得了很多新知识,丰富了我的视野,也拓展了我的知识面。一个老师赢得学生的尊敬,树立一定的威信,我认为更多在于这位老师丰富的文化底蕴和严谨的课堂教学能力。在不断学习中,我把所学到的很多知识更积极地应用到课堂上,这对增加学生的知识养料、丰富课堂内容、活跃课堂气氛、实现课堂有效教学都有很大裨益。

因此,老师读书的目的,一是为自己的专业成长添加润滑剂,使讲课更游刃有余,使学生更热爱学习,不误人子弟;二是提高自己的品行修养和文化修养,成为一个真正的文化人。全国著名特级教师高万祥说:"书籍是学校中的学校,对一个教师而言,读书就是最好的备课。"北京十一学校校长李希贵曾说:"教育与书连在一起,书是最重要的教育资源。"苏霍姆林斯基高度重视教师的读书学习与专业成长,他向教师大声疾呼:"读书,读书,再读书!——这是教师的教育素养这个品质所要求的。要读书,要如饥似渴地读书,把读书作为精神的第一需要。对书本要有浓厚的兴趣,要乐于博览群书,要善于钻研书本,养成思考的习惯。"教师只有博览群书,增强文化底蕴,提高理论素养,才能在课堂上旁征博引、妙语连珠地尽情发挥,给学生以知识的充实和心灵的震撼,才能真正成为一个让学生喜爱的充满人格魅力的教师。

所以说,勤于学习,充实自我,这是成为一名优秀教师的基础。一个理想的教师,一个要成为大家的教师,一个想成为教育家的教师,他必须从最基础的做起，扎扎实实多读一些书。你不读《论语》、不读陶行知、不读杜威、不读苏霍姆林斯基，恐怕很难成为教育家。

三是大胆尝试草根研究。

没有研究就没有成长，而课堂是教师成长的舞台。因此，教师一定要立足自身，关注课堂，聚焦课堂，把课堂中生成的问题作为研究的对象，以提高课堂教学绩效为出发点，以促进师生发展为归宿，积极开展校本教研，即教师的草根研究。

斯腾豪斯提出"教师即研究者"。教师可以有意识地参与教研沙龙、教学课例研究等多样化研究活动，不断提高教师参与校本科研的积极性。教师可以积极参加市县区乃至学校教研部门组织的各类历史教研活动、教学竞赛活动。教师可以参加各类研究课的现场观摩与实地考察，通过观摩、比较和个人实践，学习他人的成功经验，或从他人的失败中汲取教训，促进自我不断成长。

同时，教师还要关注身边的一些鲜活的教育教学案例，因为这些案例具有无可比拟的针对性、真实性和情境性，也胜过任何枯燥的理论和说教。因此，在教学实践过程中，教师要学会累积，把观察和经历的教育故事、教育问题用教育叙事或教育案例的形式记录下来，形成教研论文，这有助于自己专业能力的提高和教研能力的提升。

著名学者王国维认为："古今之成大事业、大学问者，必经过三种之境界。""昨夜西风凋碧树。独上高楼，望尽天涯路"，此为第一境也。"衣带渐宽终不悔，为伊消得人憔悴"，此为第二境也。"众里寻他千百度，回头蓦见，那人正在灯火阑珊处"，此为第三境也。我以为，这不只是作诗的境界、做学问的境界、从事艺术创造的境界，也是我们生活的境界、事业的境界、人生的境界，更是我们所有教师共同追求的境界！

【此文据笔者在2010年安徽师范大学举办的省级国培班上的讲座发言稿整理】

如何把握历史教学中的细节

"细节"一词在《汉语大词典》中被解释为细小的环节和情节。历史是由无数个精彩且繁复的细节构成的，抽去这些细节，就只剩一个苍白的框架和无数个乏味的概念、生硬的说教，失去了它鲜活的生命力和震撼心灵的魅力。人们常说："大处着眼，小处着手。"如果在我们的历史教学中能引导学生关注历史细节，微观地切入和描述，以小见大，使学习的过程成为欣赏、感悟和提升的过程，也许更能体现历史教学的意义。

历史教学内容的细节处理主要是指对历史教学内容中重要的细小环节、情节做出解释、拓展等处理。历史教学内容的细节处理不等于历史教学的细节处理。后者不仅包括教学内容的细节处理，还包括整个教学环节的设计、手段方法的选择、教学语言的处理等各个方面。因为，细节往往是具体的、形象的，可以使已经逝去了的历史重现出有血有肉、有声有色的原状，使学生感受到历史的真实。细节往往又是典型的、有特色的，可以以小见大，于细微处见精神，使学生更真切地了解和认识所学的史事。细节还往往具有启发、感悟的作用，通过细节可以引发学生的联想、想象等思维活动，加深对所学知识的认识。所以历史教学需要高屋建瓴，需要理论指导，更需要注意点点滴滴的细节，在细节上多下功夫，多花精力，像泰山不拒细壤，成就自己的高度；像江海不择细流，成就自己的深度。可以说，把握细节最终必然能至鹏程万里、成滔滔江河。

完美的一节课基本由三个环节组成：课前准备环节、课堂教学环节、教学反馈环节。课前准备环节主要包括十余项基本环节，即准备本课背景材料、了解学生认知水平、研读课标和教材、确定教学目标和教学重难点、选择教学方法、设计教学思路和文本、制作课件、安排课时、设计板书与作业等。课堂教学环节指的是在固定的课堂教学时间内，按照课堂教学活动的一般顺序，教师依据一定的内容主题组织学生共同完成教学目标并取得显著教学效果的过程。课堂教学环节主要包括十余项基本环节，即新课的导入、内容的整合、课堂的提问、情境的创设、讨论的组织、史料的运用、课堂的生成、现实的联系、环节的过渡、结尾的艺术、教学的评价等。教学反馈环节是指在完成课堂教学环节后所进行的全面反思的过程。主要包括检讨教学各环节是否合理、课堂教学目标是否达成、教学方法与教学效果是否呼应、教学心得体会等。

一、教学设计中细节的把握

把握一——教学重难点的确定

教师在处理教学内容时，首要工作是在仔细研读教材的基础上把握教学目标。而其中的主要工作之一是要弄清楚教学的重难点目标。因为课堂教学过程是为了实现教学目标而展开的，确定教学重点、难点是为了进一步明确教学目标，以便教学过程中突出重点，突破难点，更好地为实现教学目标服务。确定教学重难点的主要依据有：

其一是要吃透课程标准。以前中学历史教学目标更多强调掌握历史知识的系统性和完整性，更多的是从历史学科的角度出发，将某一历史知识是否在历史发展进程中有重要作用或影响作为确立教学重点、难点的依据，或者是从教科书的体系出发，对历史知识做出比较，确定教学重点、难点，很少将历史学科特点与基础教育特点结合起来考虑。新课程标准基于课程性质、学科核心素养以及学科特性确定具体的教学目标，并由此科学地确定静态的教学重点、难点。

其二是要结合学生实际。学生是课程学习的主体，教学重难点尤其是教学难点是针对学生的学习而言的。因此，我们要了解学生，研究学生。要了解学生原有的知识和技能的状况，了解他们的兴趣、需要和思想状况，了解他们的学习方法和学习习惯。导致学生学习困难的原因有多种，但主要的不外乎如下情况：对于学习的内容，学生缺乏相应的感性认识，因而难以展开抽象思维活动，不能较快或较好地理解；在学习新的概念时，学生缺少相应的已知概念作基础，或对已知概念掌握不准确、不清晰，陷入了认知的困境；教材中一些综合性较强、时空跨越较大、变化较为复杂的内容，使学生一时难以接受和理解，而这些内容往往非一节课所能完成，这是教学中的"大难点"。从历史教学内容的科学系统来看，组成历史发展基本线索的主要环节为教学重点、难点；从教育学的活动要求来看，培养学生能力，掌握学习方法是教学重点、难点；从情感教育和品德养成来看，激发学生积极的情感，形成正确的价值观，是教学重点、难点。

其三是要把握教学的知识结构和内容。教学重点是指教材中最主要的内容，在知识结构中起纽带作用的知识，它包括基本概念、基本理论、基本技能等。历史教学的重点是指体现历史基本线索、主要环节和直接服务于具体教学目标的教学内容。

如对人教版七年级上册第一单元《中华文明的起源》的讲授。

先从课标看，要求学生：（1）以元谋人、北京人等早期人类为例，了解中国境内原始人类的文化遗存。（2）简述河姆渡遗址、半坡遗址等原始农耕文化的特征。（3）知道炎帝、黄帝和尧、舜、禹的传说，了解传说和史实的区别。同时课标建议：（1）利用板报建立"历史学习园地"。（2）根据教学用图，想象原始人的一天是怎样度过的。从单元标题简明扼要地分析："为什么以'中华文明的起源'而不是'原始社会''旧石器时代''远古时代'来命名？"一是强调历史发展的连续性，说明当今文明是古老中华文明的延续，以求表现中华文明发展的特点。二是强调人性化，从祖先创造的实际成果入手（如用火，种植粟、稻，建造房屋等），有利于直观感受祖先对后人的恩泽。三是贴近生活，学生较难理解"考古学""人类学""历史学"等专业名词，而"中华文明"贴近学生生活实际，容易被学生理解，能引起学生的兴趣。四是强调整体性和综合性，这一单元的3课内容相近，相互照应，能使学生形成"中华文明"的整体概念和初步印象。从学生实际看，由于学生缺乏对远古时代历史的感性认识，所接触到的考古材料又十分有限，因而在理解远古人类历史的时候，就时常感到困惑：远古时代既然没有文字，其各阶段的划分及那些形象的描述是怎样得出的？如果这些问题学生得不到解答，对这一部分教学内容就难以掌握。从教学知识结构和内容分析看，本单元涉及的历史时段是从距今约170万年（目前我国境内已知的最早人类——元谋人）至约前2070年（我国历史上第一个王朝——夏朝），主要讲述了早期人类元谋人、北京人、山顶洞人等远古居民的文化遗存；中华文明处于起源阶段的河姆渡原始居民、半坡原始居民的农耕生活；远古传说时代，炎帝、黄帝和他们对华夏族的形成所做出的贡献，以及尧舜禹的禅让等为中华文明的演进奠定了基础。最后从本单元内容的关键词"起源"看，中华文明的起源奠定了中华文明的基础，下设3课。第1课（《祖国境内的远古居民》含"我国早期的人类""北京人""山顶洞人"）的教学重点是北京人、山顶洞人的生产和生活状况，教学难点是如何拉近本课内容与学生生活实际的距离。第2课（《原始的农耕生活》含"河姆渡的原始农耕""半坡原始居民的生活""大汶口原始居民"）的教学重点是河姆渡和半坡原始居民的农耕生产状况，教学难点是农耕文化的特征。第3课（《华夏之祖》含"炎黄战蚩尤""黄帝——人文始祖""尧舜禹的禅让"）的教学重点是华夏文明的起源，教学难点是正确认识尧舜禹的禅让的含义。

所以，纵观整个单元内容，如何帮助学生获得对远古人类生活的感性认识，使其理解中华文明的起源在不同发展阶段的状况，既是本单元的教学重点，也是本单元的教学难点。

再如对人教版高中必修三第15课《新文化运动与马克思主义的传播》

的讲授。我们知道，"新文化运动"与"马克思主义的传播"是中国近代思想解放历程中的两个重要阶段，也是高中历史教学的主要内容。在人教版教材中，二者被编排在同一课中教学。如何确立本课的教学重难点，按照上述步骤，首先要抓住课程标准。《普通高中历史课程标准（实验）》对于本课的学习要求是："概述新文化运动的主要内容，探讨其对近代中国思想解放的影响。简述马克思主义在中国传播的史实，认识马克思主义对中国历史发展的重大意义。"可见课标对学生的要求是在弄清史实的基础上形成对本课内容的基本认识。

作为高二学生，已经有一年多的高中历史学习经历，储备了一定的历史知识，具有一定的思维能力，对于本课的学习，基本不存在知识和思维的障碍。但就教材知识结构和内容而言，对学生的要求理应放在分析和解决问题的能力、情感态度与价值观的提升上。近代中国面对内外交困的局势，既要挽救民族危机，又要奋起追赶世界先进文明，使命复杂而艰难。掀起新文化运动和率先在中国宣传马克思主义的先进分子，勇敢地担当时代的使命，积极回应了近代中国"救亡"与"启蒙"两大主题。新文化运动不仅具有鲜明的启蒙色彩，极大地促进了人们的思想解放，而且为马克思主义在中国的传播创造了条件。马克思主义在中国的传播，不仅促进了中国共产党的诞生，为中国民族民主革命准备了领导力量，而且这种着眼于"人的自由而全面的发展"的学说，在革命以后继续推动中国历史的前行。在教学中，应力争使学生形成这些认识，并以此培养他们的自由精神、独立人格及责任意识，进而尝试引导他们用这些认识指导自己的生活。因此，从教材知识结构和内容看，新文化运动的主要内容为本课重点，理解新文化运动在救亡图存的近代历史进程中的作用和影响则是本课难点。

综上所言，那什么是教学重点、难点？从理论上讲，教学重点是体现教学目标要求的最本质的部分，或者说集中反映教学内容中心思想的部分；教学难点主要针对教学内容的难度、学生的认知水平以及三维目标的实现效果。从实际操作上讲，一节课的重点、难点，是这节课教学内容中最基本、最重要的部分。每一节历史课，都有丰富的内容，甚至是繁多的内容。在对这些内容进行处理时，很重要的一个方面就是要选定重点和难点。因为，一节课的教学内容不可能没有重点和难点，面面俱到、平均使力的教学在实际中很难操作，教学效果也不好；而一节课的教学内容也不可能全是重点、难点，这实际上也等于没有重点、难点。所以，选择和确定教学重点、难点，是教师备课和讲课时要特别关注的问题。

在确定教学重难点时，要注意避免出现一些偏差。因为在一节课中设定的教学重点、难点过多，会造成每一个重点都很难突出、难点都很难突破。对重难点的处理出现偏离，将会使得学生理解教学内容的压力过重，实际教学效果也很有限。某老师在讲述《第一次工业革命》时，便确立了太多的重难点，如以社会史观分析工业革命的背景、工业革命的发明以及动力的比较、工场制和工厂制的比较等。这么多的重难点，不仅让学生无法理解接受，也让听课老师们都感到十分吃力。

把握二——新课教学中的导入

众所周知，课堂是每一个教师的主阵地。每一个老师的教学生涯都是由一节一节的课堂所串联起来的，而每一节课又都是由一个一个的教学环节所连接而成。因此，课堂教学的好坏以及教学的有效性很大程度上取决于各个教学环节的合理分布。只有抓好、抓实每一个教学环节，才能有效提高课堂教学效益，促进教师专业发展。

课堂教学譬如舞台，教师的角色是多样的，既是策划、编剧、导演，又是演员等。作为策划的教师，精彩的导入一定能及时地捕捉课堂上闪烁的灵性；作为编剧的教师，精彩的导入体现出师者本身的功力和水平；作为导演的教师，精彩的导入一定能有高超的驾驭课堂的能力；作为演员的教师，精彩的导入会起到教学相长、师生共鸣的教学效果。

俗话说，万事开头难。教师讲授新课之前的导语，目的在于激起学生的学习兴趣，使学生有目的、有准备地听课，有效地引导学生集中思维，从而为整堂课教学打好基础。心理学研究表明：人对事物感知的印象是先入为主的，强化首次认识对后续学习至关重要。因此，成功的导入在教学中有非常重要的作用，它有助于吸引学生的注意力，有助于学生迅速进入学习状态，有助于激发学生的学习兴趣。

著名特级教师于漪老师曾说："在课堂教学中要培养激发学生的学习兴趣，首先应抓住导入环节，一开课就把学生牢牢地吸引住。课的开始好比提琴家上弦，歌唱家定调，第一音定准了，就为演奏和歌唱奠定了基础。上课也是如此，第一锤就应敲在学生的心灵，像磁石一样把学生牢牢地吸引住。"这段话非常精准地诠释了导入环节在一堂课中的重要启情作用。在新课程课堂教学的实施过程中，教师重视课堂导入，创新求变，力求创设身临其境的教学情景，这本无可厚非。但要注意在创新的同时，避免陷入过分求新求异、生搬硬套、胡乱联系的误区。

因此，从教学流程看，导入精彩与否关系到一节课的优劣成败。导入是教师对自己教学经验和对教材领悟力的一种再创造、再设计，必须有创意、有特色，这样，导入才能活水长流、激情四射。

如湖南特级教师汪瀛老师在上《新文化运动与马克思主义的传播》这一课时，用了这样一段材料：

《论语》子禽问于子贡曰："夫子至于是邦也，必闻其政，求之与？抑与之与？"子贡曰："夫子温、良、恭、俭、让以得之。夫子之求之也，其诸异乎人之求之与？"

胡适1916年8月23日写的，后发表在《新青年》杂志的一首《两只蝴蝶》（原题《朋友》），被称为"中国第一首白话诗"。这首诗原文：两个黄蝴蝶，双双飞上天。不知为什么，一个忽飞还。剩下那一个，孤单怪可怜。也无心上天，天上太孤单。

汪老师以上述两段材料与学生进行了一场简短的文言文和白话文的对决。

学生：我们觉得用文言文能做到言简意赅。

汪老师：那么来比比看，我们各自用文言文和白话文拟一句关于辞职的话，看谁的字少。

学生：才疏学浅，难堪胜任。

汪老师：不干，谢谢！

由此顺势导入新课，新颖别致，扣人心弦。

再如2013年安徽省高中历史课堂大赛中，某老师在上《启蒙运动》时，以"2012年伦敦残奥会将在8月29日至9月9日举办。主办方透露，开幕式主题定为'启蒙'，旨在突出残奥会的励志精神，挑战对人类潜能的成见"的精彩概述导入新课。

其实，导入新课没有规定的模式，常见的主要有以基本理论和基本常识导入，以俗话、名言、典故、故事等导入，以图画、影音视频或文字材料导入，以学生生活实际导入等。不论何种模式，所有新课导入理应遵循的原则有：一是求新，即具有创造性。新颖的导入语能够吸引学生的注意，一般说来，导课所用的材料与课文的类比点越少、越精，便越能留下疑窦，越能令学生耳目一新。二是求思，即具有启发性。导入语要有启发性，富有启发性的导入语可以发展学生的思维能力。三是求精，即具有简练性。导入时间一般掌握在3分钟左右，能够节约学生的听课时间。四是求活，即具有趣味性。从学生生活实际出发，从学生感兴趣的知识出发。五是求联，即具有关联性。所用的方法和材料要切合教材内容，要与课文内容或史实相关联，不能牵强附会，同时又要求是学生易于接受或熟识的。六是求变，即具有适应性。掌握导入的一般形式和特点，借鉴时防止简单的生搬硬套，要有求变思维和创新意识。

把握三——教学结构流程的重组

我听过很多课，经常发现很多老师基本上按照教材内容结构模式顺流而下，没有新意，缺乏创意，一节课显得非常平凡、平淡，学生们昏昏欲睡，听课者感到索然寡味。这与这些老师的知识存量、钻研教材力度不够和学科视野狭窄有很大关系。所以，多读书，读好书，认真地研读课标和教材，仔细揣摩优秀的课堂教学，反复总结，不断升华，提炼课堂教学精华，才能形成自己独创的、新颖的、有价值的高效课堂模式。

多年前，教育家叶圣陶先生就对教材有过精辟的论断：教材无非是个例子,凭这个例子要使学生能够举一反三。但这有个前提,即要让学生能够举一反三,教师自己一定要能够举一反四甚至反五。对教学结构流程的重组就是其中之一。所谓教学结构流程的重组是指按照课标的要求,在尊重教材的基础上,将教科书的内容和教科书以外的相关知识有机地增减取舍重组再织,重新设计教学结构。它不是简单的"凑合",而是有机的"重构"。任何对教学内容的整合,都要落实课程标准的要求和体现学科核心素养的特质,依据课标和学科素养提炼核心知识点,剔除远离课标的知识点。当然,在重组时还要注意,一堂课应当有一条清晰的红线,坚持一课一个中心的基本要求。如《宋明理学》一课,有的老师如此建构:

(一)"理"由何来——追问"理"的由来

一问:魏晋南北朝以来人们的信仰状况如何?

二问:当时儒学理论体系有何缺陷?

三问:面对危机,儒家学者如何应对?

(二)"理"为何物——走进"理"的天地

1.寻觅理学大师

2.探究理学思想

(三)"理"当何论——感悟"理"的真谛

1.从现实中谈感悟

2.从感悟中谈责任

也有的老师这样建构:

一、说文解字——什么是"宋明理学"?

二、追根溯源——为什么会产生"宋明理学"?

三、融会贯通——"宋明理学"的内在理路是什么?

四、以史为鉴——"宋明理学"产生了怎样的影响?

第一种建构以疑导疑,设问明确,利于学生反复探究追问,推动课堂教学逐步深入,教学目标突出。而第二种建构由浅入深,化难为易,分梯次层层推进,逐步深入。两种建构各有优点,凸显了教师对课标、学科素养、教材以及学情的洞悉和把握。

又如有的老师在设计《从师夷长技到维新变法》一课时，这样重组：

情景一：开眼看世界的林则徐

——敢为人先的林则徐

——继往开来的魏源

情境二：不一样的李鸿章

——保守的李鸿章

——无奈的李鸿章

情境三：变法的康有为

——强烈救世的康有为

——彷徨忧虑的康有为

而另一老师设计此课时，却是这样的：

一、嬗变篇：西学东渐

1.东渐之因

2."他"看到了什么

3.东渐之"果"

二、抉择篇：中学为体，西学为用

1.风雨飘摇的紫禁城

2.躬行西学的洋务派

3.洋务运动话得失

三、突破篇：突破中体，维新变法

1.除旧布新兴改良

2.维新风潮荡京师

3.初尝宪政随风去

第一种建构展示了林、魏的梦想因时代发展而尽显英雄气短；曾、李的奋斗因制度腐朽而望洋兴叹；康、梁的追求因实力不济而饮恨京师。这样适度的裁剪、合理的结构、精心的钩沉，再配以四射的激情、密切的互动、翔实的史料，精雕细琢，一气呵成。而第二种建构构思严谨，挖掘了教材的深度，拓宽了内容的广度，体现了一定的思想力度，彰显了近代西学东传的历史主线。

再如有的老师在设计《解放战争》一课时，这样呈现教学架构：

一、探秘：揭穿"狼"的真面目

二、见证：打"狼"的过程

三、探究：打"狼"成功的原因

四、品味：打"狼"胜利的意义

另一老师又是别样风格：

一、两种命运之较量——政治斗争

二、两种命运之较量——军事斗争

三、两种命运之抉择——中国共产党领导的社会主义

而我在展示此课时是这样设计的：

一、两位人物：毛泽东与蒋介石

二、两条战线：军事决战决胜与爱国民主运动

三、两大嬗变：从农村转到城市，从苦难走向复兴

第一种建构以形象的比喻，勾勒出复杂而艰难的解放战争全景，既有史实的呈现，又有理性的分析，寓探究和讲述于一体。第二种建构从政治斗争到军事斗争，线索清晰；从命运较量到命运抉择，主旨突出；中国共产党最终取得新民主主义革命的胜利，体现了近代历史发展的趋势。结构完整明了，给人一泻千里之感。第三种建构环环相扣，步步相连，并以学生喜闻乐见的史实和精彩平实的文字描述，直接吸引学生的注意力，激发了学生急于探究的学习心理，利于本课教学目标的实现。

所以说，教学结构流程的重组体现了教师的创意品质、高远立意、精深悬想、博大情怀、感念历史和回首现实。当然，教学结构流程的重组不是随心所欲、任意拼接的，而必须遵循一些基本原则，既要紧扣课标，注意课堂教学的针对性，又要重组汇整，重视课程资源的开放性；既要精炼词句，讲究教学语言的规范性，又要以生为本，强调激趣启发的灵感性；既要钩沉相连，注重教学结构的完美性，又要彰显主线，突出大单元下学科主题教学的特性。

课堂教学既是一门学问，又是一种艺术。结构完美、布局合理、浓淡相宜的课堂教学，不仅能提高教学效率，还能让学生感受到学习的乐趣，使他们在轻松、愉快、优雅的氛围中不知不觉地消化、吸收知识，培养能力，提高素质。

所以，我们看一堂课的教学效果如何，就如同欣赏一幅精美的书法作品，不仅要看每一个字的一笔一画写得如何，更要看字的结构形体如何，整幅作品字与字之间的章法布局如何。有些作品单独拿出一个字来看可能算不上成功，但是如果放到整幅作品中观察，可能是神来之笔。

教学结构流程的重组，要防止一味地追求"高雅"之词，过分故作姿态，并非雅之真谛。试想，面对正在求知的青少年，你讲、书、议，你做、画、读，若少了那通俗易懂，少了那明白晓畅，少了那生活气息，少了那泥土的芳香，能行吗？所以，正确的态度只能是重在通俗，贵在明达，化雅为俗，俗中显雅。史学之美，美在通俗、趣味与情节，更美在严谨、深刻与睿智。整体优化的教学结构流程和雅俗兼容的语言表达能激起学生积极主动地开启通向知识、奔向灿烂前程的阳光之门。从这个角度说，结构决定效果。

二、教学过程中细节的把握

把握一——教学方法的适度合理运用

俗话说，教无定法。如今各式各样的教学方法犹如"千树万树梨花开"，此类的著作和论文汗牛充栋，多得令人眼花缭乱，目不暇给。究竟一节课应该采取什么样的教学方法？这需要从教学内容、学生实际以及自己擅长的角度出发，合理适度地运用一定的教学方法以实现本课的教学目标。

课堂教学是中学历史教学的常规形态，教师的课堂讲授是完成历史课任务的主要方式，是历史教师的重要基本功，是上好历史课的根本保证。从历史知识的传递方式上来讲，由于历史知识所反映的内容是过去的人类活动，不可能通过实验加以重演，很多也不能进行直接的观察，大多是以间接的方式进行传递的。人们获得历史知识的途径，主要是听（听他人讲述历史）、读（阅读有关历史的书刊）、看（考察历史的遗迹）等，而学生获得历史知识的途径，也不外如此，其中，听课又是获取历史知识最主要的渠道之一。如果历史教师放弃讲授历史，就可能阻断了学生对历史知识的系统学习。但是讲什么？怎么讲？讲多少？讲的效果如何？这就是教师的智慧和能力的大问题。

从历史教学中教师的作用上来讲，教师在教学中的主导作用尤其重要。历史课的思想性、导向性、科学性、教育性等，是要在历史教师充分发挥作用的前提下才有保证的。无论是知识传授、能力培养、学法指导，还是情感、态度与价值观的教育，都与历史教师的指导有最直接的关系，也都离不开历史教师声情并茂地讲授。

在建设高效课堂改革与实践中，"少教多学"则是对传统的教学模式和教学方法的颠覆和突破。"少教多学"被誉为一种伟大的教学法，夸美纽斯说："使教员可以少教，学生可以多学，使学校成为更少喧闹、更少令人厌恶的事、更少无效的劳作，有更多闲逸、更多乐趣和扎实进步的场所。"我国第一部教育论著《学记》云："善歌者，使人继其声；善教者，使人继其志。其言也，约而达，微而臧，罕譬而喻，可谓继志矣。""少教多学"就是教师把课堂的主动权交给学生，真正地体现出学生的主体作用和教师的主导作用的和谐统一。只要我们的教师能够正确认识讲授的作用，潜心研究讲授的艺术，不断提高讲授的水平，相信一定会成为优秀的历史教师。

如湖南特级教师汪瀛老师在讲授《新文化运动与马克思主义的传播》这节课时，由导读、导议、导练等模式组成，但整节课以问题教学为中心，在教学方法上采取了导学和问题教学相互交融的模式。这节课一共设计了五个导议问题和六个导练问题，每个问题设计不仅紧密联系教材，而且环环相扣、一气呵成。在问题提出以后，汪老师把课堂大部分时间交给了学生，把学习的主动权还给了学生，其"少教多学"的教学方法真正发挥了课堂上学生的主体作用和教师的主导作用，有利于促进教学相长的关系。

又如某老师在上《大一统的汉朝》时，其教学过程是：

一、白手起家、创业艰难——汉初的社会变革要求学生阅读教材并观看视频后，提出问题：西汉建立后，面临怎样的经济形势？这种局面是怎样造成的？学生阅读后回答，教师小结。

二、励精图治、雄风出现——文景之治

要求学生带着问题阅读教材，从教材上勾画出文帝和景帝采取的恢复经济的措施。这些措施取得了怎样的效果？学生阅读后回答，教师小结。

三、汉武雄才、彪炳千秋——汉武帝的大一统

（提出问题）结合教材大小字内容，从教材上归纳总结汉武帝大一统的措施，并在教材上勾画出来。此目是教材重难点内容，采取了小组学习和合作探究方式，并以小组派代表参与竞赛方式完成教学任务。

屏显毛泽东诗词《沁园春·雪》，提问毛泽东为什么把"秦皇汉武"相提并论？秦始皇和汉武帝在我国历史上谁的贡献大？本问题采取自主学习和合作探究方式进行。

四、世风日下、积重难返——西汉的衰落和东汉的统治

（提出问题）阅读教材，了解东汉的统治。

从整个教学设计流程以及课堂情况看，这节课采取了学生自主学习、分组讨论、合作探究等启发式教学模式，合理地整合教材内容设计，形成完整的四个部分，有利于学生认知体系的形成。同时本课材料的展示和问题设计考虑了初一学生的认知实际，充分地体现了以学生为主体、以教师为主导的教学原则，始终把学生放在第一位，通过让他们阅读教材、探讨问题、动手做题、合作讨论等，使学生在实践中理解知识，学习知识。

再如聆听杭州师大附中某老师的研讨课《大国小农——探讨古代中国的农业经济》时，他是这样设计的：

一、大国出小农

1.大国何时出小农？（小农经济出现的时间）

2.大国何以出小农？（小农经济产生的条件）

3.大国何处出小农？

4.大国（南方）何以出小农？（小农经济发展到南方的原因）

5.大国还是小国更有利于小农的发展？（更有利于牛耕普及全国）

6.大国出小农后，耕作技术经历了几次革命性的进展？

二、大国保小农

1.大国为何要保小农？

2.大国如何保小农？（兴修水利工程）

三、小农叛大国

1.小农何以要叛大国？

2.小农如何叛大国？（农民起义）

四、小农成大国

1.小农能成大国吗？（从历史的角度思考）

2.小农还能成大国吗？（从现实的角度思考）

仔细地聆听了这位老师的课，并结合他的设计结构，可以看出他的课结构简洁，问题设计以小见大，纲举目张，刚柔相济，以感性问题聚集成理性思考。虽然小农经济的发展涉及内容很多，问题思考也很复杂，但从本课讲述来看，可谓环环扣题。纷繁的小农经济发展过程及其所呈现出的具体特点，通过这位老师缜密、周详、科学地描述展示，利于激发学生的学习和思考的动力。

广东的夏辉辉老师曾讲述她听过的一堂历史公开课《雅典城邦的民主政治》（岳麓版高一上），这位老师借鉴了夏辉辉老师编的虚构故事《雅典人帕帕迪的政治生活》，他把学生安排成故事中的各种角色：帕帕迪、库特森、桑拉、苏格拉底、苏格拉底的学生（甲、乙、丙）、公民（甲、乙、丙）、外邦人（甲、乙、丙）、故事解说员等，从上课一开始就表演这个故事，大约用了25—30分钟表演完了这个故事的主要情节："外邦人不许入内""陶片放逐库特森""帕帕迪当选""审判苏格拉底"，接着这位老师又要求学生谈谈对雅典民主政治的认识。学生在安排下一个接一个地准备好的发言稿大声地侃侃而谈，大约用了10分钟。这节课可以说教师把整堂课都交给了学生。这堂课粗略一看，的确是够热闹的了，学生时而哄堂大笑，时而侃侃而谈，充分发挥了学生的主体作用，但细细思量：这节课中讲的最基本的雅典民主政治的演变过程学生知道吗？重点在哪学生知道吗？学生到底学到了什么？

恐怕结果只能是"一笑而过"了。

从我个人角度看，这节课看似充满创新意识，教学方法灵活，学生参与主动性强，主体作用明显，参与范围广，课堂气氛活跃，貌似是一节成功的公开课。但通观整节课，被学生表演充塞，如一个农民如何参加公民大会，如何被选为审判员，又如何审判苏格拉底。这节课很热闹，但学生学到的只是雅典民主政治的弊端，而这节课关于君主制、民主制、人民主权、轮番而治等基本概念，雅典民主政治的历史意义等重点难点问题却一笔带过。即便学生花费大量的时间，又有多大的效果？

就教学方法本身来说，没有好坏、高低、优劣之分。这是因为所有的方法都是达成目的的途径和手段，如果运用得当，都是可以完成预期的任务的。每一种方法都有其所长，亦有其所短。因此，关键不在于哪一种方法是最好的，而在于哪一种方法最适用；反之亦然，不在于哪一种方法最不好，而在于这种方法是不是不适用。

在看待教学方法的问题上，苏联教育学家巴班斯基指出："教学过程最优化是在全面考虑教学规律、原则、现代教学的形式和方法、该教学系统的特征以及内外部条件的基础上，为了使过程从既定标准看来发挥最有效的（即最优的）作用而组织的控制。"同时，他又强调，最有效、包罗万象的教法是根本不存在的，每种教法就其本质来说都是相对辩证的，既有优点又有缺点，都可能有效地解决某些问题，而解决另一些问题则无效，这是普遍的教学法原则。据此，他认为，在选用教学方法上要考虑多方面的因素，包括教学任务、教学内容、教材难易程度、全班学生的接受程度、各种教学方法的效用和长短处、教师本人的特点和能力等。巴班斯基的这一观点，实际上是指出了运用教学方法的真谛所在。

医学上从来没有包治百病的灵丹妙药，武术界也未曾有过打遍天下无敌手的奇技绝招。对症下药，见招拆招，方是行内的高手。教学也是这样，注重教学方法的适用性，灵活地、创造性地运用教学方法，才能发挥出教法的功能，取得良好的教学效果。

从以上可知，教法的适用性问题要注意三个方面：

第一,是否适合教学内容。

中学历史教学的内容丰富多彩,如果从课型上分类,可以分为导言课、新知识课、复习课、练习课,以及讨论、模拟等活动课等,不同的课型有不同的侧重。如果从教学内容上划分,涉及政治、军事、经济、社会、民族、外交、科学技术、文学艺术、教育等领域具体的历史状况,有历史进程的发展、历史人物的活动、历史事件的经过、历史现象的表现等不同的形态。这些内容的教学,肯定是不能用某一种教学方法就可以包办了的,而是要根据具体的内容灵活采用教学方法。即使是针对某个知识点,有时也需要用多种方法,如对重要历史事件的教学,可以用讲解的方法分析事件的背景,用讲述的方法介绍事件的过程,用讨论的方法探讨事件的影响。这些都需要教师在备课时,结合具体内容进行认真的思考和选择,比较各种方法对实际教学内容的效用,甚至是搞清楚哪些方法不适合哪些内容的教学,如对学生来说是未知的、难以理解的某些内容,就不宜采取讨论的方法。

第二,是否适合教师的“教”。

每个教师都有自己的特色,教师要搞好教学工作,其主体意识和自觉意识是非常重要的,这也包括对自身的了解、发掘和驾驭,而不是在实际中迷失了自我。一个教师要善于根据自己的教学经验选择合适的教法,若运用某种教法已经得心应手,就不一定非要改弦易辙或随波逐流。尤为重要的是,我们每个人都是有所长,同时也是有短处或不足的,教法的运用之妙,也在于如何量体裁衣、扬长避短,而不是削足适履、刻舟求剑。

第三,是否适合学生的“学”。

在课堂上教师所运用的所有教法,其实都是为了学生能更好地展开学习活动,更有效地进行师生互动。不同的学校,不同的年级,不同的班级,学生的情况是不一样的;即使是一个班里,学生的情况也不是都相同;而且,学生的情况也不是静止不变的。面对这些具体的教学对象,是没有“一招鲜,吃遍天”的方法的。有些教法在这个班使用效果很好,并不一定在其他的班上也有同样的反响。所以“以学定教”,由学来规定教,而不是由教来规定学。教师的教必须指向学生,落实到学生的“学”,促进学生的“学”,

这就需要教师根据具体的学情，有针对性地选择和运用教学方法。

把握二——教学环节中轻松自然的衔接

历史是一条连贯的长河，历史课本却是跳动的篇、章、节、目的组合。因此，历史教学中的衔接是一个不容忽视的环节。衔接轻松自然，不留斧凿之痕是低要求，倘能捕捉知识间的内在联系于看似不经意之中，当属教学的艺术层面和功底层面。选取好的细节，就能达到这样的功效。

中国传统戏剧的演出，有时在各幕之间会有串联前后情节的表演，称之为"过场"；现在的歌舞晚会或电视栏目，大多有主持人来推介演出的节目。这些角色的安排，使得精彩的演出更吸引观众。历史课堂教学中的衔接也是这样，正是由于过渡的承上启下、前后串通，历史教学丰富多彩的内容才更加吸引学生。

教学环节中的衔接主要有三类：第一类是一课当中各部分内容之间的衔接，这是最经常性的，每一节历史课的教学都会遇到。教师在备课时，要研究所用教科书中编排的子目，要设计本课的板书提纲，要安排这节课的教学步骤与环节，在此基础上，还要考虑如何做好各子目、各部分之间的衔接。这种衔接做得好，可以把一节课讲得环环相扣、层层递进，可以使各部分内容紧紧相连，整个一节课显得浑然一体。

如一位新教师进行公开课试讲《伐无道，诛暴秦》（七年级上第11课），在讲完了第一目"秦的暴政"后，他说："第一目秦的暴政讲完了。下面讲本课的第二目大泽乡起义。"可以说，这位老师的内容过渡非常生硬，语言苍白无力，无法吸引学生的有意注意，更谈不上建设生动活泼的高效课堂。如果换成这样说："正是由于秦朝的残暴统治，使得广大民众难以为生，不满的情绪日益高涨，全国像是布满了干柴，有一颗火种就能燃起熊熊大火。那么，这反秦的火种是怎样点燃的呢？这就是大泽乡起义。"效果自然不同。不过是加了几句话，就显得自然、流畅多了，也使得两目之间有了有机的联系，使讲述的历史过程显示出必然的发展。

第二类是课与课之间的衔接。在每一单元或主题下，又分为一个个课题，形成一节节课。每一节课虽然是独立的，但课与课之间是有一定联系的。在进行新课教学时，历史教师首先做的，一般不是上来就讲新课的题目及内容，而是进行旧课与新课的衔接，以便从前一节课的知识过渡到当下的教学。这种从旧课到新课的过渡，传统的说法叫作"复习旧课，导入新课"，并且是作为一节课教学过程的第一个环节。这样做是有道理的，也是当前教学改革时应该继承和发展的。这种课与课之间的衔接，有时候是与前一节课的内容进行衔接，如每个单元内各课之间；有时候则是要同更早以前所学的课程内容进行联系和过渡，如讲一个时期的科技文化，就需要涉及以前各课所讲该时期的政治、经济、民族、外交等方面的发展情况，以作为新课中科技文化发展的背景或原因。这类衔接又与新课导入有密切联系。

第三类是学习单元或学习主题之间的衔接。现行的历史教科书，是将教学内容分为多个学习单元或学习主题，每个单元或主题具有相对的独立性。各单元或主题之间的编排只是大致上按照时间发展的顺序，有时会出现时空单位之间的"空档"或"错位"。初中教材编写按照时间顺序，体现了编年体特点；高中教材按照专题编写，空间上中外交错。

如初中中国古代史的第三个学习主题是《统一国家的建立》，下设8个课题，分别是《秦王扫六合》《伐无道，诛暴秦》《大一统的汉朝》《两汉经济的发展》《匈奴的兴起与汉朝的和战》《汉通西域和丝绸之路》《昌盛的秦汉文化一》《昌盛的秦汉文化二》。而下面第四个学习主题是《政权分立与民族融合》，其第一个课题是《三国鼎立》。这种编排，就出现了时空上的"空档"，即东汉的历史没有被教材作为主要发展阶段进行阐述，而只是在《大一统的汉朝》后面用小字简单地说明了一点。那么，在教学实际中，教师要从第三个主题转入到第四个主题，是很难从西汉直接跳到三国的。这里就需要有衔接，以使这两个主题的教学实现自然过渡，尤其是使第四个主题的进入得以顺畅。

讲述中的"衔接"，本身并不承载或传递明显的实质性信息，像上面所举的例子，是没有新的知识点的。既然如此，有没有这种衔接，似乎并不重要。但从上面的例子中可以看出，过渡得好，效果很明显。这是因为衔接可以使被划分成不同部分的实质性信息得以激活、释放，产生出必然的联系，形成整体性的信息。这就是衔接的作用。

衔接之所以在教学环节中处于一个非常重要的地位，这与历史教学内容及教学艺术要求息息相关，这也与历史的整体性密切相关，因为历史如同一条斩不断的河流，我们现在的状态正是以前所有历史的总和。

首先，中学教学中的历史学科知识体系，是按照一定的主题编写的，这种编写是对史事进行了选择和剪裁的。在教学过程中，对这种由主题所建构的历史知识系统，还需要教师和学生一起对其结构、层次建立起联系。

其次，历史知识有一个突出的特点，就是具体性。每一个历史事件、每一个历史人物、每一种历史现象，都是具体的、特定的，有其明显的个性和排他性。对于这一个个具体知识的教与学，必然要有沟通和联系。

再次，教学的实施是分为一节节课来进行的，每一节课的内容又分成几个部分。课与课之间、一课的各部分之间，需要有衔接，才能使相对独立的部分构成整体。

这些，都离不开过渡。所以说，讲述史事时的衔接，不仅仅是语言表述技艺的问题，更是对教学内容处理的问题。从这样的意义上说，衔接就不是可有可无的，而是相当重要的。

把握三——讲授环节中历史的"真相"与"假象"

沧海桑田，斗转星移。那些拨动心弦的过往，那些耐人寻味的故事，那些引人追忆的人物，都悄然印上了岁月的痕迹。那些历史的真相，有的在口耳相传中变成了假象，有的在时空变换中被人们遗忘。故言世界上有两种"历史"，一种是过去发生的事情，一种是后来人对过去发生的事情的认知。意大利历史学家和哲学家克罗齐有句名言："一切历史都是当代史。"不要以为史料本身就可以客观而全面的说明历史，使史料发挥作用的是历史学家的思想观念和学识水平。真实的历史具有一维性，过去发生的一切无论你如何导演、编写，都不可能再现了。所以历史已经发生了，成败是非已成过去。如果戴着有色眼镜，无论看过去，还是看现在，其实都没有办法弄清历史事实。如果我们能够暂时抛开历史中的恩怨是非,那么发现历史真实就并非没有可能。

历史就是历史,不容伪造,不能为假象所遮蔽。如《尼克松访华》等照片。1972年尼克松访华,翻译冀朝铸伴随旁边,但事后《人民日报》所发布的照片中却少了冀朝铸,直到后来尼克松的女儿朱莉将当时的照片寄给冀朝铸,才还原了历史的真相,这才是真实的历史场景。

再如,我们大家都知道孟姜女哭倒长城的故事,说的是孟姜女的丈夫万喜良被抓去修长城,她千里寻夫未果,号啕大哭,哭倒长城。然而史学家顾颉刚研究发现,孟姜女的原型是春秋时期的杞梁妻,杞梁本是齐国战将,跟莒国作战时遇难,齐国国君在野外准备向杞梁妻表示哀悼,杞梁妻拒绝。她表示按照礼仪,不应在野外悼念,应到她家里面去悼念。而到战国时,杞梁妻的故事在传播过程中变成杞梁妻会唱歌。

再到汉代,天人感应学说盛行,故事发展成杞梁妻能哭,就感动了天地,城垣崩塌。南北朝时演变成杞梁妻哭倒长城。由于唐朝对外扩张、滥发徭役,导致老百姓不堪其苦,人们想起秦始皇,就把杞梁妻哭倒长城和秦始皇联系上了。杞梁妻被正式命名为孟姜女。实际上"孟姜"在春秋时是一个美女代称,不是固定的人名。但这个故事的演变乃至定型,却把孟姜女哭长城演变成秦始皇暴政的表现。

美国学者史景迁是被公认的最有影响力的汉学家之一。他的著作叙事生动,善于从细节入手还原历史更广阔的背景。而关于"叙事的力量",他说历史书写的意义也在于尽可能地接近真实,历史更像是真相的"卫士"。正如古希腊雅典城德尔菲神庙神谕所言:"人啊,认识你自己!"这个人就是真实的人,而不是杜撰出来的。

我们常说,研究和学习历史有借鉴教化之效。事实上,对于研究历史,弄清真相本身就是极其重要的事。至于说借鉴与否,免蹈覆辙,有兴亡之叹,那都是在弄清真相基础上的副产品。当然历史与当下现实是有联系的,因为任何民族的文化都不可能是无源之水、无本之木。过去的历史由于年代久远、史料杂芜、歧说并出,要恢复真正的历史面貌自然困难。历史不是任人打扮的小姑娘。如果说是的话，那也只是后人主观意志的结论。用胡适先生的话来说，就是有一分证据，说一分话。但这样的要求，并不阻碍"大胆假设"，只需"小心求证"即可。历史研究就像一条漫长的走廊，时间走廊的搭建，必须要众多人的努力，任何个人之力都不能将这一走廊完美无缺地搭建完毕。因此修正、弥补、改建，以使其更趋完善，才能逼近真实的内核，还原历史真相并做出符合事实和逻辑的阐释，是史学研究者们的共同责任。

学者邱维骥说得好："史学家对'什么是历史'的解释是否正确，他们的历史论著在多大程度上反映着生活中的历史？需要以生活中的历史为检验凭据，进行仔细核实，具体分析，分别对待，公允评价，来判明正误与真伪。""当史学家的'历史'与生活中的历史出现了很不一样，甚至相互逆反的情形的问题，是应该由史学家的'历史'来修改生活中的历史呢？还是应该由生活中的历史来修改史学家的'历史'？不言而喻，当然应该由生活中的历史来修改史学家的'历史'，事情的发展终归是这样的。"这是史学研究中的大问题。

传道授业解惑是教师的天职和使命。作为人文科学的历史学科，其客观性、科学性是与自然科学相一致的。因此作为历史教师，在课堂上努力地还原较为客观的历史真相，竭力地维护历史的本真和内核，理应是历史教师不容置疑的使命和责任。但在我们的历史教学中，却出现很多随意解释历史，造成很多假象的历史，对历史而言，缺乏严谨的科学态度；对课堂而言，严重背离课标的实质；对学生而言，不利于学生求实精神的培养。这种情况的后果是非常可怕的。

著名历史特级教师李付堂老师曾以几个鲜活的课堂实例，指出了有些老师为了趣化及活化历史课堂而不惜捏造和歪曲历史的情况。如：

情节1 一位教师在讲董存瑞舍身炸碉堡这段历史时，为整合学科知识，训练和培养学生的发散思维、求异思维和创造思维能力，特意设计了这样两个问题让学生思考，一个是："假如董存瑞拉开的炸药包没有炸，那会是什么原因，怎么办？"另一个是："你能为董存瑞设计出一个更好的炸碉堡方案吗？"或许这两个问题对于拓展学生的思维的确是能起到一定的促进作用，但这位老师却显然忘记了讲这段历史的主旨是什么。试想，假如（仅仅是假如）学生经过激烈的讨论，终于找到了另一种炸碉堡的方法，那么，这位老师究竟应作何评价呢？这不得不让人反思隐藏在案例背后的更深层次的教育问题：新课程理念下历史课情感教育的严重缺失。

情节 2 讲红军长征时，一位老师设计了这样的问题："红军从江西瑞金出发长征到达陕北，除了教材地图中所标的红军长征路线外，你认为红军到达陕北是否还有更好的行军路线？"教师设计这一问题的本意是为了调动学生学习的积极性，培养学生发散思维、创新思维的能力。从这个角度来说，教师的出发点是好的。可以说，学生可以给我们无数个答案，但教师对此又应作何评价呢？在这里，教师忽视了一个基本的历史真实——红军长征所走的路线是种种历史因素决定的，在当时历史背景下，它是最佳路线。长征路线不是哪个人能随心所欲任意改变的。

从李老师的例证和分析中可以看出，现实中这样的现象不是少数。如果听任这种情况继续发展下去，可想而知，我们的历史教育教学将会是怎样触目惊心的结局？历史本质上是人文的，是人性的，但也有通俗、世俗的一面。不过，历史可以是通俗的，但通俗的底线是不能臆造历史。你可以把历史讲得像小说，却不能把（虚构）小说当作历史。大量的假历史、假信息、垃圾信息充斥于课堂，还有谁能够相信我们的历史教育。我想，作为历史老师，首先应该为我们的嘴巴把好关，您的嘴巴在讲历史，在给成长中的青少年学生讲历史，而他们是我们民族的未来。学生们正处于世界观和价值观形成阶段，我们老师的一言一行都会对学生产生很大影响，甚至会影响学生终生。

历史教学中的真相与假象问题，不是细节上的问题，而是一个以怎样的态度看待历史教学的原则问题。我认为历史教学中要注意如下几点：

第一，把好原则关。

中学历史教育，就是教师以科学的历史观和方法，引导学生与历史对话，让学生在与历史对话过程中获得相关的历史知识、能力、方法、情感态度与价值观。要实现这一目标，历史教育工作者本身的知识、能力、方法、情感态度与价值观也是很重要的。所以历史老师，一定要把好原则关，坚持"立德树人"，坚持正确的三观，不能要求我们有多么高于常人的情操、灵魂，但既讲历史，必要"信、达、雅"。

第二，把好材料关。

在教学中我们还要把好教学的材料关。论从史出，史论结合，这是历史研究和学习的基本原则。如果所用的材料是道听途说，或是来自野史杂说，如果所得出的历史结论毫无史实支撑，那绝对不能随意引用。因此，教师在进行教学设计时，要严格按照史料实证的素养要求，基于史料研习的基本规范，着重引导学生学会搜集、整理、辨析、运用历史史料来解释历史，正如《普通高中历史课程标准（2017年版2020年修订）》中所指出，史料研习教学，需要教师考虑四点因素："一是明确运用史料的目的；二是选择典型的、有价值的、有说服力的史料；三是将史料的展示与问题的解决相结合；四是如何根据史料的运用组织学生的学习活动。"

第三，处理好历史虚构与历史假象的关系。

课堂是一门艺术，没有创新的艺术是没有听众、观众的，也就没有生命力了。历史教学中合理适度的虚构可能会让历史教学更通俗些，让学生更明白些，也会使自己的课堂教学更生动些。对此，山东省特级教师齐健老师就有这样的论述："并不是违背历史乱虚拟，仔细研读会发现创设的情境是建立在特定的真实历史背景之下的，激活了课堂，激活了历史。所以，这里的'虚拟'前提应该就是真实。"赵亚夫老师在《历史课堂的有效教学》一书中谈到另一个案例时也有精彩的论述："如果我们再将'虚构'故事背后蕴涵的对人类命运的深切关怀、对未来文明的警醒和对现实行为的反省考虑进去的话，谁又可以否认其教育意义的真实性呢？"由此而看，虚构仍是建立在历史真实的本相上，与假象有根本的区别，两者不可同日而语、相提并论。

第四，重视历史研究的二重证据法。

1925年，国学大师王国维先生说："吾辈生于今日，幸于纸上之材料外，更得地下之新材料。由此种材料，我辈固得据以补正纸上之材料，亦得证明古书之某部分全为实录，即百家不雅训之言亦不无表示一面之事实。此二重证据法惟在今日始得为之。"意思是运用文献与文物的相互印证（二重论证法），这是历史研究的基本方法，也是公认的科学方法。作为历史教师，在引用史料教学时，尤其要特别注意史料的真伪。

把握四——历史课堂上客观公正的教学评价

2013年2月27日，中国宁波网《小学生作文爆红：孙悟空生慈禧？》一文迅速火爆网络，该文报道了一小学生作文《历史乱套了》，我看后，不禁感慨良多。这篇文章最难得的是毫无约束，想象力丰富，创意性强，个性张扬。文章虽天马行空，但有逻辑，有主线，有一定的事情发展顺序，一气呵成；并彰显了这位小朋友丰富的历史知识，尽管寥寥数言，但涉及历史人物和历史事件众多，同时语言干脆，不啰嗦，段落清晰，文章结构及其叙述内容符合标题主旨。如果在我们的历史教学中，遇到这样的孩子及其作品，我们如何理性看待和评价？

新课程改革不仅仅是教材的变革，更重要的是评价理念的变革。传统的评价体系显然难以适应今天的教育教学发展大势，也不适应今天的学生。石鸥在其著作《结构的力量》里说："传统评价特征过分强调评价对学生的甄别、选拔功能，忽视评价对个体发展的促进、激励功能；过分关注结果评价，忽视评价对过程的调节作用；过分倚重国家对地方、学校对教师、教师对学生这种以上对下的评价模式，缺乏学生、教师、学校平等参与评价、共同构建过程的探索；过于依赖量化评价方式，忽视对质性评价作用的认识与实践；评价标准过于强调统一性，缺乏灵活性。"因此，身处教育改革之中，我们教师必须更新观念，破解评价瓶颈，改变过分关注知识和标准答案的现状，丰富教育教学评价内涵，提升和发展学生的学科素养。而在评价体系改革中，需把发展性评价作为历史教学评价的总体方向，以跨学科素养和历史学科素养作为评价的契入点，突出过程性、思维性、动态性、发展性、人本性、基础性，体现并践行"教育即生活""教育即生长""教育即经验的改造""为完满生活作准备""教育是成就人格的事业"等教育理念。结合历史学科素养和发展性评价观，我认为在历史教学过程中，必须积极融入历史学科素养，准确理解历史学科评价的基本要素，全面把握历史学科教学评价特点。为此，需要深刻领会并践行如下六个方面：

第一，领会评价的根本目的是提升学生的历史学科核心素养。这既是历史教学的目标所在，也是历史教学中不容忽视的重大细节问题。

第二，理解评价的指导思想是尊重学生历史学习的个体差异。学生不是一无是处，皆有自强之能。"问题学生" 可能只是基于其学习或者某些方面的品行而作出的评价，但教育特性决定教育不能片面化或极端化，而是要在教育教学行动中专注学生的可塑性、独特性、针对性。

第三，洞悉评价的价值追求是关注学生的思维品质和全面发展。历史学科的核心素养归根结底是培养学生的思维品质，助力学生全面发展、终身发展。发展性评价观所确立的基本目标也是面向所有学生应有的基本要求。所以历史学科的核心素养与发展性评价观是相向而行的。

第四，注重过程性的历史学科评价方式。过程影响结果甚至决定结果。中高考改革将会改变"一卷定终身""一考定终身"的格局，"千树万树梨花开"的局面也将是教育教学生态良性发展的前景。

第五，独辟创新多样灵活的评价模式。2016年铜陵市举办的首届中学生历史课堂情景剧比赛中，学生们精彩的演出、创新的设计以及团队合作意识出乎每位老师意料。因此在评价中，不能因师生间的隔阂、年龄间的代沟、价值观的差异等影响到老师对学生的认识和评价。每位老师都可以独辟蹊径，创建多样灵活的评价模式，这也是历史教学的成功之处。

第六，构建协调互动、有效客观的评价主体。每个人都会在乎别人的看法，单个的评价过于狭隘，整体性评价有利于学生的光明发展。

所以，少点灰色，多点彩色；少点单调，多点灿烂；少点阴沉，多点笑容；少点专横，多点宽容。这样，自身的世界将会与外面的世界同样阳光明媚！

【此文据笔者在2016年安徽师范大学研究生课程的PPT整理】

■ 历史教研论文选题要有创造性

历史教研论文的写作过程，实际上也是历史教学研究的过程。任何教学研究都是从选择教研课题开始的，因此，在历史教学研究亦即历史教研论文写作过程中，选题是预备阶段中最重要的任务。选题决定着研究工作的主攻方向和论文的主体亦即目标结论。如果没有确定的课题，研究就像盲人摸象，信笔涂鸦，泛泛而谈，空洞无物，不着边际；或者难以为继，甚至夭折。一般而言，提出课题比解决课题更难。所以，实事求是地选择和评价课题，自然成为教学研究和教学发展的起点。

由于选题在历史教研论文写作中具有奠基性意义，创造性原则就理应成为论文写作的最重要也是最基本的原则之一。心理学家认为，创造或创造性活动是指能够提供新颖的、独创的、有社会意义或具有高度社会价值的产物的思维活动。概括起来，可以看出创造性的两大基本特征是创造性和实践性。创造性即开创性和新颖性，是指那种基于前人研究成果但又不囿于甚至超越前人的具有一定开创性和新颖性的成果。实践性是指创造本身是一个实践过程，创造是在实践中产生也由实践去验证。脱离实践的创造是不存在的。当然，有了开创性和新颖性远没有达到目标，还必须看创造的结果是否具有社会价值，只有具备了社会价值的创造产物才会为大家认同和应用。所以，创造性是所有理论研究的灵魂和精髓，更是我们在历史教研论文选题中必须遵循的一条基本原则。

毋庸置疑，论文选择中的创造性包含着双重含义：一是保证课题本身内容及方法的先进性、新颖性，也就是创建新观念、使用新方法去解决前人未解决或未完全解决的问题；二是保证课题预期效果的独创性、突破性及挑战性，也就是通过对课题的研究发现前人未发现的真理，突破旧观念的禁锢并开风气之先。

那么，历史教研论文的创新性具体体现在哪些方面呢？我认为体现在以下四个方面：其一，论题新。论题的选择应力求避免模式化，应精心构思，字斟句酌，否则，让人一看，首先就会有索然寡味之感，而好的新颖独到的论题会使人兴趣盎然，精神振奋。其二，论点新。一个独具匠心、与众不同的论点即使是老生常谈的课题，也会使人看到选题者入木三分的分析能力和令人折服的研究能力，若是人云亦云，论文写作也就失去了它本来的意义。其三，角度新。当今科技日新月异，知识经济大潮扑面而来，学科间渗透越来越多，许多边缘学科的兴起为我们研究历史教学提供了广阔的空间，开辟了独特的途径。若我们使用新的方法并从新的角度去审视、论证现有的教学理论，或许会获得新的发现，从而使传统的历史教研教学旧貌换新颜。其四，资料新。社会的发展和进步为历史教研提供了愈来愈多的研究资料，尤其在深化教育改革全面推进素质教育的今天，新理论、新现象层出不穷，这将不断地充实我们教学教研的内容，使我们言之更有理，持之更有据。

因此，我们在选题过程中，必须坚持和贯彻创造原则。首先，要确定历史教研课题本身所蕴涵的新颖的实质内容，不浮于表面形式，把创造看作历史教学与教研发展的内在动力。其次，要善于把继承性与创造性结合起来，一方面要积极吸收前人优秀的研究成果，另一方面要力求创新，突破自我的枷锁，包括思维活动中的固有观念、思维定式以及现有的知识结构。最后，也是最重要的一点，要不断学习其他学科的理论和方法，掌握先进的教学手段，在学习中创造，在创造中学习，从而全面提高自己的理论水平和教研能力，为迎接挑战、跨进新世纪奠定扎实的基础和积累更多的资本。

【原载于《中学历史教学参考》1999年第11期，略有改动】

古人取号趣谈

号是一个人除名、字外的别称，又叫别号，如今日之笔名一般。古代封建士大夫尤其是文人骚客，为显示自己的尊贵和文雅，或是鄙视功名利禄，淡泊清高，自视超凡脱俗，与众殊异，在自己的名字外，另取别号。号与名不一定有意思上的联系，而且取号也因人、因时、因地而异。

古人取号少则一个，多则十几或几十个。有的因别号为后人熟知，其本名反而较少为后人所知，如郑板桥、章太炎等都以号而名垂千载。别号，是自己所取或他人所送，并不受家族行辈制约，因此都寓有一定含义，基本上反映了一个人一生或者一定时期的志趣嗜好、性格、心绪、情操以及身份地位的嬗变。我们可以通过某些人一生中别名的更替来研究他们的思想演变和发展。

下面是笔者从群籍中采撷的一些别号，分门别类，介绍如下，以飨读者。

一是以寓自己的情操、抱负为特征而取号。南宋画家郑思肖在宋亡后，念念不忘故国，自号"所南""木穴国人"（木穴合为宋字）。袁世凯被罢职归家后，自号"洹上渔人"，实际上是醉翁之意不在酒，垂钓洹上，为的是寻求良机，以便东山再起，袁氏此号不过是附庸风雅罢了。清末一些志士仁人以反清为己任，立志救国救民，因此所取别号含有革命之意，如梁启超自号"中国之新民""少年中国之少年"，邹容自号"革命军中马前卒"等。

二是以自己的故地和对自己有过影响的地方来取号。唐代"诗仙"李白因是蜀地青莲人，故自号"青莲居士"。南宋词人范成大因其故乡吴县（今江苏境内）附近有石湖，故自号"石湖居士"。诗人杜荀鹤的故乡傍依九华山，自号"九华山人"。诗人黄庭坚曾访舒州（今安徽境内）的山谷寺，因喜此地幽静别致，故号"山谷道人"。诗人王士禛尤喜太湖中的渔洋山，取号"渔洋山人"。思想家王夫之晚年隐居衡阳石船山，自号"船山先生"。清末革命志士宋教仁因是湖南桃源人，自号"桃源渔夫"，世称"宋渔夫"。

三是以自己的心境、旨趣为内容而取号。如唐代"诗圣"杜甫自号"少陵野老"，贺知章自号"四明狂客"；宋代郑樵自号"溪西遗民"，米芾自号"海岳外史"，陆游自号"龟堂病叟"；元代赵孟頫自号"水晶宫道人"；明代唐寅自号"六如居士"；梁启超自号"饮冰子"。此类别号举不胜举，皆自视鄙薄政治、寻求闲情逸致而寄情江湖。

四是以自己嗜好之物而取号。晋代诗人陶渊明喜爱屋旁五柳，故冠以别号"五柳居士"。唐代诗人白居易暮年虔诚佛教，诗酒自娱，自号"香山居士"，又别号"醉吟先生"。宋代文学家欧阳修晚年以"一万卷书，一千卷古金石文，一张琴，一局棋，一壶酒"为嗜好，连同自己一老翁而自号"六一居士"。清代文学家高鹗因续补曹氏绝世佳作《红楼梦》而对此书爱不释手，自号"红楼外史"。

五是以自己的处世哲学而取号。汉代书法家张芝愤世嫉俗，常酩酊大醉，手舞足蹈，似疯似癫，然后挥毫成草，人称"张癫"。唐代诗人王绩挂印弃职还乡隐居幽僻，纵酒作诗，不屑与世纷扰，人称"斗酒学士"。明末画家朱耷因痛感亡国之苦，自号"八大山人"，"八大"两字上下连写，似哭似笑，借以抒发国破家亡的苦闷、愤懑的心情。清代文学家刘鹗自号"洪都百炼生"，以自喻饱经沧桑、历经忧患的人生。

古时，有文才的女子也自取别号。如宋代女词人朱淑真自号"幽栖居士"，李清照自号"易安居士"；清代曾给《唐诗三百首》作注的陈婉俊自号"上元女史"。

由于古人崇尚礼仪，故而在名、字、号的用法和称呼上十分讲究。在人际交往中，名一般用于谦称、自称、卑称，或上对下、长对少的称呼。若下对上称呼时则尊称字、号；平辈之间只有在很熟悉的情况下才相互称名。

【原载于《中学语文教学参考》1990年第6期，略有改动】

▓ 古代人物称谓略谈

在学习中国古代文学或古代历史时，我们常会遇到古代人物的不同称谓。什么姓、名、字、号，什么高祖、太宗、高宗等常让人反复琢磨。对这些古代人物不同称谓的了解，是我们阅读古典文学作品应具备的基本常识。下面就古代人物的称谓作一扼要介绍。

一是姓氏。姓和氏在远古是有区别的。姓源自母系氏族公社的族号。在母系氏族公社里，人们按母亲的血统确定亲属关系，因而古姓多从女旁，如姬、姒、姚等。后来随着各氏族的繁衍，一族分成若干支，每支各有其独特称号即是氏。氏有得之祖先之号，如轩辕氏、高阳氏；有得之祖先谥号，如文、武；有得之国号，如赵、魏、秦；有得之居地，如西门、东门、东郭、南郭；有得之爵位，如王、侯；有得之官职，如司空、司马；有得之职业，如医、师、乐、巫。后来以父亲的血统确定亲属关系，到战国后氏转变为姓，姓氏渐融不分。

二是名字。古人出生三月才命名，男女成人取字。有的名字意义上有联系，如屈原，名平，字原；诸葛亮，字孔明。有的根据名字，可以了解当时的社会情况。如春秋晚期孔子的学生冉耕，字伯牛；司马耕，字子牛，从而可以了解春秋时已开始使用牛耕了。

三是别号。别号是古人除名、字外的别称。别号与名不一定有意义上的联系，因而取号也因人、因时、因地而异。有的以自己的情操、抱负为特征而取号，如南宋画家郑思肖在宋亡后，念念不忘故国，自号"木穴国人"（木穴合为宋字）。有的以自己的故地和对自己有过影响的地方来取号，如"诗仙"李白因是蜀地青莲人，故自号"青莲居士"。有的以自己的心境、旨趣为内容而取号，如陆游自号"龟堂病叟"。有的以自己嗜好之物而取号，如陶渊明喜爱屋旁五柳，别号"五柳居士"。有的以自己的处世哲学而取号，如明末画家朱耷因痛感亡国之苦，自号"八大山人"。有些人因别号为后人所熟知，本名反而被人遗忘，如郑板桥就以号而名垂青史。

四是谥号和庙号。谥号分两种：一种是古代帝王、诸侯、大臣死后，朝廷根据他们生前的言行，以封建道德为标准而赐予称号。如晋文帝中的"文"是谥号。另一种是有名望的人死后，由亲友、学生赠予谥号，如陶潜被称为靖节先生，黄庭坚被称为文节先生。

封建帝王在谥号之前还加庙号，庙号是身后的尊称。如汉武帝全号是"世宗孝武皇帝"，"世宗"是庙号，"孝武"是谥号。从唐代起，皇帝生前有尊号，如唐玄宗的尊号是"开元圣文神武皇帝"。也有死后加上尊号的。唐以前对殁世的皇帝简称谥号，唐以后由于谥号加长，不便称呼，故改为庙号。

五是避讳。封建社会特别注重尊卑观念，认为上下有别，下不能犯上。因此，在实际生活中，不许直呼君主、尊长等的姓名。凡遇到与君主、尊长等的名字相同的字画，采取空字、易字、缺笔、改读等方式避讳。避讳有"国讳""家讳""私讳"之分。总之，避讳具有深深的封建社会的时代烙印。

【原载于《高中苑》2001年第5期，略有改动】

仁心与韧性：布善推诚容众生

　　以良知良心作原点，以知识技能作臂杆，以真诚为灰粉，在三尺讲台上尽力去划上那仍有遗憾的圆圈。

——题记

■ 长川豁中流　包纳无小大

看了几封学生家长的来信后，我的内心既受到极大震动，又感到万分不安。震动的是想不到我在学生家长心中竟有如此巨大的影响，家长对我们老师竟寄托如此厚重的希望；不安的是我平时对学生的要求还远远没有达到家长的期望，而且教育学生本就是我们教师的天职。从这些信中，我看到了天下所有家长对所有老师深重的寄托和无限的厚望，同时也使我陷入深深的沉思和遐想。

从大的方面而言，坚定不移地贯彻党的教育方针，培养中国特色社会主义事业的合格建设者和可靠接班人，都必须要通过中小学教师特别是班主任兢兢业业、恪尽职守地去实现；从小的方面而言，每个孩子的成长发展、每位家长的寄托和厚望、每个家庭的幸福与和谐，都与班主任孜孜不倦地努力、无微不至地关心有密切关系。毋庸置疑，班主任在中小学阶段对孩子们的成长影响之大堪与家长相提并论，甚至在某种程度上远超家长的影响力。

因此，作为班主任老师，首要的是必须准确定位自己："我是谁?"从学校教育及班主任工作要求等层面看，这涉及六个方面内容。其一，"我"理应是每个学生人生道路上的引路人。班主任应成为一个全面关心学生成长的首席教师，既关心学生当前的发展，更关心学生未来的发展。其二，"我"是一个学生生命成长过程中的主要"精神关怀者"。对学生的"精神关怀"是以人为本的教育本质的规定，是教育人性化的表现，它准确地反映了班主任教育劳动的性质，因为班主任所从事的是以心育心、以德育德、以人格育人格的精神劳动，故精神关怀是班主任应有的重要品质。其三，"我"必须成为影响学生成长发展的重要他人。在学生成长过程中，班主任是影响其成长发展的重要他人，这是由青少年所处的生活学习环境和其年龄特点所决定的。其四，"我"是班级教育教学活动的策划者、组织者、协调者。班主任是班级的管理者和组织者，对班级负有全面责任，但是要管理好一个班级，光靠班主任的孤军奋战是远远不够的，班主任要协调好各种关系，包括班主任与任课教师的关系、任课教师与学生的关系、学生与家长之间的关系等。其五，"我"是学生个性发展的守护神。世上没有两片相同的叶子，这就需要我们教师必须关注学生的个性发展，这也是新课改中反复强调的核心话题。每个班主任理应成为保护学生个性发展的港湾，只有尊重个性、关注个性、发展个性，才能促进每个学生个性的健康发展，才能使自己永远成为学生个性发展的守护神。其六，"我"是学生成长和班集体成长的幸福体验者。班主任的职业幸福是见证一个个年轻生命的成长。如果说每个人只有一个人生，那么，班主任可以参与若干个人生，就像演员饰演各不相同的角色，即体验各不相同的人生。

我一直坚持认为，师爱是一位教师的基本素养，是一位教师工作的基本立足点，尤其是一位班主任从事班级管理的前提和基础。因为爱是春风化雨、润物细无声的语言，爱是锻造学生灵魂、升华学生人生的助推剂，爱是艰辛付出后获得的生命成长的快乐。著名教育专家李镇西老师在谈论这个问题时曾讲到，对一个教师来说，推动其教育事业发展的应该有两个轮子，一个叫做"情感"，一个叫做"思考"。爱，是教育的前提；但远不是教育的全部。由爱而升华为责任，对孩子的一生负责，这才是教育的真谛。我们不能仅仅是向学生奉献心血、青春乃至毕生的年华，不能仅仅是因学生的成长和成功而喜悦，我们还应该在教育学生的同时，提升自己的事业境界和人生品位；在学生成长和成功的同时，我们自己也应该不断成长并走向成功，从中体验到人生的快乐，为自己的生命喝彩。

我非常认可李老师的真知灼见。教育不可能做到完整，也不可能没有遗憾，但缺少爱绝对不是教育。因为从解词释字层面理解，"教育"本身就包含爱的元素；再说，从"教师"字面理解，也应该含有爱的内涵。为什么这样说呢？因为班主任不是一个简单的教师，而是一个特殊的教师群体。

第一，责任意识。

我非常清楚地记得，在我所带的某一届高二学生参加学校春季运动会时，当时有一位名叫何慧的女生，在800米比赛跑到一半时，有同学突然在我身旁小声嘀咕道："何慧身上流血了。"我仔细一看，何慧身后一片血红，当时就意识到可能由于剧烈运动，导致她的生理周期提前到来。我当时第一反应就是立即跑到操场上，提醒她下场处理一下。面对我的关切和担心，何慧仅仅向我果断地摇摇头，便义无反顾地向终点冲去。比赛结束后，我马上安排几位女同学搀扶着她到卫生间处理一下。从何慧在运动场上所展示出的顽强毅力中，我对何慧有了进一步认识，更感到理应对她有一种神圣的责任，而这种责任来自心底对她由衷地敬佩和欣赏。可以说，在传统观念中，老师的权威是绝对的，老师的教诲也是绝对的，教师与学生之间很少存在彼此间心与心的交流，更谈不上教师对学生的敬佩了。所以在以后的学习和生活上，我对她有了更多的关注，比如经常性家访或者在课堂上多点提问，与其他学科教师不断地沟通，及时地了解她的整体学习情况。记得有一次我去往她家家访途中，适逢瓢泼大雨，泥泞的小道、漆黑的夜色，我一路磕磕绊绊地赶到她家，浑身早已沾满泥水。当时何慧及她的家人看到我狼狈的面容，既吃惊又感动，我看到何慧眼里闪烁着晶莹的泪珠。我当时对何慧说，作为老师，关心学生、爱护学生是我们的责任，老师家访也是责任之一；学生的责任就是要好好学习，踏实做人，我们都有责任把自己的事情做好，就像你在运动场上一样，当时你的责任就是在比赛中争取获得优异成绩。何慧在高三整整一年中，自始至终没有辜负我的一片期望，最终以优异成绩考上了一所知名大学。大学毕业后，她通过辛勤地努力考上了一所闻名全球的美国大学。通过这件事情,我认识到,仁爱源自教师天职,责任赋予教师使命,只有仁爱与责任并重的班主任才有可能品尝到艰辛后的喜悦。教师的幸福就是学生成功后带给自己的快乐! 2006年春节前,我平生第一次收到了一封来自美国的明信片,上面写着至今让我难以忘怀的几句话:"老师,您是我前进路上的一盏明灯,照亮我直到现在;您又是我人生旅途中的一汪清泉,发自肺腑的滋润使我一辈子回味无穷!我会永远记得您,记得那个家访的夜晚!我敬爱的老师!"记得那时,喜悦之情让我激动了很多天。

第二,态度意识。

我有着多年担任班主任的经历,先后在五所不同类型的学校工作过,既有职业中学,又有普通中学;既有条件较好的矿山学校,又有条件较差的薄弱学校;既有农村学校,又有城市学校。但无论在哪所学校里,我对教育教学的态度都始终如一,那就是兢兢业业、扎扎实实地教书育人,对得起学生们一个个焦渴的眼神,对得起家长们一份份信任和热情。任小艾曾说:"对每一个老师来讲,你的学生可能在你的班级里是百分之一,但对每一个家庭来讲,这个孩子就是百分之百!就是父母头顶上的一片天!"所以,我认为,教师每天带给学生的理应是梦想的阳光早餐,搭给学生的理应是攀登人生巅峰的云梯。在平时的教育教学过程中,我们经常听某些教师说,我不行啊,这个事情还是叫别人去做吧;或者说,我没本事,我干不好。姑且不说教师的能力强否,单是这种拒人千里之外的工作态度本身就是一个很大的问题。我们之所以不行,往往不是我们不行,而是因为自己内心深处就为自己作出了结论,不想做或不愿意做。这绝对是个态度问题。

我工作仅两年后,就调到另一所学校。报到第一天,学校领导好像漫不经意地跟我说了一句话:"钱老师,下半年你准备带一个班级的政治课。"当时我只是笑笑而已,并不在意。哪知正式上课时,学校果真给我安排了一个班级的政治课,而且还安排我当这个班级的班主任。当时我就傻眼了。第一,这个班级的学生情况比较复杂,生源素质不是很好;第二,我的专业是历史,教政治课可是极大挑战;第三,我工作才两年,从没有干过班主任工作。带着这些困惑,我专门找校长问能不能换一下,让别的教师担任班主任，我只带政治课。记得当时校长跟我说："世上的路不是别人帮助你开好以后让你走，你自己要学会开路，然后才能学会走路。是学会自己开路还是走别人开好的路由你自己的态度决定。"我只好硬着头皮应承了这项安排，我知道，做好班主任首先要带好这个班级的政治课，万事开头难，我"两条腿同时走路"。一方面，我认真地备课上课，虚心地请教，力求使自己每节课上得精彩生动。因为我深知一个优秀班主任首先必须是一位优秀的教师，课堂上的魅力远远胜于一切苍白的话语，只有在课堂上抓住每一位学生的心，才能走进学生的世界，才能与学生有更多的沟通，才能把握住每一个学生成长的瞬间，才能为学生的成长随时端上一张凳子，垫上一块砖头。另一方面，我深入班级，与学生打成一片，周末多次不回家，利用学校地处江边的优越地理位置，带领学生漫步在长江岸边沙滩上，与学生一起拾捡贝壳、沙滩野炊；或者在芦苇丛中玩起捉迷藏的游戏；或者一道到附近农民家里帮忙干农活……特别值得一提的是，当时有一位同学得了急性阑尾炎，学校距离医院相对较远。得到消息以后，我当机立断，随手推起学校的一辆板车，带领几位男同学迅速将该名生病学生送往医院，医生说幸亏送得及时。就这样在随后一周中，我不断往返于学校和医院之间。这次事情以后，我进一步获得了学生的信任和尊重，班级各项工作很少让我感到棘手和难办，学生的政治成绩也一直非常不错。正可谓态度决定一切，没有态度就没有热情，就没有投入，就没有收获，就没有快乐！假使当时我决定退却，就不会收到分别后每年如雪片般的祝福。

态度不是豪言壮语，不是语言的巨人、行动的矮子，而是积极地投入、积极地参与、积极地帮助、积极地交流。有积极的态度就有真挚的情感，有真挚的情感就有显著的效果。从这个角度来讲，我认为教师对工作的态度也是一种爱，体现了老师对学生的大爱。这种大爱是老师在学生成长道路上撑起的一片树荫，是老师赠予每一个学生走上社会后的一座风向标。这种大爱可以让每一个学生远在天边的梦想近在咫尺！

第三，目标意识。

德育的核心是育人。班主任肩负着比其他任课教师更重的育人任务，所以也肩负着更大的责任，这个责任的目标就是让你所有的学生都能成为对社会有用之人。育人是一个作用于人的精神世界的独特的过程，是班主任根据一定的德育目标要求和学生思想品德形成和发展的规律，有目的地施加教育影响的过程。所以班主任要实现德育目标，要切实注意把满腔的爱施加于整个教育过程。曾经流行着这样一句话，人世间没有无缘无故的爱，也没有无缘无故的恨。所有的爱都有原因，所有的爱都有目标。家长对自己孩子的爱是希望孩子能有更大出息，老师对学生的爱是希望学生能飞翔到更广阔的天地。心理学实验表明，某个人一旦形成对他人的崇拜，认同他信任的对象，就会在内心深处产生难以磨灭的依恋和向往，甚至不惜一切代价去追求自己的目标。今天许多狂热粉丝的出现就足以说明这个问题。人天生就不是会爱的，从被爱到会爱的过程就是一个学习的过程。很多事实证明：一个人只有得到爱，才会懂得爱，才会付出爱，才会在爱与被爱的过程中把爱的内容转化为自己奋进的动力。

2001年9月的一天，我借调到另一所学校才刚满一年。当时刚下课到办公室，一名学校领导领了几个人走过来，学校领导开门见山地对我说，想安排一个学生过来，鉴于工作关系还没有搞好，我当即就答应了。刚开始时倒也没有什么，但过了两周后，这个学生的问题就一一暴露出来：上课不听讲、作业从来不做、课后喜欢打闹、平时喜欢上网、外面还有一帮说不清楚的朋友……他来后，班级里出现的问题越来越多，而且在这些问题中，他似乎扮演着一个编剧和导演的角色。面对这些情况，我最主要考虑的是，必须对全班60多位学生负责，不能因为他一个人影响了全班。因此，我首先找了介绍他来到我班级的学校领导，结果第二天，这位学生的父亲就到学校要求我无论如何一定要让孩子待在学校，并表示一定配合我把孩子管教好。当天中午回家后，我爱人告诉我，她单位领导找她谈话了，要我无论如何也不要劝退孩子离开学校……哪里来回哪里去是走不通了，那只有想办法在班级内部解决。在随后几个星期，通过走访家长和对班级暗中调查，我逐渐掌握了这名学生的基本情况，并在了解过程中渐渐形成了帮教方案。军事上常说，最好的防守就是进攻。我通过家访得知，这名学生从小学到初二一直是个很不错的学生，也非常聪明、懂事理。但在刚入初三时，因为班主任在处理有关他的一个小错误中严重地挫伤了他的自尊心，侮辱了他的人格，导致以后他与任何老师都形同陌路。同时我还了解到这个学生非常讲义气，只要对他有恩的人他绝对会报答的。多年的班主任工作经历使我深知，软办法比硬办法更有说服力，鲜花比鞭子效果更显著。为此，走近他，与他拉近心灵上的距离应是我教育帮助他的第一步，只要这一步走好，其余工作就好做了。这一步我只用了两招。第一招："策反"。堡垒最容易从内部攻破。为此我先"策反"了班级中与他关系比较铁的几个学生，让他们在这位学生面前从不同角度为我"歌功颂德"，通过别人让他首先解除对我的敌对思想，有意无意地逐步认识到我可以做他的朋友。第二招：攻心。义气既是他的优点也是他的弱点，我从义气下手，经过交谈我们约定，他犯的小错误，我既不告诉他的家长，也不在班级公开批评；上课能听多少是多少，只要不影响课堂纪律；家庭作业能做就做，做多少算多少。因为这比他过去上课捣蛋、下课打闹、作业不做等显然要好得多。在随后一年多时间中，这名学生变化非常大，从不在外面打架了，学习兴趣也越来越浓了。我进而趁热打铁，帮助他确立自己的奋斗目标，那就是考上一所好大学，不能让别人从门缝里把他看扁。为此，我找了相应的老师为他额外"加餐"补课，我也独自承担起他的政治、历史、地理辅导任务。2003年，他以优异的成绩被一所知名大学录取。可以说，爱的教育终于有了满意的结果。在教育他的过程中，随着这名学生逐渐改变，班级里原本令其他任课教师犯愁的学生也发生了很大变化，班级渐渐趋向安静，班级管理日益轻松自如。我当时非常惊讶，事后这名学生告诉我，他曾对其他调皮捣蛋的学生说，只要钱老师还是班主任，他就不允许任何人带给钱老师任何麻烦。原来如此！

从这个事例中，我总结了教育三步法：宽容、原谅、教育。人非圣贤，孰能无过？尤其是未成年的学生。教育是爱，宽容和原谅同样体现爱。由于我在他身上投入了如此多的爱，花了如此多的心血，讲义气的他肯定非常感动，这种感动激起了他对我的亲切感、信任感，乐于接受我的帮教，乐于把我的要求转化为他的个人行动，把我的预期目标转化为他的个人努力方向。

所以说，爱，对于教师而言，就是绝不放弃每一个学生实现自己目标的机会；对于学生而言，就是努力地按照自己的人生轨迹，一步一个脚印地踏向成功的巅峰！

目标对个人发展的重要性已毋庸置疑，对于集体而言也同样重要。师生共同为实现某一目标努力时，这个目标就会是一面旗帜，引导着集体不断前进；当这个目标基本实现时，它就是一枚奖章，鼓舞着集体趋向更加完善。从某种意义上说，班集体形成发展的过程，就是实现一个又一个集体目标的历程，正如古人所说："为者常成，行者常至。"

第四，尊重意识。

尊重是人与人之间最基本的情感，也是教育重要价值的体现，因为尊重每个学生可以产生让一粒种子化为一片森林之奇特功效。民主的、平等的、和谐的教育是建立在师生之间相互尊重的基础之上，是师生之间对彼此独立的人格和精神的宽容与理解，是师生之间交流互动亲密无间的润滑剂。在教育过程中，老师对学生的尊重最主要表现就是承认学生的人格独立性，在尊重、理解、信任、平等的基础上，引导学生健全人格、自我发展。所以说，尊重学生是现代教育评价的基本原则。作为班主任，尊重学生必须先要了解学生，一般来说，了解学生的关键需从内部和外部同时进行。从内部了解学生，是要求我们认识学生可以被尊重的理由；从外部了解学生所处的地位，则是要求我们认识学生必须被尊重的原理。

我们尊重学生理解学生，我们的学生就会离成功越来越近，学生对我们的信赖就同芝麻开花节节高。只有尊重学生的个性，才能赢得自己事业的成功和学生的爱戴及敬重。假使你有500名学生，你就应该拥有500朵盛开的花朵。你用积极的心态去评价他们，用真诚的态度与他们沟通，用平等的身份去看待他们，这将会促使他们的学业日臻完善。与此同时，我们自己也在与学生一同成长，那我们的校园将会始终花香鸟语，生机勃勃。

一个班集体，一旦用"尊人者，人尊之"的思想统帅起来，一旦成员们都在言行中尽可能多地用尊重别人的方式获得别人对自己的尊重，这个集体就会产生极大的凝聚力。每个生活在这样的集体中的人，都会感到幸福、自豪，从而发挥巨大的潜力，取得意想不到的好成绩。

尊重学生独立的人格，并不意味着就放松班级管理。班级管理要靠民主和科学。在民主和科学的班级管理机制中，最重要的是我们应在尊重学生的基础上加强学生的自我教育，通过自我教育把民主和科学的班级管理机制转化为每一个学生的自觉行为。懂得了尊重，就懂得了教育，而真正的教育是教会学生自己教育自己！

众所周知，培养一批自治自理能力强的班干部对整个班级管理非常重要。评价和衡量一个班主任管理水平的高低，一项主要指标是看他能否组建起一支自律性强、组织协调能力棒并具有亲和力和感召力的班干部队伍。若如此，那这批班干部必将成为班主任的得力助手，不仅班级管理得如鱼得水，而且班级文化建设也必将灿烂多姿。

一般而言，班主任理应按照"扶着走、领着走，放开走"三原则，积极抓好和加强班干部队伍建设。所谓"扶着走"，这是班干部队伍建设的关键一步。一个新班集体组成以后，会遇到一连串的第一次——第一次组织早自习、第一次带领学生劳动、第一次组织课外活动等。在第一次完成某项活动前，班主任要耐心指导，手把手地教。年级越低，越得细心指导。如第一次组织早自习，班主任要告诉班长提前十分钟到校，先将早自习的内容和要求抄写在黑板上。等同学们到校后组织上早自习，个别同学学习有问题要耐心解答，对纪律有问题的同学要先暗示后提醒，尽量不发生冲突。早自习结束后要学会进行自我小结或反思，以便下次改进工作和提高管理水平。所谓"领着走"，这是半扶半放阶段。班干部有了一些经验以后，班主任可在各种具体工作之前，发挥参谋作用，请班干部提前设想并做好安排。如，班里组织春游，班主任请班干部谈谈安排什么活动，注意哪些安全等，然后班主任补充，并充分预测好天气情况，如下雨怎么办等。只有不断地扶持、引领、指导，班干部才会逐渐成熟起来。所谓"放开走"，即班干部有了一定的工作能力后，班主任应放手让他们大胆工作。放开走并不是班主任撒手不管，可定期召开班干部例会让班干部交流经验，开展批评和自我批评。班主任要大力表扬敢于管理、独当一面的班干部，在班干部中形成比、学、赶、帮、超的局面。同时，班主任对班干部要严格管理，因为班干部首先也是学生，只有发挥班干部的正能量，才能在全班树立起榜样作用。

第五，规则意识。

俗话说，无规矩不成方圆。人是社会中的人，任何人走上社会都必须遵守规则。学校教育肩负着为社会输送合格建设者的重任，在培养学生遵守规则、做一个文明现代人上更是任重而道远。当今青少年生活在一个非常开放的时代，他们享受着过去几代人都未曾享受到的一切，但鉴于他们是正处于成长中的人，面对社会多元化和五彩缤纷事物的种种刺激和诱惑，往往又难以做出正确的判断和抉择。从各种新闻媒体报道中，我们知道，当今青少年违法犯罪问题比较突出，成为社会治安综合治理中的一个重要问题，而且呈现出低龄化、作案团伙化、手段现代化、手法残忍化、趋势上升化的特点。造成青少年违法犯罪的原因是多方面的，诸如社会的、家庭的等客观因素，但我认为青少年缺少正确的价值取向和有效引导，缺少生活实践中自律和规则教育也是一个重要原因。

魏书生说过，一位当班主任的老师，如果凡事都和学生商量，一定容易成功。师生在充分信任的基础上共同探讨问题，才能最大限度地发挥学生的积极性。但教师要有一颗仁爱之心并不意味着不顾一切，仁爱理应建立在有规则的基础上。教师对学生的仁爱不是泛爱，而是有条件的、有准则的。

我们深知爱是教育的生命线，师爱是师德的核心。作为班主任，要懂得爱的艺术，这种艺术可以灵活多样，但这种艺术的前提就是要遵守教育教学规则，要体现学校教育教学目标。一个公认的事实是，改掉一个坏习惯比养成一个好习惯要难得多。在2004年，我听了著名教育专家魏书生老师的报告后，很受启发。早在20世纪70年代，他就意识到以"法"治班的重要性，他让每个学生共同参与制订"班规班法"，制订的原则是"事事有人做，人人有事做；事事有时做，时时有事做"，并以此来实现班级管理的"法治"化。同年又听了李镇西老师的报告，李老师继承并发展了魏书生的观点与做法，具体步骤是：首先，引导思想，从三个问题讨论着手，即你是否希望这个班最终成为一个好的集体？若要让我们的班成为好集体，需不需要每个人克服自身弱点？为了维护集体的利益而克服自身的弱点，需不需要制订一个班规？其次，统一认识，从班规制订的原则（可行性、广泛性、互制性）到共同商榷起草班规（让每一个人都成为"立法者"）再到执行班规（"班规面前人人平等"），每个层面必须做到认识统一、规则统一、执行统一。因此，受两位大师成功做法的启示，我在接手一个新班级并与学生第一次见面时，所要做的第一件事情就是要求所有学生必须列出在平时学习生活中出现的问题或错误、你认为如何处理这些问题或错误等。然后，我再把学生列出的共同问题或错误及其处理措施归纳起来并在班级张榜公布，征集学生的意见再作修改。如果都没有意见，则按照全体同学共同的建议制定出班级管理规约张贴在班级显著位置，一旦张贴后，所有同学一视同仁，如有违反，严格按照班规班约执行处理。

　　当然，在执行规则时，还需要考虑策略，而不能一味地唯规则而规则。因为有时在处理学生所犯错误时，既要考虑规约的原则性，也要考虑因人而异执行规则的效果。所以，具体问题一定要具体对待，不能一味强硬，必须要刚柔并济、软硬兼施。如果班主任在课堂上常发脾气批评学生，有时也会弄得自己很难堪下不了台，即使被批评的学生表面上服气了，但实际上他只是摄于你做班主任的威严而心里不服气。鉴于此，我在实践中不断反思并摸索出一些行之有效的招数。其中一招叫做"以退为进"。我们看电视时经常可以看到这样的镜头，老虎等凶猛的动物在进攻前先是身体向后撤，为什么撤呢？是为了更好地向前进攻！我们批评学生的缺点的时候不妨先表扬他的优点，此谓之"以退为进"。每一个学生都有自己的优点，作为班主任应该善于捕捉每一个学生身上的闪光点，虽然可能只是一个小小的闪光点，但很有可能你通过这个小小的闪光点可以挖掘出埋藏在他心里头的大金矿。苏联著名教育家马卡连科曾经说过这样一句话："用放大镜看学生的优点，用缩小镜看学生的缺点。"如我带过的班里有个男生，性格比较叛逆，具体表现可以用两句话来总结概括：班主任说什么他都不乐意，班干部做什么他都认为不对！但这个学生有一个爱好，即踢足球，口才和反应能力都很不错，出黑板报也是个人才。有一次我们班与兄弟班踢足球，结果我们班以3比2胜了，其中有两个球是他进的，我当时立即把握住这个大好时机，当天就找他谈话。首先，我赞扬他在足球场上的表现如何积极英勇，关键时刻连下两城，力挽狂澜，为班级的胜利奠定了坚实的基础，获得了同学们一浪接一浪的掌声；之后我又跟他聊了荷兰足球的全攻全守、巴西的艺术足球……聊着聊着，我发现他脸上已经露出了春天般的微笑，紧接着，我又跟他回顾了在主题班会上他如何面不改色心不跳"舌战群雄"，大力表扬他出的黑板报如何别具一格，这一通表扬之后，他已经完全放松并一直荡漾着喜悦的笑容。我看准时机，话题突然一转："你有没有好好想过，你在班上那么有才干却没有一个人选你当班干部，你有没有冷静地思考过为什么？"看他满脸疑惑的样子，我与他一一分析原因，说得他心悦诚服。又过了一段时间，我再次跟他长谈，发现这个学生在学习态度及与同学相处等方面有了很大的改观。期中考试后，他第一个打电话给我，询问自己的成绩怎么样。高二开学后，我即起用该同学做班干部，他做得很出色，而后在一次考试中进入了年级前十名。

罗曼·罗兰说过，世界因有规则而美丽。但学校规则教育不同于国家法律法规，也不同于企业管理制度，学校规则教育的具体内容应从近处着手、从学生的生活学习实际出发、从细处落实生根，这样，培养学生的规则意识和进行规则教育才能真实、简单、清晰、明确。俗话说，"言为心声，行为言表"，规则教育只有真正转化为学生的"内驱力"，才能由"他律"转为"自律"。所以，及早地植入规则意识以及开展规则教育，通过明理、激情、导行，引发学生"内驱力"产生，并进而促使"内需""内化"，变成自觉的行为，规则意识的培养和规则教育的落实才是真实的、牢固的、持久的、稳定的，而带来的班级文化建设才是文明和谐的、进取有为的！

教师要走专业化成长与发展之路，努力成为研究型、学者型教师，班主任也同样要走专业化成长与发展之路，也要努力成为研究型、学者型的班主任！我们应时刻记住陶行知先生的一句话："教师最大的成功与快乐是培养出值得自己崇拜的学生。"

【此文据笔者参加2009年暑假安徽省人社厅、教育厅组织的四川松潘县教师培训发言稿整理】

新时代，需要怎样的育人观

教育是耗时无数的人点亮人、人感染人的事业，而时间是一根红线，这头牵着学生的一生，那头连着教师的一生。在铜陵市实验高中，我与学生们走过了两载春秋，如今，作为曾经的班主任的我，正襟端坐在班主任论坛席上，细细品味点滴暖寒，唠叨些琐言碎语，敬请各位见谅。

人的一生譬如登山，唯有登高才能一览众山小，但每一险道、每一隘口，都需要别人的指引甚至牵拉。我们曾经如此，将来亦会如此。但学生呢，心智尚未成熟、生理仍在发展、知识依然碎片化、人生旅途刚刚开始，他们既要读万卷书，还要行万里路，这一切更需要家庭和教师的鼎力协助，任何环节的缺失都可能会导致他们的人生畸形发展。有人说过，把别人落下，尤其把孩子落下，是我们良心上的污点。当然，把孩子落下，绝非是教育的"专利"，我们做教师的，最重要的是把我们自己的事情做好，不违背我们的良心，这比什么都重要。

第一，坚持"绿水青山"的育人观。

自习近平总书记提出"绿水青山就是金山银山"生态文明建设理念以来，我们生存的环境大为改观，人民的幸福指数越来越高。实际上，从习总书记的理念看，"绿水青山"不仅仅是保持一种自然界的原生态面貌，更重要的是通过全国人民的共同努力，创造出更加宜人宜居的魅力中国。因此，受此启发，2017年7月，我在成都召开的一次全国学术研讨会上提出了教育教学的"山水观"，即"山是山，水是水；山非山，水非水"。"山是山，水是水"意即在教育教学中保持学生的自然天性，让所有教育从学生的自然天性出发，这是教育的信条，也是教育者的责任与义务。罗素说过："每个人在世界上都拥有一定的权利，维护自己应得的利益不应被视为罪恶。"譬如说，在培养学生公正观念上，罗素强调："公正才是我们应当努力灌输到孩子思想及观念中去的观念。"我们从学生私心出发，导向公正观念的培养，这符合人的本性。"山非山，水非水"则是强调学生的后天教育所带给每个学生的建设性变化的方方面面。教育的责任就是要帮助学生引导其内心建设性的一面，并让学生去体验建设性成果所带来的快乐，"由于经历了建设性的快乐，而催生了许多美德的嫩芽"。譬如爱国，从引导学生自爱，然后教育他们爱自己的父母，进而引导他们关爱他人，热爱自己的学校和老师，热爱自己的家乡，一步步引导他们热爱自己的祖国。唯有从学生的初心出发，教育合力才能发挥其作用；唯有从教师的初心起步，德育光芒才能照耀学生绿水长流、青山葱茏的人生旅途。

第二，坚持"以学生为中心"的"教育"理念。

教育是什么？简而言之，教育就是如何处理好"人、世、事"这三件事情。教育家蒋梦麟曾评价自己担任北大校长时一直是"以孔子做人，以老子处世，以鬼子办事"，所以，在他卸任北大校长时，傅斯年和胡适对他都持中肯的评价。我以为，在贯彻"以学生为中心"的"教育"理念的今天，必须秉持仁义做人、豁达处世、踏实办事的理念，这既是人立世之本，也是教育的至尊目的。

铜陵市实验高中自办学以来，在学生成长与发展中，学校领导们殚精竭虑，群策群力，为学生潜力的释放搭建了较多平台，为学生才技的施展提供了一些舞台。譬如导师制度、教师辅导制度、各种学生社团、各种体育活动、研学、家长委员会制度、智慧课堂等，这些制度或活动的实施与开展，既为学生成长与发展提供了一定的"弹药"，也将教育力量集中起来而形成了一个有担当感、有使命感的学生成长责任共同体。但是，我个人认为，学生成长与发展的正当的合理的实际需求还有很多，如做人处世、学习做事等，因此，学校有义务有责任开发更多的教育教学"产品"，更好地满足学生们的需求，使学校对学生的教育管理由线性思维发展到坐标思维，创造更具特色的校园文化，最终形成一个更好地互动、更有效地运行的"以学生为中心的教育"机制，产生更大的教育教学效益。

第三，延伸教育维度，打造学校家庭教育品牌。

我们大家知道，家庭、学校和社会是学生受教育的三大平台。家庭是学生受教育的启蒙之花园，学校是学生受教育的拓展之路径，社会是学生受教育的实践之归宿。所以对于学生人生发展而言，三者不可或缺。苏霍姆林斯基曾说："没有家庭教育的学校教育和没有学校教育的家庭教育，都不可能完成培养人这一极其细致和复杂的任务。"朱永新也说："家庭、学校、社会不同教育主体之间的合作才能真正地产生磁场，才能发展为精神的共振。家校合作共育是激活教育磁场最重要的方法。"德育教育虽是学校教育的重中之重，但绝不是学校一家之要务，而是家庭、学校、社会共同的使命和担当。德育教育应贯穿学生成长发展的全过程，渗透在智育、体育、美育和劳动教育中。

譬如家访，家访在学校教育中的地位不可小视。毫无疑问，教师与家长间、学校与家长间的相互信任、相互协作的关系是通过交流交往形成的，而家访工作就是教师、学校主动与家长交往交流的最好方式，也是拉近教师与家长、学校与家长的距离，更是塑造教师和学校的口碑、传递新教育的重要途径。我们铜陵市实验高中孩子的整体素质较一般，这更需要通过家校密切配合才能把原本一般的素质提升到较高水平，才能更好地达到家长对孩子的期望值和孩子对自身的满意度。通过家访，可以与家长共同分析学生在家校中的学习生活情况、了解学生的生活习性、教养环境和教养方式、行为品质、为人处世态度，听取家长对学校发展方面的有益建议，赢得家长对学校办学行为的理解和对学校发展方向的认可等，最终与家长达成共识，让家长学习并认同学校办学理念和班级管理理念，打心底里拥护学校和班级各项建设性举措。所以，家访架起的是家校沟通的桥梁，传递的是爱的教育力量。教育在家访路上实现延伸。

第四，学点管理学，提升班主任的管理水平。

从教育管理学角度看，班主任理应定位为管理者。其既为管理者，管理的理念、水平和能力攸关一个班级团队建设的好坏。所以，班级规划发展和各项工作的思维力、组织力、领导力、胜任力是班主任作为管理者的四项必备能力。对班主任最大的考验是，三年中，你如何将你这个班级群体转变为有效的令人羡慕的团队？这需要有可行的计划与目标、共同的责任与分担、足够的信任与激励、积极的态度与沟通、灵活的方式与技巧、强劲的凝聚与运作、和谐的互助与友爱、坚定的原则与制度等；同时，班主任也必须成为有魅力的、有亲和力的、有愿景的心心相印的真管理者，正如陶行知先生说过："真教育是心心相印的活动，唯独从内心发出来的才能打动心灵的深处"，只有这种心心相印的感染和碰撞，才能提升班级管理幸福指数和大家对班级管理的满意度。

寥寥数千言，权作花拳绣腿，难及班级管理之冰山一角，更何况，仁者见仁，智者见智。

【此文据笔者在2018年班主任经验交流会上的发言稿整理】

■ 明德通百意　心驰役万里

再次有幸端坐于班主任经验交流会，我的内心却是起伏蹁跹，说什么呢？思前想后，不妨以我近年来班主任工作的三点感想献与交流会，以飨各位，不妥之处，敬请指教。

一、传承德本，推德怀远

现今的中国正处于中华民族伟大复兴的转型阶段。在现代化已成为世界浩浩荡荡的历史潮流的形势下，保存中华民族优秀传统文化的同时还要让这棵古老的参天大树焕发生机，不可能依靠任何别的什么人，只能依靠我中华民族自己，以人为本、天人合一、自强不息、厚德载物、崇德尚贤、天下为公、和而不同等一直是中华优秀传统文化的"魂魄"。我们是中国人，不忘我们的历史，传承我们的优秀文化是中华儿女的责任，我们的"往圣先贤"才是我们真正该信仰、缅怀和追思的！落叶归根，返璞归真，几千年来中国都是一个"以德为本""治以道德为上，行以仁义为本"的文明大国。因此，继承和弘扬中华优秀传统文化理应成为学校德育教育的一项永恒的重要课题。但在教育形式上，空洞的说教式教育很难融入学生的情感之中。为此，我采取简洁生动的形式把中华优秀传统文化德育教育变成学生时刻不忘的必修课，结合我市市情和学生实际撰写了《班级道德教育四字经》，张贴于班级醒目之处，让学生不断诵读，领会贯通：

序曲

巍巍铜官，镶缀长江。赫赫金牛，惊醒凤凰。

青铜故里，千年光芒。莘莘学子，爱我家乡。

自强不息

中华人杰，千古流芳。民族仁德，精神永递。

混沌盘古，开天辟地。雁忧屈子，天下心系。

磨难司马，百炼史记。谪戍林公，矢志坚毅。

盛世昌隆，毋忘大义。逶迤关山，自强不息。

谦恭礼让

谦谦君子，礼貌恭敬。礼仪之邦，尚义重情。

尧舜禅让，德泽后人。三顾茅庐，汉室复兴。

程门立雪，主席敬亲。尊师重教，国人协心。

谦逊有得，亏乃月盈。处世谨记，路任我行。

诚实守信

君子一言，驷马难追。表里如一，人间淳美。

曾参教子，寸草春晖。季布一诺，千金不悔。

立党立国，信乃民水。我辈立世，诚是首规。

诚实守信，坦荡胸怀。律己立身，时不我待。

助人为乐

助人为乐，人和世谐。舍生取义，美德名扬。

管鲍之交，世人景仰。梁山英雄，乐善时尚。

雷锋垂范，风高节亮。后辈青年，当仁不让。

雪中送炭，你追我往。宅心仁厚，孔德昭彰。

求实创新

中华文明，绵延至今。承前启后，求实创新。

礼乐德治，咀华含英。四大发明，寰宇翻身。

改革开放，天下归心。神舟揽月，举世震惊。

畅游学海，革故鼎新。科学高峰，争相攀登。

勤劳俭朴

耕渔纺陶，民族存道。泱泱中华，亘古颂耀。

大禹治水，黎民福照。道婆布道，江河顿笑。

延安作风，制胜法宝。大庆精神，似海滔滔。

吃苦耐劳，不赶时髦。克勤克俭，定有回报。

仁爱孝悌

仁者爱人，古训传今。中华孝悌，吾需创新。

曾子侍母，天地哽咽。晋朝杨香，扼虎救亲。

朱总感恩，文显情深。无数英烈，日月鉴情。

为亲仁孝，为国忠诚。尊老爱幼，山高水长。

明德正直

孔圣德行，千秋惠泽。修身齐家，至理依然。

苏武班超，正气浩然。贞观开元，盛世大唐。

先辈贤哲，磊落榜样。为人处世，一脉相传。

当今学生，扬我国粹。明德正直，处世首要。

淡泊明志

知者乐水，仁者乐山。大千世界，物欲难攀。

田居陶潜，恬静心安。孤舟笠翁，独钓灿烂。

贤者范公，忧乐民瞻。功勋稼先，千古谁堪？

寄语青年，淡泊水山。明志为国，立马试看。

尾曲

白云飘兮，谁与翱翔。南风薰兮，吾辈图强。

长江涛兮，先哲榜样。天井美兮，分外妖娆。

《班级道德教育四字经》主要围绕着学生思想道德建设的各个方面，引经据典，得到了学生家长和部分老师的积极肯定。可以说，从学生高一入学到现在，班级秩序井然有序，课堂气氛紧张活泼；学生们大都勤奋刻苦、挑灯夜战、恪守道德。一个整洁有序、崇德尚礼、严谨活泼、求真求实的班风班貌已然形成并不断深化。

二、润物无声，沟通无限

我一直认为，让学生写周记是师生沟通的具体化和精致化的重要方式。周记是师生情感沟通的无声桥梁，是映照班风班貌的澄亮明镜，也是提高学生写作水平的精巧密钥。

从学生角度来说，周记可以用来了解学生的思想动态、班级情况、学习情况、写作水平等，进而提高学生的认识，从而在全班范围内形成正确、积极、健康的舆论环境，有利于集聚班级健康良性发展的正能量。

从老师角度来说，周记可以用来回顾反思一周内的教育得失、经验教训，让老师对班级情况有一个更加详细和全面的了解，提高工作的针对性和准确性。老师除了用周记来了解学生一周内发生的事情外，还可以用来锻炼学生的写作能力，使学生的写作能力得以提高。

周记的话题可分为校园学习生活、班级团队建设、励志感恩、话题作文、视野拓展等。例如，2016年9月至2017年10月，我班的部分周记题目为：

1.印象

2.智商与坚持

3.人生与书声

4.九月寻思

5.我的寄宿生活

6.月考过后

7.承诺与行动

8.竞技与学习

9.人生需要聚集

10.认识自我

11.谈背诵

12.论高中

13.谈读书

14.苦

15.笑与哭

16.纪律

17.青春

18.感恩

19.责任

20.坐功

21.自律与自立

22.临近期末

23.走进高二

24.大树与小草

25.美德即知识

26立德与立人

27.起点与终点

28.我的学习小秘密

29.学会另只眼看世界

30.小我与大我

31.一根筷子与一把筷子

32.眼界与视野

33.将来我能干什么

34.木桶理论

35.知识、能力与素养

学生每周写作的周记，我都会给予评价，有针对性的，有励志性的，有提醒性的。如：与铜陵一中、三中学生相比，我们的差距不在智力，而在坚持;做一颗石子,沉下去;干要踏踏实实地干,玩要快快乐乐地玩;任何平凡的成绩,乘以时间,都能变成一座让人难以逾越的高峰;现在努力的你成就明天阳光的你。

三、渡己渡人,心役万里

魏书生说过,有作为的人,每天都在塑造着新我,每天都从一个新的角度去认识世界、认识自我、设计自我,他的心灵像电闪雷鸣,不断放射出新的光芒和声音。确实,只有不断渡己,才能不断渡人,才能心役万里。

当教师累,当班主任更累。我们很多老师不愿当班主任,主要是因为班主任工作是个无底洞。但人都是有感情的,面对教育,面对教学,面对学生,班主任的一举一动对学生的影响远远超过其他任课教师,甚至超过家长。那班主任如何渡好自己呢?

其一是微笑。微笑是世界的通行证,是班主任魅力的集中体现。班级管理上无论多犀利有理的言辞抑或严肃的批评,也比不上那动人的一笑。有时,无论多复杂的知识或者多精深的思想,都伴随着那轻轻一笑就走进了学生的心灵。所以,当你懂得这道理,就应该收起你的刻板式的表情来,多对学生笑一笑!因为太阳是笑的,西瓜是笑的,作为班主任的你没有理由不笑。当然,微笑应该是真心的,如果笑不起来就免了吧,因为,皮笑肉不笑比不笑还让学生难受。每天给学生一个微笑,让班级始终阳光明媚!

其二是信心。信心是什么?是面对社会各式眼光时挺直的腰板,是面对来自学校的压力时的理解和宽容,更是面对学生教育教学管理时的从容。没有信心,对自己充满怀疑,难免畏首畏尾,十分力气只使得出三分,本来迎刃而解的事情偏偏半途而废。有信心的班主任在望着前方探索教学之路,没有信心的班主任在四下搜寻生存之道。拿出自己的信心来,少一点讨价还价,勇于承担,奋然前行!记住,我们不能改变风的方向,但我们可以改变帆的方向!

其三是平和。教师是一份淡泊名利的职业,但并不是没有名利可争,从先进到职称,从生源到教师搭配,从学生成绩到教师考核……一桩桩一件件,都可以让一些老师暂时失去平和的心态,失去原则,甚至失去理智!

殊不知，淡泊以明志，宁静以致远，只有心态平和的教师，才能在教学中不急不躁，游刃有余。毕竟，教师工作的对象是学生，工作的内容是增长才干，工作的方式是思想的交流。任何急躁的心态，都如迅猛燃烧的火，是做不出一桌好菜来，供那些急需营养的学生下咽的。河流不管水来不来，都会给船留好宽度，这是河流的淡泊。作为教师，永远要守住心灵的一块净土，每时每刻都应给自己的人生留出一个可以随时流淌的出口！

其四是奉献。教师是指路的灯，点亮自己，照亮学生前进的路。教师是摆渡的船，送走一批又一批匆匆的过客，自己却独守寒江。教师没有什么大名大利，只有从学生到社会的尊重和可以糊口的工资。也许，我们的所得总是那样少，而我们的付出却总是那样多。也许，从选择教师这个职业开始，我们就选择了牺牲选择了奉献。对我们来说，奉献不只是一种精神，更多的是一种生活方式。不是我们要奉献什么，是我们已经在奉献了。内心的富有才是真正的富有。只有先照亮别人，才能更好地照亮我们自己。

其五是快乐。什么东西能让我们的课堂充满生机？是快乐。谁的课堂是快乐的，谁的教学就是轻松愉快的。班级管理的快乐主要源于班主任的快乐，而班主任的快乐取决于自己的思维取向，总能看到生活中积极的一面的人才能是快乐的。习惯看到生活中积极的一面的教师总是引导自己的学生也看到生活中积极的一面，因而习惯以积极的态度学习和生活。积极的生活态度意味着向上进取的习惯，意味着更多的成功、更多的快乐。有的老师快乐不起来，他们为半瓶水空着的一半苦恼、郁闷，并且担心失去剩下的一半，为何不为还在的半瓶水快乐？一个人的幸福感，就是在这种不计较别人说什么，埋头做好事的胸怀中产生的。只有心灵资源丰厚肥沃，智慧之花才不会枯萎！欲望的领地愈小，快乐的空间越大！快乐无涯！

其六是宽容。飞翔取决于翅膀，仁爱取决于宽容。宽容是学生歇息的港湾，展翅的枝头，宽容的力量远远超出了惩罚的力量。孩子们正在成长，正在尝试人生，所以，我们一定要宽容他们成长中的过错。宽容让迷路的孩子始终有一个走回正道的机会，让掉队的孩子有赶上队伍的机会，宽容让更多孩子感到一种温暖的鼓励，鼓励他们继续成长。而这种温暖，对稚嫩的心灵有一种吸引力，指引他们走向坚实的未来。请用成长的眼光来看待我们的学生吧，他们能有几多过失是不能被宽容的？

其七是诚实。诚实是堤，仁爱是水。我们教学生，要诚实，诚实是为人之本。我们对待学生，要诚实，诚实是为师之本。也许我们比那些孩子聪明世故，但是我们不能因此以为可以欺骗他们，因为谎言就是谎言，是迟早都会被事实这根针扎破的气球，这与年龄和智商无关。没有比诚实更让孩子们心里踏实的东西了，没了诚实就没了孩子的信任，更谈不上亲近、崇敬和爱戴。诚实是一种超强的吸引力，让孩子们自动聚集在教师的周围，愿意跟随教师去探索科学的未知，自觉地珍惜和维护教师付出的努力。诚实，让我们的班级因"人和"而总有意外的惊喜！

其八是反思。教育本身就是具有创造性的精神活动，所以教育者理应充满理想主义、人文情怀和独具个性的思考精神，并将之贯穿于教育的每个环节和整个过程。这里的思考首先指对自己的思考，即把自己当作研究对象，揣摩、琢磨、体验、品味着自己已经和教育水乳交融的日常生活；同时，"思考"也包括关注、研究、咀嚼、审视别人的教育实践和教育思想。如果这思考带有对自己进行检讨、剖析的意味，它便成了我所理解的"反思"，而这种反思的习惯和能力正是任何一个教师走向成功必不可少的精神素养和职业品质。教师应该在反思中肯定自我，批判自我。教育者的反思有两类：一类是对教育实验的反思。既然是"实验"就有可能成功，也有可能失败，如果能够以科学的态度进行反思，即使是失败的教育实验，也是一笔财富；而对于成功的实验，同样需要以科学的眼光进行实事求是的剖析和评价。一类是对教育行为的反思。反思不仅仅是针对明显的教育失误，也包括对自己一切教育（含教学）行为的反思：和学生谈一次心，给学生上一堂课，组织一次学生活动，甚至是和学生交往过程中的某一个蕴含教育因素的细节，都可以成为我们反思的内容。精益求精，与时俱进，缘时而新，因人而异，都可以使我们的教育更加完美，更具心灵的感染力。不学习永远不可能在反思和总结中认识自我！

【此文据笔者在2019年班主任经验交流会上的发言稿整理】

■ 给高三（5）班孩子们的公开信

高三（5）班的孩子们：

你们好！

再过不到一年紧张的学习生活，我们就要告别这既短暂又难忘的三年相聚。作为老师，也只能把你们摆渡到人生的又一个津口，等待你们的，将是另一艘奋斗的邮轮载着你们驶向更远方。此刻此心，我仅能用一个词"希望"来概括：希望你们在铜陵市实验高中里继续不懈地夯实你们明天跨越腾飞的基石！希望你们在明年的此刻带给你们的家庭更多的快乐和欢笑！希望你们能以顽强拼搏的意志品质、乐观进取的人生态度、广博厚实的学识学养、德善有余的处世能力去纵横天涯海角、去描绘缤纷世界！为此，在你们走进高三新生活之际，我有一些贴心话要对你们说。

第一，关于规则。世界是有形的，更是有规则、有秩序的，遵守规则、遵循秩序是世界错落有序的前提和基础，是谓不以规矩不成方圆。从你们跨进实验高中到现在，老师对你们所讲的规则与知识同样多，故而，你们一定要"内外相应，言行相称"，尤其是值此人生的关键节点，你们更须遵守校规校纪，拒绝游戏、手机、游玩的诱惑，从现在做起，从每个题目做起，从抓住每一秒钟做起，因为自律才能自强。孩子们，你们要永远记住：遵循规则，则多点甜头，少吃苦头；遵循规则，则多点捷径，少走弯路；遵循规则，则多些保险，少点危险！

第二，关于学习。现今的时代缤纷多姿，身处如此盛世，既是你们的荣幸，也是你们的优势。但是，这一切并非是凭空而来的，这是前人拼搏奋斗所给予你们的遗产。你们现在所要做的就是立足于前人的成就更加努力地发扬光大现实的灿烂与辉煌。我一直对你们说，三年实验高中的生活与学习，你们带回家的一是健康的身体和心智，二是一张值得骄傲与自豪的大学录取通知书。故两年以来，我不时地告诫你们："干要干出名堂，玩要玩出快乐！""做颗石子，沉下去。"你们正处于青春年华，但青春意味着什么？意味着要有更多的付出，意味着要打造能担当的坚实臂膀。学习是你们接下来这一年唯一的任务，走向理想的高校是你们接下来这一年唯一的蓝图。虽然你们很聪明，但天赋如同自然花木，要用勤学苦练来修剪的，而你们还缺乏吃苦耐劳的意志和追问钻研的品质，这也是我对你们感到不放心的重要原因。理想是丰满的，现实是骨感的，我们想要明天的美好，我们更需今天的勤劳。现在距离高考不到三百天了，在剩下的时间里，我坚决地相信，你们一定会知道怎么办。我更坚决地相信，明年的今天，你们会给家长、老师以及所有关心你们的人一份精彩的人生答卷！

第三，关于挫折。世上的路坑坑洼洼，人生的路也跌宕起伏，即使是期望很平静地生活，有时，你也还是会摔跤，摔得很疼，或许还会受伤——这就是挫折。挫折是人生的常态，你们不能把它看作人生的病态。我们每个人都会有各种各样的大大小小的挫折，虽然挫折、逆境让你们一时痛苦、难受，甚至煎熬，但你们不能被它打倒。只有经过挫折和苦痛的磨练，人生才能丰满。俗话说：挫折像弹簧，你弱它就强。是正视，还是逃避？是勇敢地克服，还是无谓地沉沦？不同的态度，不同的人生。已经高三了，考试也是你们高三学习生活中的常态，一次考砸或者一科考砸，不要紧，爬起来，忍着疼，无畏地继续前行。在现实中，确实会有人经过一次、两次小小的挫折，已经躺在地上不断地唉声叹气，说句心里话，这是为我所不屑所鄙视的。高一入学之初，我对你们说过，你们对于我们，我们对于你们，统统是一张白纸，而这张白纸图绘如何，看这三年的努力。孩子们，你们要知道，老师是山，学生是水，只有山光水色相互映照，只有我们彼此相依携手共进不忘初心，才能绘制出如诗如歌的美景。所以你们要记住：成长的路途中没有一步登天的魔毡，你们的双脚必须坚实地踏在高考复习大地上，一步一个脚印地走！孩子们，我们心往一处想，劲往一处使，共同在接下来这一年甘苦相伴中实现人生最关键时刻的价值，共同清扫阻碍我们前行路途中的每一个绊脚石，愿我们的付出都会有收获，愿我们每个人的心中都荡起幸福的涟漪！

第四，关于寄宿生活。实验高中是一所寄宿制学校，两年前，你们背着行囊离开家庭来到学校，开始了寄宿生活。这两年以来，我与你们都有着切身的感受。确实，两年的寄宿生活，你们变化了许多，成熟了许多，家长与我们都由衷地为你们感到高兴与欣慰。寄宿生活不仅仅是生活空间和方式的改变，从教育的角度上看，是一种视野和思维的跨越与升腾。在寄宿生活中，一棵树摇动另一棵树，一颗火星点燃另一颗火星，一种思维感染另一种思维。在这摇动、点燃和感染下，你们既深深地浸染了团队意识，体会到团队力量，更是拨动了你们自我管理、自我约束、自我发展的潜能。因为在这里，你们懂得了如何生活，懂得了如何规划，懂得了如何担当，懂得了如何换位思考，懂得了如何注意细节，这些感悟的获得，必将是你们迈进大学后进一步发展的优势。我相信，若干年以后，你们再相聚，趁你们青春的记忆还有余温，趁你们对实验高中的回忆尚有依稀，你们一定会记得这位同学如何如何，那位同学如何如何。在你们记忆的匣子里，将会永远重复着那些不变的动作，将会永远晃动着那些青涩的脸庞，将会永远回想着那些独特的绰号……

最后，祝愿所有孩子在这一年中平安健康！衷心地祝愿所有孩子在2019年能如愿以偿金榜题名！

永远喜欢你们的钱老师

2018 年 8 月 23 日

■ 给高三（5）班家长的一封信

各位家长：

大家好！

两年前的今天，你们亲手把孩子交给了铜陵市实验高中，交到了我们手里。可以说我们实验高中领导是有担当的，我们实验高中老师是有责任心的，这一点，经过两年的观察与了解，相信你们都看到了、听到了。如今，距离高考只剩下不到三百天。也许，你们现在都很紧张和着急。曾作为高考生家长的我，十分理解你们现在的心境，然而，这并不是目前解决问题的办法，唯有认真对待、认真思考、认真践行，才是可行之法！

我先给大家说个故事：

一位学生问老师："什么叫发现？"

老师回答："已经存在的东西，被找到了，叫发现。"

学生继续问道："那什么叫发明呢？"

老师说："原来没有的东西，被创造出来了，叫发明。"

学生哈哈一笑，说："我懂了！"

老师让他用这两个词造句。

学生造了两个句子：

第一句："我爸爸发现了我妈妈。"

第二句："我爸爸和我妈妈发明了我。"

我很赞同这位学生的观点。孩子就是家长的"发明"。但把孩子生下来，只是完成了这个"发明"的一小步。把孩子培养成一个做人做事都很成功的人，一个道德高尚的人，一个有益于社会的人，才是真正完成了这个"发明"。

如何做到这一点呢？

工欲善其事，必先利其器。好的家庭教育方法使我们做家长的在教育子女的过程中可以游刃有余，充分地享受其中的喜悦。家庭教育作为铸造青少年健全人格的第一堡垒，每一名家长都理应成为这一堡垒中的优秀卫士。我认为，成功的人背后必有优秀的家长，而优秀的家长必有一套成功的家庭教育方法。从我的角度，姑且归纳为以下五点成功的家庭教育方法：

第一，施给孩子以德。古希腊物理学家阿基米德曾说："给我一个支点，我就能撬起整个地球。"一个人的优秀品格和独立人格，应是支撑人一生的杠杆。朱德年幼时，其母在给予他无私而宽广的母爱的同时，也教会了朱德如何做人，正是因为朱德从母亲身上汲取了中华民族的优良传统，才有了后来伟大的一生。一个人无论才学多高、见识多广，若是没有立身之德、处世之德，找不到支撑人生的杠杆和支点，那么这个人不仅无益于家庭，而且也无益于社会，正所谓"仁义为友，道德为师"。孩子们都已处于高三，学习任务很重，学习压力很大，而且孩子们处于寄宿生活，每周只有短暂的时间与家长相处，但在任何时候，家长都不能忘记施给孩子以德。亚里士多德说："遵照道德准则生活就是幸福的生活。"只有"汝若全德，必忠必直；汝若全行，必方必正"，孩子们才能让你们更加放心。故家长们一定要记住：春雨润物，明德育才；泽流及远，万里无忧！

第二，关注优点。假如你有一片空地，你想把它变成一片美丽的花园，你将如何去做？你不仅要育苗，你也得除草。除草当然是重要的必要的，但工作的重点应放在育苗上。同理，家长成功的教育，其实质就是要在孩子的精神世界建造美丽的"花园"，如果把孩子的优点比作苗的话，缺点就是草。关注优点，就是把教育的重心放在育苗上，发现优点，培养优点，扩大优点，记录优点，奖励优点……总之，重点是在优点上做文章。

我国著名的育儿专家郭中平老师曾讲过这样一个故事。有一次，他应邀到一所学校为家长做讲座，课后咨询时，一位母亲大谈特谈她的孩子有许多缺点，学习不用功，不听话，粗心……似乎她的孩子全无优点。郭老师当即打断她的话说："刚才你说的全是你孩子的缺点，可不可以谈谈你孩子的优点？"这位母亲一句话也说不出。郭老师建议她回去以后仔细地观察，找出她孩子的优点。一个星期以后，他们又见面了，这位母亲一见面便迫不及待地说："我发现了孩子五大优点。"随后，这位母亲如数家珍般地说："听话、细心……"郭老师笑着说："这么说，不是你孩子没有优点，而是你做家长的发现。"从这个故事中我们可以悟出：处于青春时期尤其是高三的学生，成绩时高时低，学习表现时好时坏，对父母的态度时顺时逆，这是一种很自然的现象，关键的是我们高考生家长应当关注孩子什么。可以说，关注优点就会发现孩子的优点，关注优点就会增加孩子的优点。根据相关研究，有五大优点对孩子的成功具有关键作用，需要家长重点考虑。这五大优点是：自信、进取、毅力、创造力、乐于助人。倘若每一位家长都能在与孩子每周短暂的相处时光中耐心地倾听孩子们在学校的生活学习，能与孩子们平等地交流，不只盯在学习成绩上，我相信，孩子们就能从家长身上汲取学习生活的正能量，牢记自己在学校的初心，毕竟，你们与孩子间的亲缘关系将是孩子们昂首迈进的养料！故家长们一定要记住：一束赞许的目光，一个会心的微笑，一次赞许的点头，都可以传递亲情的鼓舞，都能够表达对孩子的关爱，都能够奠定孩子走向成功的基石！

第三，少用、慎用负向手段。负向手段是教育常用的两种手段之一，包括批评、惩罚、否定等。在家庭教育过程中，这种手段有一定作用，但一定要慎用、少用，为什么？因为负向手段有许多副作用，不利于孩子走向成功。比如你有一颗珍珠，遗憾的是这颗珍珠上有一个小斑点，若能去掉这个小斑点的话，这颗珍珠就是无价之宝。于是，你用刀削去珍珠的表层，但斑点仍在，又削，还在，就这样一直削下去，直到斑点被削掉，可珍珠也被削完了。若我们把孩子的缺点比作斑点的话，孩子的优点就是珍珠，而珍珠与斑点是共生的，削掉斑点的同时也削掉了珍珠。可见，负向手段的运用，如果不注意场合、方式、时间的话，就会削弱孩子大脑的灵活性，限制孩子潜能的开发，甚至可能导致父母与子女关系的紧张，所以家长在运用负向手段时一定要牢记："少用、慎用！"据我两年的观察与了解，班里面每个孩子都存在各种缺点和不足，明朝思想家王守仁说过："大抵童子之情，乐嬉游，而惮拘俭，如草之始萌芽，舒畅之，则条达，摧挠之，则衰萎。"故家长们一定要记住：什么时候都别只盯着小斑点，教育孩子别只用负向手段，更应该关注孩子的每一个闪光点，赏识远比批评更有效！

第四，永远对孩子有信心。美国著名心理学家罗森塔尔曾做过这样一个心理实验。实验中，他把一群小白鼠随机分成两组，一组交给A组实验者训练，说这是一组聪明的小白鼠，另一组交给B组实验者训练，说这是一组愚笨的小白鼠，实际上两组没有差别而且两组训练者的水平也差不多，但训练后测试结果表明，聪明一组的成绩远远高于愚笨的一组。其后又采用类似的方法在学校里进行实验，几个月以后，事实证明聪明一组的成绩也高出另外一组，这就是著名的罗森塔尔效应。它告诉我们：当家长对孩子抱有信心时，孩子也会对自己更有信心，也就可能会有更大的进步。看到孩子表现好时就信心百倍，看到孩子表现差时就信心锐减，这对孩子的成功是不利的，尤其在孩子表现差时，最缺少的就是信心，家长如果也没有信心，孩子就更没有信心了。在对孩子永远有信心的同时，为孩子制定一个合乎实际的计划和目标，帮助孩子战胜自卑，增强信心。这一点对于高三的孩子们尤为重要，如果仅因为一次考试考砸了，家长对孩子的信心就没了，对于孩子而言，可能会彻底击垮他们再继续奋斗拼搏的意志和勇气。所以，每次考试结果出来以后，如果成绩不太理想，家长要善于与孩子交流分析，与老师交流分析，查找原因，给予孩子再度拼搏的信心和勇气。家长们一定要注意：爱之以诚，动之以情，赋之以心，晓之以理，授之以渔，观之以行！

第五，讲究科学的家庭教育方法。汉朝荀悦在《申鉴》中记载了一个故事：有个人看到猎人张网捕鸟，只用一个网眼就可以把鸟捉住。于是他用绳子结了一个只有一个网眼的"网"挂起来捕鸟——当然，等了几天，一只鸟也没有逮住。网之所以能捕住鸟，不是某个网眼发挥了其功能，而是由于网的系统功能所致，而这种系统功能要靠许许多多网眼的组合。没有其他网眼，也就没有这个系统功能，也就等于没有真正的网。因此，从这个故事中，我们可以得出这样一个启发：家庭教育是张网，是个系统，而孩子的成功正是家庭教育这张网所起功能的结果。如果家长只重视某一只网眼，而忽视整个网眼组成的网，其结果必然导致一些不应有的事情发生。所以，学习好只是成功之网中的一个"网眼"，还有许多网眼需家长予以足够的关注，如自信、坚强、耐挫力、积极心态等。家长们一定要注意：常帮孩子砍小枝、留大枝；多鼓励、常肯定；常织网、多织网！

另外，我还要提醒各位家长，对孩子的身体和生活要做重点考虑，每周保障孩子有一定的牛奶和水果，督促孩子在学校要学会正确处理好学习与休息的关系，以饱满的热情和斗志、健康的体魄和心智积极投入到紧张的高考备战中去。

最后，我衷心地祝愿各位家长身体健康！家庭幸福！愿每个孩子在2019年都能金榜题名，终遂心愿！

班主任钱老师
2018年8月28日

苦是人生的良药

——寄语高三（5）班全体同学

各位同学：

你们好！

不知不觉间，2019年已经悄悄地来了，再过五个月，你们就要离开曾经生活与学习过三年的铜陵市实验高中，展翅飞翔各奔东西了。虽然岁月的刻刀在你我之间留下了许许多多难以磨灭的印痕，虽然求学的磨难在你们之间留下了许许多多刻骨铭心的苦涩，但奋斗的生活依旧会在另一个地方延续，灿烂的生命依然会在另一个地方绽放。生活从来不易，而奋斗就是生活，生活就是勇往直前，因为，路还在继续，梦还在期许。所以，不管你们在何时何地，敬请你们时刻铭记老师的一句忠告：苦是人生的良药！记住生活学习中的苦和累，幸福和美好必然处处相随！

志从苦中砺。近日，一组令人心疼的照片刷爆朋友圈：寒风中，一男童坐在路边仰着小脸，等待正在高空作业的父亲，等着，等着，睡着了；还有记忆中那个蹒跚行走在求学的泥泞道路上的"冰花男孩"。真的，当看到坐在冰冷的地上捧着小脸等待的男童，看到那个穿着单薄且满头冰花的男孩，一股热血直击我的心灵软肋，我的两眼顿时湿润，内心一直难以平静。这不禁勾起我艰苦求学的回忆，我的高中学校离家近20里路，每周日返校，总是肩背手提多达十几斤重的书、米以及三四罐咸菜，步行到学校开始一周艰苦的学习生活。那时，每逢天气变冷，我们也仅有一床棉絮在没有任何铺垫的木板上度过日日夜夜，在特别寒冷的时候，为了驱寒，几位同学整个晚上紧紧地蜷缩在两三床棉被里抱团取暖。如此日复一日，年复一年，我们度过了三年苦涩的高中生涯。但，冷，觉得应该，苦，觉得本来，这就是我们曾经的求学之路！古往今来，举凡抱负高远者，必是先经历"苦其心志，劳其筋骨，饿其体肤，空乏其身"的艰辛磨砺。同学们，只有经历过这样的人生淬炼，才能使自己的思想跃然升华、信念愈加坚定、毅力不断增强、人格日臻完善。正所谓"吃苦励志，苦生芳华"。

才从苦中长。学习是为了成人，成为一个对家庭、对社会、对国家和民族有用的人。有道是"书山有路勤为径，学海无涯苦作舟"，成才不惧苦，就能苦出才学，苦出功底，苦出硕果。我曾经对你们说过，一遭人生，唯有苦字。即将面对的高考，若没有平时的勤学苦练，没有平时的细节磨砺，到时候失败者可能就是你。但是，你们还有5个月的宝贵时间，把握好了，这5个月足可以改变你们的命运；否则，一旦失去，将可能成为你们永远的悔和恨！所以，在高考前夕，你们一定要切记"艰难困苦，玉汝于成"的古训。

甜从苦中来。没有付出，难有功成；安于享受，难以名就。坚苦是人生的底色，坚韧是生命的特质；不经一番寒彻骨，哪得梅花扑鼻香；干就要干出名堂，不留后悔给明天！正是坚忍不拔的艰难攻关，科学家们才能成就精妙绝伦的发明创造；正是千锤百炼的艰辛付出，体育健将们才能夺得震惊四座的金银奖牌；正是厚积薄发的勤学苦练，名师名角才能赢得一鸣惊人的功名盛誉。无数成功者的经历表明："看似寻常最奇崛，成如容易却艰辛。"然而，在你们当中，既想舒心获得，又不愿苦心付出的"自在"者大有人在，有的只想吃香喝辣而不想吃苦受累，让梦想成了梦幻；有的想出彩而不想出力，让愿景成了泡影；有的想规划而不想作为，让机遇成了"危机"；有的想一举成名而不想精读细背，让壮志成了笑话。殊不知，天下没有坐享其成的好事。实现梦想的道路是艰难曲折的，但只要有吃苦开拓精神，必如习近平总书记所言："山再高，往上攀，总能登顶；路再长，走下去，定能到达。"

学习生活与你自身原本就是你弱它强、你强它弱的关系，那些无法绕过的人生选择题，唯有勇敢面对，才有可能会赢！无悔现在，不畏将来！同学们，路在你脚下，机会在你手中，面对这一次命运的抉择，面对稍纵即逝的时光，扪心自问，我该如何？没有犹豫，也不能犹豫，加油，加油，你们一定要把命运攥在手中，为放飞青春做最大最彻底的努力！老师和家长们一定是你们顽强拼搏、自由飞翔的坚实臂膀！

衷心地祝愿各位同学圆梦2019！

永远爱你们的钱老师

2019年1月8日

心灵的对话

——怎样与有心理障碍的学生谈话

案例：

初春的一天下午，班级里一位学生的家长满面愁容地来到我的办公室，一见面就泪水横流，向我反复诉说其孩子如何如何。我看见她这个样子，就先让她冷静下来，再要求她仔细地讲清楚原因。她稍作缓气就一五一十地道来："我的孩子今年十四岁，在小学倒没有什么问题，但在上初一第二学期时，我就发现这个孩子在心理上与别的孩子不一样。比如他不允许别的同学动他的东西，不与班级上别的同学交往，在家里也很少与我交谈，稍微有什么事情就在家里大喊大叫，你打他时，他反而不哭不闹，只是瞪着一双眼睛，眼睛里似乎充满着仇恨，一直到现在都是这样。可以说，我现在已无法与他进行正常交流了，有时一天我们也说不上一句话。我现在真担心，老师，请您一定要帮助我！"我思考了一会儿问道："那么在他上小学时你们家里有没有发生什么重大变故？"这位家长回答道："在孩子出生后，由于我和孩子的父亲之间关系一直不好，在孩子小学毕业前三个月，我和孩子的父亲离婚了，而我又是一个非常要强的人，加上当时离婚时心情不太好，所以我会时不时地拿孩子当出气筒，同时对孩子的学习要求更严格，甚至不允许孩子与别的孩子交往。"我说："造成你孩子目前这种情况的历史原因肯定是你刚才所说的。"这位家长说："在孩子进入初中以后，我也试图去改变，也进行了许多尝试，但是始终没有效果。"我说："你的孩子已经形成了思维定式，并由此导致了比较严重的心理障碍，所以要想在很短的时间内改变，确实是一件很难的事情，不过你不要着急，我们会积极地配合你，把你孩子的思想工作做通，消除他的心理障碍。"

分析：

如今中学生的心理健康教育已经成为一个十分重要而且普遍的社会问题，更成为学校教育和家庭教育中一个亟待解决的课题。国内近些年来的众多调查显示，存在有明显心理障碍的学生的数量呈逐年上升的趋势。学者通过对在校学生的调查和研究发现，学生尤其是刚进入初高中的中学生的心理问题主要包括自我认识、情感发展、人际关系、社会生活适应能力和学习等方面。我通过家访、与学生交谈、开班会、书面交流等灵活多样的方式，认为导致上述中学生心理问题的因素主要有以下几个方面：

其一，不当的家庭教育方式和不利于孩子成长的家庭环境。一位教育家曾说过："父母教育孩子的最基本的形式，就是与孩子谈话。我深信世界上最好的教育，是在和父母的谈话中不知不觉地获得的。"令许多家长感到茫然的是，家长苦口婆心地教育孩子，而孩子却不以为然，是家长的教育方式有问题，还是孩子自身有问题？实际上最主要的问题还是出现在我们家长的教育方式上。在目前的家庭教育中普遍存在着过分地关注孩子的学习成绩，重智轻德，重孩子的身体健康，忽视孩子的心理健康，忽视孩子的人格教育、个性教育、心理教育等。中科院心理研究所王极盛教授对北京的1800名家长展开了近三年的跟踪调查，结果显示，超过三分之二心理有障碍的学生的心理问题的形成与其家庭教育方式和家庭环境有关。不良的家庭教育方式和家庭环境对孩子的智力开发、学习成绩、个性和心理健康的发展都必然产生或多或少的负面影响。

其二，青春期生理心理发展的不均衡。初高中学生正处于青春期发育阶段，他们的生理成熟较早，心理成熟较晚，这必然会在种种行为的抉择中，带有更多的盲动性、冲动性、自发性，在与家长、老师、同学和社会上其他人的交往中必定会产生许多困惑，明显地表现出生理、心理、社会适应等方面发展的不协调、不和谐。

其三，学习的压力。由于每个人的生活环境、家庭教育、生理心理、个性、阅历等方面的差异性，加上进入初高中以后，面对新的环境、新的学习任务、新的压力，以及家长的厚望和重压、学校老师的叮咛、学生之间的无形竞争，学生的学习压力不断加大，这可能给成长发育中的中学生的身心造成巨大的危害。

其四，学校教育的盲点和缺陷。长时间的应试教育下，学校和社会更多地关注学校的升学率和学生的文化成绩，如何对学生进行心理健康教育的问题并没有引起各方面足够的重视，加上我国许多中学的现有班级人数较多，故心理健康教育在我国中学教育中还是一个很大的盲点。同时学校的校风、师生关系、教师的素养存在参差不齐的状况，这些也会对学生的心理产生一定的消极影响。比如教师将大部分精力放在学生的学习成绩上，而很少注意学生学习过程中所出现的心理问题。

从以上的分析中可以看出，许多家长和老师都认为有心理障碍的学生主要是学生本身存在问题。其实，我们的孩子是没有问题的，有问题的是我们的教育方式方法，是我们的家庭教育和学校教育本身。为此，在帮助有心理障碍的学生解决问题的时候，我们必须认识到心病还需心药医，从教育本身着手，运用综合的教育手段和方法，正本清源，化解教育教学中所出现的学生心理问题。那么，作为一个老师该如何与心理有障碍的学生谈话呢？

一、把握与学生谈话的时机。与任何学生谈话都要把握适当的时机，那怎么去把握与学生谈话的时机呢？我认为，当学生专心致志于自己的学习或娱乐的时候，无论老师还是家长的谈话都会成为一种不受欢迎的干扰。如果学生比较空闲的时候，或者是在进行自己感兴趣的事情时遇到了困难的时候，又或者从一种活动转换到另一种活动的时候，他才比较愿意与老师或家长进行交流。在与心理有障碍的学生交谈时，家长或老师要密切注意他的各方面反应，尤其是注意他的面部表情，从他的身体语言来把握与他进行交谈的时机。当然在交谈中，也要清楚地分析选择与他进行谈话的内容，切忌不顾一切地指责和说教。通过对谈话时机的把握，建立与学生沟通的良好基础。

二、掌握与学生谈话的技巧。许多实验和调查表明，学生对家长或老师的毫无目的的谈话或者长篇累牍的大话空话特别反感。心理学告诉我们，情感是影响人们交流的最主要因素。设想一下，如果人们在交流过程中，不注意对方情感的变化和反应，这种谈话往往是没有任何效果的，甚至还会取得适得其反的作用。因此，我们在与有心理障碍的学生交谈时，一定要把握与他们谈话的技巧，同时辅以必要的实践，与他们在实践过程中，建立正常的感情。因为有心理障碍的学生大多对外界很排斥或者不信任，不掌握与他们谈话的技巧，也必然引起他们更多的反感，这会进一步增加帮助他们的难度，为下一步的工作带来更多的麻烦。

三、维护学生的自尊。家长也好，老师也好，如果不注意维护学生的自尊，那么任何谈话都不会有效果的，尤其是与心理有障碍的学生谈话时更是如此。可以说任何学生都知道家长和老师是对他好，但他们中就是有些学生对家长和老师的话非常反感。为什么？这是因为在谈话中有些家长和老师没有注意到维护他们的自尊。而心理有障碍的学生性格大都比较内向，习惯于自我封闭，同时敏感性非常强，因此极为维护自尊，所以在与他们进行谈话时更应该重视这一问题，任何谈话内容都要以维护孩子的自尊为第一要务。

四、赋予更多的体贴入微地理解。我们往往以为，学生年幼无知，需要严加看护管教，需要谆谆教诲。其实，如果你能站在学生的角度去体谅学生、理解学生，你就会发现，他们的许多要求和想法是多么正确、合理。心理学认为，每一个人都有自己的社会需求，而个体的千差万别，也必然会导致社会需求的不同。作为一个成长中的学生，他们需要谆谆教诲，但他们更需要理解和尊重。对心理有障碍的学生更需要赋予比一般学生更多的理解和尊重，若他们在什么地方出现了什么问题，不要过多地指责，也不要一味地劝告，设身处地、体贴入微地去理解、尊重，这才是我们首先要做的事情。只有在理解的基础上，你与他们之间有意义的交谈才会自然地发生；只有在理解的基础上，你才能说该说的话，做该做的事；只有在理解的基础上，他们才能接受你所说的话，并在无形中受到影响。因此，如果在教育教学中碰到像上述案例中那位母亲面临的情况，你首先就应该站在学生的立场来分析一下他为什么会这样，暂时化解学生的对立情绪，再从长计议，循循善诱，慢慢地引导学生改变自己的态度，认识自己的不足，接受他人对自己的帮助，这样的谈话才会取得良好的教育效果。

【此文 2006 年获得中央教科所组织的第四届全国中小学思想道德建设论文评比二等奖】

学习困难学生之家庭教育现状及对策的研究

一、研究的背景和原则

第一，家庭教育作为整个社会教育的一个重要组成部分，不仅关系到每一个家庭的幸福，而且关系到一个国家、一个民族的兴旺发达。而家庭教育的环境好坏直接影响到每一个孩子的成长。如今社会的发展和思维的创新带给人们更多的思索，也为学校教育教学的改革提出了许多难题。家长抑或老师，必须以发展的眼光来看待我们的孩子，只有这样才能为我们的国家提供更多的适应未来社会需要的人才，才能为中华民族增添更多的生力军。所以如何利用开发好学生这个丰富的资源，努力地发掘出这个资源的最大潜能，真正做到一个都不能少，全部都能发展乃是社会发展的需要，民族的需要，教育的需要，家庭的需要。这是我们提出这个课题并进行研究的最主要背景。

第二，本课题从了解学习困难生的家庭教育现状出发，着重研究学习困难生形成的外在原因和内在因素，从而在宏观上把握形成机制，在微观上探索解决学习困难生所存在的一些比较突出的问题的方法，并为解决学校教育教学中产生的一些尖锐矛盾提供可以选择的方法。目前，随着经济和教育发展的需要，国外的家庭教育研究已是非常火热，但由于国情的不同，尽管其研究的某些方法和内容对我们有一定的借鉴意义，却不能直接套用至我国家庭教育的研究上；从20世纪80年代开始，国内的家庭教育研究迅速升温，不过研究多放在如何对孩子进行家庭教育方面，而对学习困难生的研究以及把学习困难生的形成机制与家庭教育和学校教育紧密结合起来的研究还较少。所以我们开展这个课题研究就是要了解和解决学习困难生形成的问题，从而促使学习困难生的彻底转变。

第三，我校有不少学生学习动力不足、学习态度不端正，再加上有的学生家庭存在着很大的问题，譬如单亲家庭比较多，家庭矛盾非常突出，这些问题的存在影响到班级和学校的稳定与发展。在经过调查和分析之后，我们提出这个课题旨在作为我校德育工作的一个突破口，同时结合我校一些已有的经验，进一步改进我校的德育工作，推动我校教育教学改革工作更深入地开展。

因此，我们的研究原则是：

第一，全面发展的原则。社会主义的教育是人人平等的教育，每个学生都有受教育的权利。一个都不能少，全体都有所发展，全面都得到发展，这是社会主义教育的本质体现。

第二，尊重个性的原则。学生个性的多姿多彩，家庭环境的不同，再加上学生的社会生活经验不同，决定了我们的研究对象将会千差万别，我们在研究时必须考虑家庭和学生的多样性、复杂性，必须因材施教。

第三，循序渐进的原则，由于学习困难生的形成原因是比较复杂的，在解决问题的过程中，我们不能操之过急，必须对此进行客观科学地综合分析，再进行有针对性的教育，一步一个脚印。

第四，积极参与的原则。本课题的一个重要问题是必须要求家长积极地配合和支持，使家长成为学校教育中的一个组织者、参与者，成为这个研究团队中的一员。因此每一个研究者都要克服研究过程中的种种困难，以一种积极的、不怕挫折的、百折不挠的精神和状态去开展研究，保持学校与家长之间的密切合作关系。

二、研究目的和方法

在研究中，我们跟踪把握学习困难生的一切动态，把握研究信息，完善家长学校教育工作机制，积极开展学校德育科研工作，建立一种良性互动的家长学校绿色渠道，开创学校德育工作的新天地，为学校的教育教学改革和发展提供有力的理论和实践依据，并创造良好的内部和外部环境。这是我们研究的主要目的。

同时我们采取的方法主要有：个案研究法、对比研究法、定性和定量相结合法、经验总结法。旨在通过这些方法来把握学习困难生形成的原因及其形成的特征，经过科学合理的分析和采取相应的措施，为最终解决学习困难生的问题提供指导。

三、学习困难生形成原因的调查和分析

对学习困难生形成原因的调查是我们进行研究的第一步，因而我们首先就"家庭气氛和家庭成员关系""父母职业及文化水平""父母性格""父母教育方式"等五个方面对全校学生进行了问卷调查；后又分别对被列为研究对象的学生及家长再一次就十个问题进行了问卷调查。通过这些调查和分析，我们发现，学习困难生大致有如下共同特征：（1）从小就没有养成良好的学习习惯，学习难以持之以恒，缺乏毅力和耐心，不善刻求和专攻，或者学习注意力容易分散。（2）性格乖戾，情绪多变，喜怒无常，或者性情顽劣，不守纪律，喜欢惹是生非，喜欢逃学逃课。（3）喜欢撒谎，不诚实守信。之后，我们又仔细地分析了学习困难生形成的原因，主要有：

第一，与家庭和家长因素有关。在家访和约访以及与家长接触的其他形式中，我们发现有的家长文化水平不高，教育孩子的方式粗暴单一，往往采取打骂挖苦讽刺的方式，事后很少去安慰和引导孩子；有的家长整天忙于工作事务，疏于对孩子进行教育和交流，放任自流，很少向老师询问孩子在学校的各项表现，把孩子的教育全寄托在学校和老师身上；有的家长对孩子的

期望值过高，严格限制孩子的一举一动，要求孩子把精力全部放在学习上，孩子犹如笼中的小鸟，引起孩子的极度反感，导致孩子与家长经常性地发生冲突；有的家庭夫妻矛盾尖锐，家庭气氛紧张，甚至夫妻双方一旦发生冲突往往拿孩子出气，这也给孩子的心灵带来重创，结果造成孩子形成急躁暴戾的性格，在学校经常打架斗殴，不服管教；有的家庭夫妻离异，孩子从小缺乏父爱或者母爱，自暴自弃、我行我素、性格多变。

第二，与学生本身因素有关。在今天信息十分发达的时代，各种渠道对学生的影响甚至超过了学校，这些因素的存在对我们的教育产生了严峻的挑战。我们对研究对象进行分析发现，这些学生几乎都有不良的现象存在，譬如夜不归宿、整天泡网吧、打架斗殴、结交社会不良青年等。我们对此采取了一些对策，进行了许多帮教，绝大多数问题学生痛改前非，学习成绩有了很大进步。然而也有一部分学生依然我行我素，这当中既有家庭的因素，更有学生自身的因素。

第三，与我们现在的教育方式方法和教师的教育教学水平有关。我们在研究中发现，有部分学习困难生的形成与教师的教育教学方式方法和教学水平之间的关系非常密切。有些教师的教育方式单调粗暴引起学生对教师的不满，进而让学生提不起对学习的兴趣；有些教师的教学水平不高也同样导致学生对学习毫无兴趣；而这些教育方法的结果只会使这些学生越来越厌学，之后就会导致这些学生兴趣的转移，长此以往，这些学生学习成绩下降，从而成为学习困难生。

第四，与社会因素有关。如今是一个信息畅通急剧变化的时代，也是一个价值多元化的时代，人们很难受到统一的社会规范的制约，家庭教育的内容大为拓展，孩子们的生活内容发生了极大的改变，孩子们由儿童世界进入成人世界，成人对孩子的影响在扩大，孩子对孩子的影响在减少，尤其社会上各种不良因素的存在对学生产生恶劣的影响。我们在调查中发现，意志薄弱、思想易变、厌恶学习的同时还有一些不良习惯的学生最容易受到这些不良现象的影响。虽然我们这个社会建立了一系列加强中小学生思想道德教育、预防青少年犯罪的社会机制，但事实上由于各部门在处理问题和加强沟通上还缺乏有效的合作机制，教育漏洞仍然存在，学习困难生的问题越来越多。

四、改变学习困难生及其家庭教育现状的思路和对策

我们在大量的家访、约访和问卷调查以后，对学习困难生及其家庭的现状有了一个基本的了解，为改变学习困难生和他们的家庭现有的教育模式，我们经过了多次磋商，并征询了一些家长的意见，取得了家长们的支持，我们拟订了改变学习困难生及其家庭教育现状的思路和对策。

第一，帮助建立融洽和谐的家庭环境。家庭关系是否融洽，父母与子女关系是否和睦，直接关系到孩子的健康成长。学习困难生的产生很大一部分因素就是家庭关系始终处于非正常状态，因此我们必须改变处于不正常状态的家庭的环境氛围，只有做到这一点，才能为孩子的成长添加肥沃的土壤，才能为孩子的发展撑起一片蓝天。为此，我们花了大量的时间和精力。一是与家长不断沟通，帮助家长了解教育孩子的正确做法，即要改变与孩子的交流方式，要学会观察孩子、了解孩子，要了解孩子的需求，多亲近孩子，创造家庭民主和谐气氛，多发现孩子的亮点。二是少用一些负向的教育办法，积极鼓励孩子要学会做人，要学会学习，也可以采取孩子可以接受的方式对孩子进行各种各样的教育。三是教导家长学会夫妻之间、父母与子女之间要相互尊重。四是对一些夫妻离异的家庭我们衷心地告诫他们不要把夫妻之间的仇怨发泄到孩子的身上，即使有时无法避免，也要与孩子说清楚。五是对一些经济困难的家庭，我们也反反复复地要求家长不要在孩子面前唉声叹气地诉说家庭的困难，要时时刻刻在孩子面前树立起一种对生活有信心的精神面貌，作为家长更需要勇敢地面对生活困境，拥有战胜困难的信念，这对孩子来说是一种很好的教育，会对孩子战胜学习上的困难树立正确的榜样。

第二，培养学习困难生学会自主学习的能力。可以说，随着教育教学改革的步伐逐步加快，学习困难生的转化工作越来越受到关注。由于各种原因，学习困难生的学习基础差、习惯差。如何改变学习困难生的学习习惯和态度，在课堂上树立他们的学习信心，提高他们的学习效率，这是我们在研

究过程中一个十分重要的课题。为此，我们建议任课老师从以下几个方面着手：一是激发学习困难生的学习兴趣，帮助他们重塑学习的自信心。信心是学习困难生成功的基础，在对待学习困难生方面教师自身要树立起帮助和改变他们的信心，要认识到每一个学生都有进步的渴望，都希望有别人来关心他们。教师只要一步一个脚印，循序渐进，全身心地投入到帮助学习困难生的工作中去，就一定会取得良好的效果。教师在帮助学习困难生时最重要的是必须时刻地观察他们，要善于从他们身上发现闪光点，并要巧妙地利用合适的时机适当地加以表扬、鼓励，循循善诱，点燃他们积极向上的心灵火花。二是关爱学习困难生，使他们在集体的温暖中不断进步。爱是改变学习困难生的一把钥匙。教师要以平等、愉快、友好和鼓励的方式对待学习困难生，不能因为他们学习差就歧视他们。无论在学习上还是在班级集体活动中，都可以建立"一帮一"小组，以优秀学生为榜样来影响学习困难生，使他们学会交流，增强合作意识，并让他们能主动地发现自己的缺点和不足，及时改正自身所存在的问题；同时在班级中多把表现的机会给学习困难生，让他们有机会来展现自信，体会集体的温情，在这种温情中，树立自主学习的信心。三是关注学习困难生，给予他们更多的主动参与学习的机会。教育是面向全体学生的教育，世上没有差的学生，只有差的教育，学习困难生的产生也是各方面教育的结果，为此要改变学习困难生就得从改变教育入手。学习困难生很少主动地要求学习，为帮助他们能学会主动参与到学习中去，我们专门召开了一次学习困难生座谈会，了解他们的思想动态和对学习的要求，然后我们把他们的要求及时地反馈到各授课老师那里，并要求老师们对这些学生提出要求，且创造机会引导这些学生去思考、发言，即使这些学生在回答问题时回答错了，也对他们进行表扬和鼓励，课后积极地帮助他们分析错误的原因，找出学习中存在的症结，提高他们对学习的兴趣。我们在采取了这些做法以后，惊喜地发现，有不少学习困难生改变了过去畏惧学习的状态，学习成绩也比过去大有进步，其他方面的表现也非常令人满意。

第三，建立家校联系沟通机制。尽管我们在研究过程中非常注重帮助每一个家庭去努力地营造一个融洽和谐的家庭环境，但是有些家庭并不像我们所想的那样积极地配合学校做好对学习困难生的家庭教育工作。因此在实际工作中我们面临许多困难，为了解决这些研究过程中存在的问题，我们设计了一些具体可行的联系学校和家庭的方案，并最终形成了家校密切联系机制。首先，积极营造学校和家长交互活动的和谐校园气氛。我们在开展研究时积极地鼓励家长的介入，带领家长进入校园，参与我们的研究，为此，我们与家长分享我们研究的每一个成果；组织家长召开座谈会，倾听家长对我们的意见和建议；鼓励家长，共享经验；与家长一起制定参与孩子学习过程的行动计划。其次，对家长的意见积极地处理和反馈。我们会及时地处理和反馈家长对我们研究过程中所存在问题的各种意见。因为保持家长与学校这种民主协作的伙伴关系可以预防很多问题的出现，也可以及时地解决研究中所遇到的难题。比如当某个家庭出现了问题，我们及时地出现在这个家庭，努力地维护家庭成员之间健康而稳定的家庭关系；积极地鼓励和调动家庭一切资源，为改造学习困难生而服务；帮助家庭认识教育的多向性，寻找教育的多层次答案；向家庭提供一些教育信息，为他们所进行的教育及其结果进行预测，促使家庭做出有根据的决策。再次，与家长一起评估。为了改进我们研究的策略并提高我们的研究水平，我们定期邀请家长对我们的研究进行评估，这是一件非常有必要的工作。评估的内容大都是通过家访和多次召开家长座谈会等形式完成的，通过这些活动，家长作为志愿者、决策者和支持者参与到我们研究活动中可以被看作是家长对我们研究工作的支持和鼓励，而这种家长与学校相互评估形式的主要目标就是强化学生和家庭的机能，并为最终研究成功创造良好的条件。最后，与家长共同总结。从某种意义上来说，家长也是教育的接受者，是教育的服务对象，但同时家长也是为学校教育服务的协同工作者。这种教育的双向关系决定家长也需要学校的教育和学校的支持，学校教育更需要家长的密切配合和支持。正因如此，我们在研究的每一环节，都需要家长作为一个研究的主体和客体积极地配合我们。比如我们在进行研究的调查中，所拟订的调查内容事先给家长们过目，征询他们的意见后再进行修改；在研究任务接近尾声时，我们也认真地倾听家长的最终意见；等等。

总之，从始至终我们都十分强调研究的针对性和有效性，并在此基础上最终形成了这样一个研究模式：

课题提出→摸底调查→信息分析→情况反馈→研究对策→论证对策→修改对策→实施对策→检讨对策→形成结论→反馈结论→修改结论→总结结论→课题结题

五、课题研究中所发现的问题及我们的建议

我们在研究中所发现的导致家庭教育问题难以根绝的复杂因素主要是：

1.特殊家庭的教育

特殊家庭主要是指单亲家庭、重组家庭、离异家庭等类型。由于这类家庭或多或少地存在着这样或那样的问题，家庭教育大都是残缺不全的。例如：因为过度地溺爱导致孩子养成妄自尊大、固执己见、独断专横、狭隘自私的性格；家长行为的偏差引起孩子心灵的挫伤和心理的扭曲；家庭人员的重组而引起家庭关系的紧张及沟通的不畅。

2.流动人口的教育

改革开放以来，随着城市经济的发展，农村人口大量涌入城市，这些进城务工者的家庭教育问题也随之而来。他们中有的家庭居无定所，缺乏基本的家庭教育的物质条件，根本无暇顾及孩子的教育，使孩子长期处在一种"放养"状态。还有的家庭因生活问题，无法供养孩子上学，只好让孩子辍学在家，过早地加入进城务工的大军中去。

3.富裕家庭的教育

在很多富裕家庭里，同样存在一些家庭教育问题。一种原因是有的家长仅有很低的文化水平或根本没有文化也得以致富，从而导致他们产生一种读书无用的感觉；另一种原因是为了望子成龙、望女成凤，故而大肆无目的地进行教育投资，从而造成其子女不堪重负，对学习失去兴趣。

4.家庭教育的功能错位

在我们调查和研究中经常发现有些家庭的教育错位非常明显。这主要表现为：

（1）家庭教育和学校教育的主客体错位。家庭教育本是学校教育的延伸，但部分家长却认为对孩子的教育是学校的事情，家长只需要服从老师的安排，在教育孩子方面全然没有自己的独立性，或者家庭教育的内容、方式、语言和思维等都成了学校教育的翻版。他们把本该家长做的事情全都推给学校老师去做了，自己在教育孩子的问题上好像是一个局外人，这样的家庭教育已丧失了自己独特的功能。

（2）家庭教育和学校教育的时空错位。中国的父母可以说是世界上最愿意为自己孩子做出牺牲的父母，但是即使父母做出了许多牺牲，有些学习困难生依然没有太大的进步，这是为什么？主要原因在于父母的牺牲已大大地超出了自己所应做出的牺牲，也就是说父母的支出已超出了父母在家庭教育和学校教育方面的时间和空间上应付出的成本。从时空范畴来看，我们也碰到许多父母向我们述说自己如何地为孩子做这样或那样的事情，对孩子如何地负起自己的责任。确实，我们在对研究对象的调查中发现，有80%的学生自己的袜子从来没有自己洗过，46%的学生在家里从来不干家务活，50%的学生不知道怎样叠被子。这种错位的家庭教育方式往往使学生认为父母帮助自己做一些事情是天经地义、理所当然的，如此必然对孩子健全人格的形成产生负面影响，最终得不偿失。

在我们的研究中不仅发现了上述问题的存在，我们在实践中还进行了一些探索，并提出了一些想法和建议，同时与部分家长进行了沟通和交流，赢得了一些家长的共鸣与支持。我们提出的建议是：

（一）建立一种良性亲子互动关系的家庭教育模式

（1）正确地认识子女的需要，尊重子女表达情感的权利

（2）保持开放的沟通渠道

（3）重视子女的个性和子女的全面发展

（4）鼓励子女对自己或对他人负责

（5）理性规范下的互亲互爱

（6）建立现代化的、学习型的家庭教育模式

（7）和谐的民主家庭气氛

（二）建立有效的家庭教育互动模式

（1）确定有效的、定期的家庭沟通方式

（2）家庭的责权利紧密结合

（3）投入百分百的情感与真诚的情感表达

（4）构建独具特色的家庭文化

（5）提供各自发展的机会和条件

【原载于《安徽教育科研》2004年第6期，并于2005年获得全国第四届"小公民"道德建设实践创新活动一等奖，2006年全国家庭教育指导工作研讨会上海年会一等奖，略有改动】

春泥与秋实：长风破浪更有人

　　一路走来，从来都不孤独，因为，我坚信，一枝独秀必会百花满园，挺立潮头必有百舸争流。

——题记

《中外历史纲要（上）》第八单元

第25课　人民解放战争

【课标要求与内容分析】

依据《普通高中历史课程标准（2017年版2020年修订）》，本课的主要内容是：通过了解全面内战的爆发及人民解放战争的进程，分析国民党政权在大陆统治灭亡的原因，探讨中国共产党领导人民取得中国革命胜利的原因和意义。

本课分为四个部分：争取和平民主的斗争；全面内战的爆发；国民党政权的统治危机；新民主主义革命的胜利。可以确立三个学习要点：一是了解抗日战争胜利后，中国面临两种截然不同的命运和道路的抉择；二是了解人民解放战争的基本过程；三是理解掌握新民主主义革命胜利的原因及意义。

抗日战争胜利后，人民渴望建立一个和平、民主的国家，蒋介石集团坚持独裁和内战的方针。中国共产党顺应民心，提出"和平、民主、团结"的口号，并为此作了坚决的斗争，付出了极大努力。毛泽东亲赴重庆与国民党当局谈判，双方于1945年10月10日签署《政府与中共代表会谈纪要》，即"双十协定"，确认了和平建国方针，促成了政治协商会议的召开。但是中国人民和平建国的梦想随着国民党发动全面内战而破灭。面对敌人的进攻,人民解放军在党中央的坚强领导和人民群众的全力支持下,英勇奋战,最终解放南京,取得新民主主义革命的胜利。在解放战争中,国民党倒行逆施,经济崩溃,政治孤立,被人民抛弃。而中国共产党开展土地革命,坚持并发展统一战线政策,顺应了历史潮流,赢得了民心。中国共产党带领人民赢得革命的胜利,开启了中国历史的新纪元。

【初高中教材对比分析】

学生成长过程中的认知能力具有继承性和发展性特点,因此,初高中历史教材既有联系也有区别。

二者都对解放战争这段历史有相对完整的概述,对于重要历史事件和人物都有涉及,如重庆谈判、政治协商会议、全面内战的爆发及过程、土地改革等,还都展现了毛泽东的高瞻远瞩和人民解放军的英勇无畏精神。基于培养历史学科核心素养的要求,初中教材偏重于过程的叙述,高中教材侧重于现象背后的理解分析。为此,高中教材补充了更多史料,如增加了重庆谈判的背景、国民党政权的统治危机、北平和平谈判、新民主主义革命胜利的原因和意义等内容。这就要求必须正确处理好两个教材之间的关系。

【学情分析】

学生通过初中课堂教学和其他渠道已经掌握了解放战争的一些基本史实,为高中阶段的进一步学习奠定了一定的基础。由于历史学科在中学的地位不高,高一学生认知水平有限,导致相当一部分学生缺乏对历史的学习兴趣。这些因素使学生对历史的学习缺乏主动性,对历史的理解趋于平面化、碎片化,缺乏对历史的归纳分析能力,学生的历史学科核心素养整体不高。因此,本课主要用问题探究式教学法调动学生的兴趣,深入分析中国共产党胜利的原因,阐释新民主主义革命胜利的意义。

【设计意图分析】

根据《普通高中历史课程标准(2017年版2020年修订)》的要求,本课拟采用强干弱枝的设计思路,以课标要求为目标,以主题学习为主,通过情景问题创设、任务驱动、材料研析、自主探讨和交流提升等方式,把整个教学思路和指向聚焦在学生如何解决历史问题上，将重点分析和探讨国民党政权在大陆统治灭亡的原因以及中国共产党领导人民取得中国新民主主义革命胜利的原因和意义。

【教学目标】

1.通过了解人民解放战争的基本过程，掌握人民解放战争的历史发展线索，树立学生的时空观念。

2.通过了解中国共产党为争取和平、民主而作的努力，认清专制与民主斗争的本质，认识到以毛泽东为代表的中国共产党人的大智大勇、心系人民、牢记使命的无畏精神与高尚品德。

3.通过情境材料展示和课堂教学活动，使学生永远铭记无数先烈为新中国的诞生而抛头颅洒热血的牺牲精神，认识到民心向背的重要性，深刻理解中国新民主主义革命胜利的原因和意义，培养学生的家国情怀，增强对中国共产党的认同，立志为中华民族的伟大复兴做出自己的贡献。

【教学重难点】

重点：中国共产党争取和平、民主的斗争；中国共产党领导人民取得新民主主义革命胜利的原因和意义。

难点：中国共产党领导人民取得中国新民主主义革命胜利的原因。

【教学方法】

情境问题创设、学生自主探究等。

【课时安排】

1课时。

【新课教学】

【导入新课】

历史如江河或激荡、或潺湲，但文物和遗址永远是历史无言的记述者。（展示《江阴要塞遗址》《黄山炮台遗址》等图片。图略）

江阴素有"江上雄关"之称，历来是兵家必争之地。1949年4月21日，在中共地下党组织的策动下，国民党军江阴要塞官兵7000余人，在吴铭等人率领下，举行反蒋起义。江阴要塞起义立下渡江战役胜利第一功，这对夺取江南地区解放战争的胜利，乃至解放全中国起到了十分重要的战略性作用。

那么，我们一起把视野回放到70多年前中华民族从积贫积弱到民族复兴道路背景下的人民解放战争。

屏显课题和结构。

一、两位人物的对决

过渡：抗日战争的胜利，是近代以来中国抗击外敌入侵所取得的第一次完全胜利。抗战胜利后，受尽屈辱、饱经沧桑的神州大地沉浸在一片喜悦、欢乐的海洋中。各民主党派也表达了对国家和民族的前途与命运的憧憬和展望！

材料1　我们感到中国今天更迫切需要统一、团结、民主。必如此则能使全国人一德一心，和衷共济，以尽其最大的最善的努力。也才能担负起一切建国工作。

——摘编自张澜《对抗战胜利结束发表的谈话》（1945年8月11日）

展示《全国人民庆祝抗战胜利》图片（图略）

上述图文材料反映了什么？

学生思考回答后，得出结论：和平建国成为当时人民的共同诉求！

过渡：但历史并不是按照爱好和平的善良人们的意愿发展，十四年艰苦卓绝的抗战硝烟未尽，一场新的斗争又徐徐拉开了帷幕……

过渡：此时身处重庆的蒋介石难掩抗战胜利的喜悦之情，因为抗战的胜利使他的威望达到鼎盛时期。他认为自己理所当然地应成为中国唯一的领袖。为此，他迫不及待地在短短十天内连发三封急电给中共领导人毛泽东：

材料2

毛泽东先生勋鉴：

倭寇投降，世界永久和平局面，可期实现，举凡国际国内各种重要问题，亟待解决，特请先生克日惠临陪都，共同商讨，事关国家大计，幸勿吝驾，临电不胜迫切悬盼之至。

　　　　　　　　　　　蒋中正未寒　一九四五年八月十四日

毛泽东先生勋鉴：

　　来电诵悉，期待正殷……大战方告终结，内争不容再有。深望足下体念国家之艰危，悯怀人民之疾苦，共同戮力，从事建设……特再驰电奉邀，务恳惠诺为感。

　　　　　　　　　　　蒋中正哿　一九四五年八月二十日

毛泽东先生勋鉴：

　　未养电诵悉……惟目前各种重要问题，均待与先生面商，时机迫切，仍盼先生能与恩来先生惠然偕临，则重要问题，方得迅速解决，国家前途实利赖之。兹已准备飞机迎迓，特再驰电速驾！

　　　　　　　　　　　蒋中正梗　一九四五年八月二十三日

　　过渡：从蒋介石这三封急电中的"悬盼之至""驰电奉邀""驰电速驾"等言语中，可看出他期盼毛泽东来重庆的心情是何等切切！然而他这样做究竟意欲何为？

　　材料3　此事乃我的生死问题，此目的如果达不到，我死了心也不安，抗战胜利了也没有什么意义，所以我的这个意见，至死也不变的。

　　　　　　　　　　——摘编自《中共中央文件选集》第11册

　　材料中的"此事""目的""这个意见"指的是什么？

　　以武力消灭中国共产党及其领导的人民军队和解放区政权，是蒋介石集团的既定方针。

　　过渡：因此，抗战一胜利，蒋介石就认为消灭共产党的时机已到，其决心也更加坚定。

　　然而蒋介石又为什么请毛泽东到重庆呢？其目的是什么？

　　材料4　由于全国人民强烈要求和平、反对内战，由于国民党的军队大部分远在西南、西北，要把他们运往内战前线、完成内战部署需要相当长的时间，由于国际上苏联、美国等都表示希望中国能够实行和平建国，因此，蒋介石在积极准备内战的同时，又表示愿意与中共进行和平谈判。其目的，一是以此敷衍国内外舆论，掩盖其正在进行的内战准备；二是诱使中共交出人民军队和解放区政权，以期不战而控制全中国；三是如果谈判不成，即放手发动内战，并把战争责任强加给中国共产党。

——摘编自刘宋斌《中国共产党文化建设史》

过渡：由此可以看出，蒋介石的假和平、真内战的野心不言而喻、一目了然。胜利刚刚到来，内战的阴云已悄悄地笼罩着中国的上空。

而抗战胜利后，中共对国内外情势又是做如何判断呢？

材料5 公开的全面的内战会不会爆发？这决定于国内的因素和国际的因素。国内的因素主要是我们的力量和觉悟程度。会不会因为国际国内的大势所趋和人心所向，经过我们的奋斗，使内战限制在局部的范围，或者使全面内战拖延时间爆发呢？这种可能性是有的。

——摘编自《毛泽东选集》第4卷

面对蒋介石的三封急电，中共曾犹豫过，但最终还是决定到重庆去。因为只有去才能力争实现和平。

材料6 我准备坐班房……如果是软禁，那也不用怕，我正是要在那里办点事……所以，重庆是可以去和必须去的……

——摘编自毛泽东在中共中央政治局会议上的发言记录（1945年8月26日）

上述材料体现了革命领袖怎样的风范？

彰显了革命领袖大智大勇、敢于担当的伟人风范。

过渡：毛泽东勇赴重庆的事实本身即已向全国人民鲜明地表达了中国共产党坚定求和平、坚决反内战、坚持求民主的态度和决心！

过渡：重庆谈判历时43天。1945年10月10日，国共双方的代表签署了《政府与中共代表会谈纪要》，即"双十协定"。

协定规定：坚决避免内战，建设独立、自由和富强的新中国。

◎1946年1月10日，政治协商会议在重庆召开，通过了和平建国纲领案等五项协议。

重庆谈判以及签署的"双十协定"，后来尽管遭到蒋介石集团的破坏，但仍取得一定成果。

材料7　中国共产党争取和平民主的努力，尽管最终未能阻止全面内战的爆发，但是，它使得各界群众增进了对中国共产党的了解，懂得了什么人应当对这场战争承担责任。这在政治上是一个重大的胜利。中共代表团在返回延安时，代表团成员李维汉在当天的日记中写道："国共谈判破裂了，但我党满载人心归去。"这是完全符合事实的。同时，经过努力，中国人民毕竟争得了将近一年的和平时期。这也为扩大和巩固解放区、做好进行自卫战争的准备，提供了有利的条件。

——摘编自张剑锋编著《思想政治理论大纲解析（精读版）》

过渡：重庆谈判以及签署的"双十协定"，使人们欢呼雀跃，和平似乎触手可及。然而和平却可望而不可即，正如时任中国民主同盟秘书长梁漱溟，闻听国民党军队攻下张家口的消息，对记者脱口而出："一觉醒来，和平已经死了！"（1946年10月）

为何说"和平已经死了"呢？

二、两条战线的决胜

材料8　六月下半月，蒋介石认为行动的时机已经成熟。十七日，他在国民政府纪念周上说："共果不就范，一年期可削平之。"二十八日，白崇禧在国民党中常会议上报告说："必须即进剿。"

——摘编自金冲及《二十世纪中国史纲》

1946年6月，国民党以围攻中原解放区为起点，向解放区展开大规模的进攻，全面内战爆发。

过渡：伴随解放战争的推进，逐步形成了两条反蒋战线，即人民解放军的军事斗争战线和国统区以学生为主的爱国民主运动战线。正如1947年5月30日毛泽东为新华社所写的评论《蒋介石政府已处在全民的包围中》中指出："中国境内已有了两条战线。蒋介石进犯军和人民解放军的战争，这是第一条战线。现在又出现了第二条战线，这就是伟大的正义的学生运动和蒋介石反动政府之间的尖锐斗争。"

出示《解放战争大事年表》（表略）

学生自主阅读教材，完成大事年表。教师之后展示解放战争进程。

讲述内战开始时，插入："解放军以运动战为主要作战方法，以歼灭敌人有生力量为主要目标，从而粉碎了敌人的全面进攻。"讲述战略反攻时，插入："这是一个历史的转折点，这是蒋介石二十年反革命统治由发展到消灭的转折点，这是一百多年来帝国主义在中国的统治由发展到消灭的转折点。"

人民解放战争快速取得决战胜利的历史表明：一切反动派都是纸老虎！

过渡：随着人民解放战争凯歌不断，在中国共产党领导下，国统区广大爱国学生、工人、市民及其他阶层人民，连绵不断地掀起反对美军暴行和反饥饿、反内战、反迫害及席卷全国各地的抢米风潮等爱国民主运动，形成了中国共产党领导的人民解放军反对国民党军队的军事斗争战线之外的第二条战线（屏显材料）。

蒋介石集团独裁和内战的方针也使民主党派对其感到失望乃至绝望。1948年1月成立的中国国民党革命委员会在其《成立宣言》中也明确表达了与国民党决裂的誓言。

材料9　蒋氏在党为三民主义之叛徒，在国为四万万人民之公敌……彻底铲除革命障碍，建设独立、民主、幸福之新中国。

——摘编自金冲及《二十世纪中国史纲》

其他各民主党派也纷纷明确表示参加新民主主义革命立场。这一切都表明蒋介石集团已陷入人民战争的汪洋大海之中！

在人民解放战争节节胜利进军中，中国共产党在河北平山县西柏坡召开了中共七届二中全会。

出示《1949年3月5日—13日中共七届二中全会在西柏坡召开》图片（图略）。

要求学生阅读教材，指出中共七届二中全会的主要内容。

出示《进京"赶考"去》图片（图略）。

过渡：1949年3月23日，毛泽东和他的战友们从"最后一个农村指挥所"——西柏坡出发，经平山、保定至北平。车轮滚滚，历史的长路久久回响着这位伟人响彻寰宇的声音："今天是进京'赶考'嘛"，"退回来就失败了。我们决不当李自成，我们都希望考个好成绩"。

过渡：进入北平后，人民解放战争依然在继续，但为了减少人民的战争痛苦，早日实现和平，中共中央同意与国民党在北平举行和平谈判，最后双方代表达成了《国内和平协定》，但国民党最终拒绝在上面签字。1949 年 4 月 21 日，毛泽东、朱德发布了《向全国进军的命令》，命令中国人民解放军"奋勇前进，坚决、彻底、干净、全部地歼灭中国境内一切敢于抵抗的国民党反动派，解放全国人民，保卫中国领土主权的独立和完整"。23 日，南京解放，国民党蒋介石集团在大陆的统治覆灭，中华民国时期结束。毛泽东闻听南京解放喜讯，泼墨挥毫《七律·人民解放军占领南京》。

过渡：弹指三年，神州大地天翻地覆！中国的命运迎来逆转！

三、两种结局的沉思

过渡：内战初期，蒋介石集团磨刀霍霍，即开始盘算需要多长时间消灭中国共产党及其领导的人民军队和解放区。

材料 10　需要多少时间来消灭共产党？蒋介石的两个主要将领何应钦和陈诚的估计略有不同：何应钦认为要两年，陈诚认为半年就够了。

材料 11　（1946 年底）司徒雷登再次向美国国务卿报告：蒋介石约见他，很有把握地表示："共产党问题必须以某种方式在半年内解决。""并且也相信能够在六个月内粉碎共产党军事力量。"

——以上均摘编自金冲及《二十世纪中国史纲》

蒋介石集团为何有如此的底气？

出示《1946 年 7 月全面内战爆发时国共双方力量对比表》（表略）。

有如此的底气，却又为何迅速败亡？

材料 12　古今中外有一个公例，凡是一个朝代、一个政权要垮台，并不由于革命的势力，而由于它自己的崩溃。

——摘编自傅斯年《这个样子的宋子文非走开不可》（1947 年）

那蒋介石集团如何自己崩溃的？

过渡：蒋介石是一个爱反省的人。他的日记某种程度上也可以说就是他的反省记录。一周过了，有《本周反省录》；一月过了，有《本月反省录》；一年过了，也常有《本年反省录》一类的记载。蒋介石败退到台湾后，对于自身在大陆政权的崩溃也做了如下的反省：

材料13

反省之一：外交失败。

反省之二：军事崩溃。

反省之三：党内分裂，纪律扫地，组织松懈。

反省之四：经济、金融政策的失败。

反省之五：抗战胜利后，选择实行民主宪政制度，以及国民代表大会选举等，都与"对共政策"背道而驰。

反省之六：本身的骄矜、愤懑、自恃、忙迫，不能澹敬虚心，全凭主观行事。

反省之七：干部制度不立，干部腐化自私。

反省之八：未能"宣传"社会经济政策与民生主义。

——摘编自杨天石《找寻真实的蒋介石——蒋介石日记解读》

引导学生归类。

过渡：实际上，抗战胜利后，国民党政风腐败迅速蔓延发展，已经达到了触目惊心的地步。

材料14　正如蒋介石1948年在"戡乱建国"干部训练班开学典礼上的讲话所说："自抗战胜利以来，本党在社会上的信誉已经一落千丈……老实说，古今中外，任何革命党都没有我们今天这样颓唐和腐败，也没有像我们今天这样的没有精神，没有纪律，更没有是非标准的。这样的党，早就应该被消灭、被淘汰了。"

——摘编自邵先崇《抗战胜利后国民党政风腐败及有关问题》

正如史学家徐中约在《中国近代史：1600—2000，中国的奋斗》一书中总结的，蒋介石及国民党在大陆的溃败主要在于：

虚有其表的军事力量；

通货膨胀和经济崩溃；

失却民心和政府威信；

美国调停和援助失败；

社会和经济改革的迟滞。

无数历史证明：倒行逆施必丧失民心！得民心者得天下！

历史也同样昭示着我们，知其所来，识其所在，才能明其将往！新民主主义革命的胜利是近代100多年来中国民主革命发展的历史必然，是无数先烈以自己的热血和生命铸就的一座不朽的历史丰碑！然而，伟大的新民主主义革命的胜利，我们如何"知其所来"呢？

材料15　中国的革命是伟大的，但革命以后的路程更长，工作更伟大，更艰苦。这一点现在就必须向党内讲明白，务必使同志们继续地保持谦虚、谨慎、不骄、不躁的作风，务必使同志们继续地保持艰苦奋斗的作风。

——摘编自毛泽东《在中国共产党第七届中央委员会第二次全体会议上的报告》

材料16　中国共产党的诞生和成为中国革命、建设、改革的领导力量，是二十世纪中国历史客观进程的结果……它经历了一个从小到大、从不成熟到逐步成熟的过程，在中华民族发展的各个紧要历史关头，在异常错综复杂的局势面前，清楚地指明了中国前进的方向和办法，团结并带领人们前进。

——摘编自金冲及《二十世纪中国史纲》

结论：中国共产党坚强、正确的领导！

材料17　（1950年，毛泽东说）我们的胜利是从哪里来的呢？就是靠这一万万六千万人打胜的。这一万万六千万人给了他们什么东西呢？他们为什么能够发动起来呢？为什么能够组织这么大（三百万）的军队呢？就是因为在这一万万六千万人中间进行了土改。

——摘编自吴佩芬《解放战争共产党胜利国民党失利的原因分析》

出示《中国土地法大纲》图片（图略）。

指导学生阅读教材，并指出各解放区积极贯彻全国土地会议的精神，通过群众性的土地改革运动，废除了封建剥削的土地制度，实行了耕者有其田，使亿万农民在政治上、经济上获得了解放，从而极大地调动了农民支援解放战争的积极性。

结论：得民心者得天下！

材料18　联合工农兵学商各被压迫阶级、各人民团体、各民主党派、各少数民族、各地华侨和其他爱国分子，组成民族统一战线，打倒蒋介石独裁政府，成立民主联合政府。

——摘编自《毛泽东选集》第四卷

结论：统一战线是革命制胜的法宝之一！

材料19　抗日战争结束，东亚政局正处于大变动之中……苏联出于自身利益的考虑以及战争开始后中共的魄力与智慧都促使其给予共产党支持。而美国……青睐了日本……于是美国逐渐抛弃了国民党。大国之间的这种博弈，为共产党的胜利提供了客观的国际环境。

——摘编自吴佩芳《解放战争共产党胜利国民党失利的原因分析》

结论：客观有利的国际环境！

出示刘胡兰、董存瑞、胡文杰等革命烈士相关资料，以及毛泽东的人民英雄纪念碑题词等材料，指导学生概括。

结论：革命的最终胜利离不开广大共产党员和指战员们以及革命人民的浴血奋战和勇于牺牲精神！

过渡：正如有人说过，一种生命，屹立着，或者倒下，无论活着还是死去，都使人不能漠视它的存在。这种生命的代表就是英雄！英雄是一个民族最闪亮的坐标！英雄是一个民族最挺拔的脊梁！天地英雄气，千秋尚凛然！

四、两大嬗变的夯基

过渡：作为20世纪人类历史上最具影响的伟大事件之一——中国新民主主义革命的胜利，不仅是马克思主义普遍原理与中国革命具体实践相结合的胜利，也是毛泽东思想的胜利。1949年新中国的成立，从根本上改变了中国社会的发展方向。从此，中国社会发生了两大历史性嬗变：中国人民的主要任务从以革命为主逐渐转向以经济建设为主，中华民族从历经苦难逐步走向了铿锵复兴的壮阔道路。正如习近平《在庆祝中华人民共和国成立七十周年大会上的讲话》指出：

七十年前的今天，毛泽东同志在这里向世界庄严宣告了中华人民共和国的成立，中国人民从此站起来了。这一伟大事件，彻底改变了近代以后一百多年中国积贫积弱、受人欺凌的悲惨命运，中华民族走上了实现伟大复兴的壮阔道路。

小结：伟大的人民解放战争之所以伟大，关键在于中国共产党自始至终地为广大人民的意愿和福祉而战，也正是因为依靠广大人民的积极支持而取得了最后决胜。这场战争的最终胜利不仅仅意味着积贫积弱的旧时代的结束，还昭示着一个充满希望、充满活力、充满复兴之光的新时代的开始。没有一代又一代中国人在革命、建设、改革中的持续不懈地奋斗，便没有今天中国的一切。这是20世纪一百年历史留给我们的珍贵遗产，是不容我们遗忘的。

【此文为笔者参加2020年11月江苏省南菁高级中学举办的第六届全国高中"审美课堂"公开教学研讨活动的教学设计】

造境与怡情

——以《人民解放战争》一课教学设计为例

恩格斯曾指出："我们要求把历史的内容还给历史。但我们认为历史不是'神'的启示，而是人的启示，并且只能是人的启示。"[1]正如《普通高中历史课程标准（2017年版2020年修订）》指出："探寻历史真相，总结历史经验，认识历史规律，顺应历史发展趋势，是历史学的重要社会功能。"因为历史学作为一门综合性的人文学科，以其特有的地位和作用自立于学科之林，并正在日益唤起后人的不断觉醒和理性沉思；其作为人类文化的重要组成部分，在传承人类文明的共同遗产、提高公民文化素质等方面起着不可替代的重要作用。因此，在中学历史教学中，如何立足于立德树人的宏观目标，从历史学科的特质出发，通过创设以"问题情境"为中心的教学活动场域，以求证史料和历史解释为抓手，来实现提升学生的历史学科核心素养、培育学生由移情而怡情的审美情感呢？本文以《中外历史纲要（上）》第25课《人民解放战争》为例，从"造境、怡情"的视角，探讨新课标、新教材、新课堂背景下高中历史教学中的两个基本问题。

---

[1]中共中央马克思恩格斯列宁斯大林著作编译局编译：《马克思恩格斯全集》（第一卷），北京：人民出版社，1956年，第650页。

一、造境：溯本求源惟本真

从人类的活动轨迹看，历史过程具有不可逆性和不可复制性，我们认识历史只能通过现存的各种史料去追寻人类的踪迹，探寻并接近各种历史事件的真相，探讨各种历史人物活动与外部世界的关联，并努力地解读和走近这些历史人物的精神世界。因此，凡是记录或反映已逝去的时光的一切史料，都是我们了解和认识历史的重要依据，离开了丰富多彩的史料，我们将无从理解、解读和研究历史。历史研究是如此，历史教学也是如此。基于丰富的核心史料的课堂教学，其前提和基础是怎样使用史料来实现教学目标，这是任何历史教学中都不容置疑更是无法回避的首要问题。当然，还要认真地根据所选史料和学情设置恰当的情境问题，因为以契合学科教学目标的问题为中心构成的活动场域是构成一节课的核心所在。无论高考评价体系中"四层四翼"的考查要求，还是课堂教学中渗透学科核心素养的价值指向，都是通过情境与情境活动两类载体来实现的，即通过选取适宜的素材，再现学科理论产生的场景或是呈现现实中的问题情境，让学生在真实的背景下发挥核心价值的引领作用，运用必备知识和关键能力去解决实际问题，全面综合展现学科素养水平①。

正是基于上述角度，在设计《人民解放战争》教学导入时，我选择江阴地方史为教学入境抓手，展示出"1949年4月21日江阴要塞起义被誉为渡江战役第一功！"一行文字和《江阴要塞遗址》《黄山炮台遗址》《江阴要塞起义部分有功人员合影》三幅图片，要求学生依据对历史的了解，结合文字和图片来叙述和解释江阴要塞起义。如此设计意图，旨在通过简单的情境活动，调动学生学习本课的积极性和了解、认识历史的热情，同时开门见山地把历史解释、家国情怀等学科素养恰当地融入课堂教学之中；当然，在对文字和图片的叙述和解释中，也能够让学生区分历史叙述中的史实与解释。正如有学生如此表达："江阴素有'江上雄关'之称，历来是兵家必争之地。

①教育部考试中心编写：《中国高考评价体系说明》，北京：人民教育出版社，2019年，第36—37页。

1949年4月21日，在中共地下党组织的策动下，国民党军江阴要塞官兵7000余人，在吴铭等人率领下，举行反蒋起义。江阴要塞起义立下渡江战役胜利第一功，这对夺取江南地区解放战争的胜利，乃至解放全中国起到了十分重要的战略性作用。"从中可以看出，学生能够根据基本史料，对江阴要塞起义有理有据地表达自己的简要看法，展现了一定的历史叙述能力和评判历史事件等基本人文素养。这样的导入属于单一的认知活动，即面对问题时只需要调动某一知识点或某种基本能力便可解决[①]。

但鉴于新教材知识体系庞杂且教学时间紧凑等诸多因素，仅靠这种简单的情境活动显然不能满足学科育人价值的需要。因此，如何创设各种问题情境尤其是复杂的问题情境活动，理应是教师在研读课标、整体把握教材、精致落实核心素养中必须认真思考的主要问题。基于知识应用和产生方式的差异，情境活动分为生活实践情境和学习探索情境两类，前者与学生的日常生活有关，多属于简单的情境活动，所要解决的是学生基本的知识和能力水平；后者则与学生的学科学习紧密相关，多属于复杂的情境活动，这更需要学生综合调动所学知识去解决复杂的历史问题，所以，复杂的情境问题更能够评价学生的价值取向、测评学生的学科核心素养水平等[②]。

因此，在历史教学中，利用复杂的情境问题必须紧紧围绕史料实证和历史解释做足文章。史料实证是指对获取的史料进行辨析，并运用可信的史料努力重现历史真实的态度和方法；而历史解释是指以史料为依据，对历史事物进行理性分析和客观评价的态度和方法。人类历史发展浩浩荡荡，所遗存的各种史料不胜枚举，也真假难辨，这就需要教师在对史料搜集、整理和辨析的过程中，本着求真求实的原则，去伪存真，去粗取精，将符合基本史实的可信史料作为历史教学基本素材，进而通过课堂教学等各种组织形式，帮助学生客观、辩证地在理解历史事物的基础上将其描述出来，揭示历史事物表象背后所包含的深层因果关系，最终形成对历史事物正确、客观、全面的

---

① 教育部考试中心编写:《中国高考评价体系说明》,北京:人民教育出版社,2019年,第22页。

② 教育部考试中心编写:《中国高考评价体系说明》,北京:人民教育出版社,2019年,第18页。

认识。

譬如在分析国民党政权为何迅速败亡时，首先以"对一件事情成败的评判莫过于事后当事人自己的反思"为引，导入蒋介石败退台湾后对自身在大陆政权的崩溃所作的反省。蒋介石是一个爱反省的人，他的日记在某种程度上也可以说是他的反省记录：

材料1

反省之一：外交失败。蒋介石认为这是"最大之近因"。

反省之二：军事崩溃。1949年10月，蒋介石在革命实践研究院演讲中曾称："我们今天失败的原因很多，而主要的原因是由于我们军事的崩溃。"

反省之三：党内分裂，纪律扫地，组织松懈。蒋介石认为这是革命失败的"总因"。

反省之四：经济、金融政策的失败。蒋介石认为这是军事崩溃的"总因"。

反省之五：抗战胜利后，选择实行民主宪政制度，以及国民代表大会选举等，都与"对共政策"背道而驰。

反省之六：本身的骄矜、愤懑、自恃、忙迫，不能澹敬虚心，全凭主观行事。蒋介石认为这也是失败的"总因"。

反省之七：干部制度不立，干部腐化自私。

反省之八：未能"宣传"社会经济政策与民生主义。蒋介石认为这是"唯一之致命伤"。

——摘编自杨天石《找寻真实的蒋介石——蒋介石日记解读》

出示此段材料的本意在于要求学生先行归纳蒋介石反省的要点，然后再要求学生结合教材具体内容找出与要点相吻合的基本史实。此项学生自主探究活动的开展，旨在培养学生在历史学习中从"求知"到"求证"的分析、归纳、综合等能力，而且活动过程本身也自然涵盖了历史学科核心素养中的唯物史观和历史解释等。"在无法回归历史场景的前提下，对历史真实的追求只能通过历史遗留的各种记录"来实现恪守"读史求实"的原则①。作为来自蒋介石本人的一手史料，必然掺杂着他对各种历史事件的主观价值判断，因此他的反省自然无法成为评判各种历史事件的唯一史料来源，这就需要结合教材所展示的基本史实进行——比对印证。在学生探究活动结束后，又再次出示了史学家徐中约在《中国近代史：1600—2000，中国的奋斗》一书中总结蒋介石及国民党在大陆溃败的原因：虚有其表的军事力量；通货膨胀和经济崩溃；失却民心和政府威信；美国调停和援助失败；社会和经济改革的迟滞②。综合以上各种史料并由此得出结论：倒行逆施必丧失民心！得民心者得天下！通过这种多元互证的方式，使学生在疑史、证史、释史、补史的过程中，培养其孤证不立、史由证来、证史一致、论从史出、史论结合等史学研究意识和基本人文素养③。

二、怡情：一曲琵琶沁心脾

历史教育本质上是人文素养教育，而人文素养的培育与提升最主要的是要通过平时课堂上润物细无声般地渗入与春风化雨般地怡情来实现。正如古语曰："宰相必起于州部，猛将必发于卒伍"，学生的历史人文素养与未来发展潜能也只有通过平时课程研习和探究，才能"进一步拓宽历史视野，发展历史思维，提高历史学科核心素养，能够从历史发展的角度理解并认同社会主义核心价值观和中华优秀传统文化，认识并弘扬以爱国主义为核心的民族精神和以改革创新为核心的时代精神，具有广阔的国际视野，树立正确的世界观、人生观、价值观和历史观，为未来的学习、工作与生活打下基础"④。

---

①周靖、罗明主编：《核心素养：中学历史学科育人机制研究》，上海：复旦大学出版社，2018年，第41页。

②徐中约：《中国近代史：1600—2000，中国的奋斗》，北京：世界图书出版公司，2013年，第490—493页。

③周靖、罗明主编：《核心素养：中学历史学科育人机制研究》，上海：复旦大学出版社，2018年，第41页。

④《普通高中历史课程标准（2017年版2020年修订）》，北京：人民教育出版社，2020年，第1页。

　　依据《普通高中历史课程标准（2017年版2020年修订）》，本课要求学生通过了解全面内战的爆发及人民解放战争的进程，分析国民党政权在大陆统治灭亡的原因，探讨中国共产党领导人民取得中国革命胜利的原因和意义。而从本课所涉及的知识内容看，主要讲述了抗日战争胜利后，人民渴望建立一个和平、民主的国家，但蒋介石集团坚持独裁和内战的方针。中国共产党顺应民心，提出"和平、民主、团结"的口号，并为此作了坚决的斗争，付出了极大努力。毛泽东亲赴重庆与国民党当局进行了艰难的谈判，并最终签署了《政府与中共代表会谈纪要》，确认了和平建国方针，促成了政治协商会议的召开。然而中国人民和平建国的梦想随着国民党发动全面内战而破灭。面对敌人的进攻，人民解放军在党中央的坚强领导和人民群众的全力支持下，英勇奋战，最终解放南京，取得新民主主义革命的胜利。在解放战争中，国民党倒行逆施，经济崩溃，政治孤立，被人民抛弃。而中国共产党开展土地革命，坚持并发展统一战线政策，顺应了历史潮流，赢得了民心。中国共产党带领人民赢得革命最终胜利，从而开启了中国历史的新纪元。因此，需要从课标、学情和教学内容出发，精选史料并选择史料中的关键信息点作为教学怡情的点睛之笔。

　　譬如，抗战胜利后，蒋介石迫不及待地在短短十天内连发三封急电给中共领导人毛泽东。

材料2

毛泽东先生勋鉴：

　　倭寇投降，世界永久和平局面，可期实现，举凡国际国内各种重要问题，亟待解决，特请先生克日惠临陪都，共同商讨，事关国家大计，幸勿吝驾，临电不胜迫切悬盼之至。

蒋中正未寒　一九四五年八月十四日

毛泽东先生勋鉴：

　　来电诵悉，期待正殷……大战方告终结，内争不容再有。深望足下体念国家之艰危，悯怀人民之疾苦，共同戮力，从事建设……特再驰电奉邀，务恳惠诺为感。

蒋中正斈　一九四五年八月二十日

毛泽东先生勋鉴：

未养电诵悉……惟目前各种重要问题，均待与先生面商，时机迫切，仍盼先生能与恩来先生惠然偕临，则重要问题，方得迅速解决，国家前途实利赖之。兹已准备飞机迎迓，特再驰电速驾！

蒋中正梗　一九四五年八月二十三日

我在分析中，避开了大多数老师对这三封急电的具体解释，而是紧紧抓住这三封急电中"悬盼之至""驰电奉邀""驰电速驾"等凿凿言语，突出了蒋介石期盼毛泽东来重庆的心情是何等切切！并进一步抛下悬念：他究竟意欲何为？而面对蒋介石的三封急电，中共从犹豫到最终做出到重庆去的决定后。

再出示史料：

材料3　我准备坐班房……如果是软禁，那也不用怕，我正是要在那里办点事……所以，重庆是可以去和必须去的……

——摘编自毛泽东在中共中央政治局会议上的发言记录（1945年8月26日）

由此再设计问题：这彰显了革命领袖怎样的风范？引发学生深入思考。教师在学生思考回答的基础上，直接点明：毛泽东勇赴重庆的事实本身即已向全国人民鲜明地表达了中国共产党坚定求和平、坚决反内战、坚持求民主的态度和决心！这教学怡情之处不言而喻、一目了然。

此外，在"分析国民党政权在大陆统治灭亡的原因"后，以"知其所来，识其所在，才能明其将往"历史昭示为引语，又相继展示如下文字史料和中共七届二中全会、《中国土地法大纲》、毛泽东的人民英雄纪念碑题词、刘胡兰、董存瑞、胡文杰等图片史料（图略）：

材料4　中国共产党的诞生和成为中国革命、建设、改革的领导力量，是二十世纪中国历史客观进程的结果……它经历了一个从小到大、从不成熟到逐步成熟的过程，在中华民族发展的各个紧要历史关头，在异常错综复杂的局势面前，清楚地指明了中国前进的方向和办法，团结并带领人们前进。

——摘编自金冲及《二十世纪中国史纲》

材料5 （1950年，毛泽东说）我们的胜利是从哪里来的呢？就是靠这一万万六千万人打胜的。这一万万六千万人给了他们什么东西呢？他们为什么能够发动起来呢？为什么能够组织这么大（三百万）的军队呢？就是因为在这一万万六千万人中间进行了土改。

——摘编自吴佩芬《解放战争共产党胜利国民党失利的原因分析》

材料6 联合工农兵学商各被压迫阶级、各人民团体、各民主党派、各少数民族、各地华侨和其他爱国分子，组成民族统一战线，打倒蒋介石独裁政府，成立民主联合政府。

——摘编自《毛泽东选集》第四卷

材料7 抗日战争结束，东亚政局正处于大变动之中……苏联出于自身利益的考虑以及战争开始后中共的魄力与智慧都促使其给予共产党支持。而美国……青睐了日本……于是美国逐渐抛弃了国民党。大国之间的这种博弈，为共产党的胜利提供了客观的国际环境。

——摘编自吴佩芬《解放战争共产党胜利国民党失利的原因分析》

由此组织学生展开合作探究活动，分析探讨中国共产党领导人民取得中国革命胜利的原因。之后，在学生回答的基础上，教师进一步归纳总结为"中国共产党坚强、正确的领导""得民心者得天下""统一战线是革命制胜的法宝之一""客观有利的国际环境""广大共产党员和指战员们以及革命人民的浴血奋战和勇于牺牲精神"等，尤其在概述归纳最后一点因素时，要以激昂的语言怡情于课堂："正如有人说过，一种生命，屹立着，或者倒下，无论活着还是死去，都使人不能漠视它的存在。这种生命的代表就是英雄！英雄是一个民族最闪亮的坐标！英雄是一个民族最挺拔的脊梁！天地英雄气，千秋尚凛然！"

中学历史教学的目的不是培养历史学家，而是让学生通过历史学习，接受泱泱历史正能量的洗礼，并以此培养学生的智慧，发扬学生的人性，提升学生的精神，发展学生的思维能力，促进学生正确价值观的养成，这是历史学科人文教育的着眼点和着力点。与自然科学显著不同的是，历史学科人文教育是情感的教育,故应以精神层面为教学切入点,以精致可信的历史史料作为教学突破口,以丰富的情感增强学科教学的陶冶性或审美性,只有这样,才能让学生怡情荡漾于美的熏陶、情的怡然、理的感悟。

总之,历史教学中,"造境、怡情"的能力培养是发展学生学科核心素养的必由之路,它不仅利于学生掌握学科基础知识和基本能力,更利于学生全面和谐地发展与提升对未来社会的适应能力。

【此文为笔者执教《人民解放战争》一课的随想】

《中外历史纲要（上）》第四单元

第13课　从明朝建立到清军入关

【课标要求及其解读】

1.通过了解明清时期统一全国和经略边疆的相关举措，知道南海诸岛、台湾及其包括钓鱼岛在内的附属岛屿是中国版图的一部分，认识这一时期统一多民族国家版图奠定的重要意义。这一要求的重点自然是清朝在这方面的业绩，但也不能忽略明朝的作用，要注意明清两朝在这个问题上的连续性。根据教师用书的处理建议，教师对明朝经略边疆的举措的教学要指向明朝在元明清"大帝国"阶段中所发挥的过渡与连续作用。

2.通过了解明朝封建专制的发展、世界变化及对中国的影响，认识中国社会面临的危机。教师用书指出，这一要点的关键在于变化和危机。变化的不同步甚至反方向是导致危机出现的原因。根据教师用书对新课标解读的这一提示，再加上第一子目标题由原来老教材"君主专制的加强"改编为新教材"明朝政治制度的变化"，可以得出这样的结论：教材编者的意图是强调明朝发生的一系列变化，第一子目是政治制度变化，第二子目是对外贸易政策的变化和国际形势的变化，第三子目是明朝内部形势及其与边疆民族关系的变化。其中，第一点政治制度变化线索清晰，第二、第三点变化内容上有些交叉，不好处理，是教学难点，尤其是讲清变化的不同步甚至反方向难度很大，只能勉力为之。朝贡贸易因财政危机无法继续，私商对外贸易的发展和东西方贸易的发展与竞争都对原有的格局和秩序形成了挑战，而明朝政府对外贸易政策的调整落后于世界步伐，封建专制进一步加强的目标是继续巩固原有的格局和秩序，这种不同步与反方向导致中国社会面临着危机。明朝因为内部统治危机而亡国，明清易代，因世界变化所产生的危机不但没有消失，反而更明显了。

【教学设想】

根据新课标及教师用书对新课标的解读，我认为本课首先要让学生在观察中认识到明朝为统一多民族国家疆域的奠定打下了基础。然后把教学着力点放在制度与政策的变化上。由此，我设计了四部分教学内容：一、开基与开拓——明朝的疆域；二、专制与腐化——明朝的皇权；三、西下与东来——明朝的海外贸易政策；四、危机与易代——明朝的终结。

【教学立意】

1.明确明朝在"统一多民族国家版图奠定"上的基础性作用；展现明王朝的变化及这些变化的局限性；2.明朝灭亡，明清易代，危机并未消除。

【教学重难点】

重点：明朝政治制度的变化。

难点：明朝面临的内部和外部危机；点出变化的不同步甚至反方向。

【导入新课】

展示材料：

材料1 元朝以前"小中国"是常态，元朝之后"大中国"变成了常态。

——摘编自张帆《元朝开启了"大中国"时代》

进而指出，明朝基本继承了元朝辽阔的疆域，为我国统一多民族国家疆域的奠定打下了基础；清朝则不仅征服了蒙古，还进一步经略新疆，成为实际控制疆域最大的朝代。结论：明清时期是中国版图的奠定时期。

一、开基与开拓——明朝的疆域

1.朱元璋的北伐大业与明朝建立

展示北伐地图与《北伐檄文》，引领学生阅读、观看。

2.大明的疆域及明朝治理内陆边疆的措施

指导学生看教材第53、57、75页地图，提问并让学生作答。

问题一：看第75页地图，对比第53页地图，说说明朝的疆域包含第53页地图中的哪些地方。

答：大约相当于南宋、金、西夏、吐蕃、大理合在一起。

问题二：为什么能有这么大？

答：基本继承了元朝辽阔的疆域。

问题三：为什么没有第57页中的元朝疆域大？

答：因自身实力不足而不能全部继承。

明朝对元朝疆域的继承不是唾手可得的简单的事情，明朝疆域的形成从根本上说是明朝人开拓与守护的结果。

问题探究：阅读教材第74页下方内容，归纳明朝治理内陆边疆地区的措施。

教师引导学生阅读教材并作答，注意强调"册封"与"封授"的政治内涵不同。然后展示具体措施：（1）修筑长城和边墙，西起嘉峪关，东至鸭绿江；（2）进行防御战争；（3）册封或封授少数民族首领，恢复并扩大贸易关系；（4）设都司、卫所实施军政管理。

展示卫所管理制度所实施的区域，并引入海疆的内容，强调明朝对台湾、南海管辖的加强。

3.小结："内中国而外夷狄"的国家结构的形成

过渡：辽阔的疆域和"内中国而外夷狄"的国家结构的开拓与守成，都离不开强有力的君主专制中央集权制度的维护。

二、专制与腐化——明朝的皇权

1.宰相制度的废除

问题探究：宰相制度废除的原因。

1380年，明太祖以"谋危社稷"的罪名将胡惟庸抄家灭族，撤中书省，罢丞相，由六部分理朝政。

要求学生从这一历史叙述中找到废除宰相制度的直接原因和根本原因。

（1）现实原因：胡惟庸权力膨胀；中书省与宰相制度威胁皇权。

材料2　自古三公论道，六卿分职，并不曾设立丞相。自秦始置丞相，不旋踵而亡。汉唐宋因之，虽有贤相，然其间所用者多有小人专权乱政。

——摘编自《皇明祖训》

朱元璋所列出的废相理由：非自古就有；致秦速亡；丞相专权比较普遍。

问：你认为明太祖所阐述的废相理由充分吗？

教师与学生一起逐条讨论。

（2）个人原因：明太祖对宰相制度抱有偏见。

（3）历史条件：皇权的扩张趋势；家天下的制度与观念；元带来的君臣关系就是主奴关系的观念；省制下相权过大。

展示《明代皇权与相权变化》动画后，设疑：朱元璋废除宰相制度以后，相权去哪儿了？

答：宰相权力被六部分割，也相当于皇帝兼任宰相。

展示朱元璋的画像，引入朱元璋对废除宰相制度自夸的史料。

材料3　今我朝罢丞相，设五府、六部、都察院、通政司、大理寺等衙门，分理天下庶务，彼此颉颃，不敢相压。事皆朝廷总之，所以稳当。

——摘编自《皇明祖训》

引导学生解读材料中朱元璋自夸的原因，认识宰相制度废除的直接影响——皇帝政务繁忙。

2.内阁的形成

展示皇帝政务繁忙的历史叙述：

材料4　据统计，洪武十七年(1384)九月十四日至二十一日，各机关奏事文书多达1600件，朱元璋平均每天要处理200件文书。

为应对政务繁忙，皇帝应怎么办？让学生阅读教材找出答案。

明成祖时，文官（秘书）在皇宫内的文渊阁值班，内阁形成。

展示内阁形成后决策形式的变化。

引导学生分析皇帝勤政时廷议情况：皇帝在上朝时，同内阁、五府、六部、都察院及六科给事中商议大政方针。皇帝与内阁学士面对面交谈。

引导学生分析皇帝懒政时廷议情况：内阁会同五府、六部、都察院及六科给事中商议大政方针，票拟呈皇帝批红。

3.以司礼监太监牵制内阁

皇帝太懒政，司礼监太监协助甚至代替皇帝批红。结果导致宦官专权。

材料5　有明之无善治，自高皇帝罢丞相始也。

——摘编自黄宗羲《明夷待访录·置相》

小结本子目知识，点出其变化的反方向性。

三、西下与东来——明朝的海外贸易政策

1.海禁与开禁

展示明初的海禁政策史料。

材料6

仍禁濒海民不得私出海。（1371）

禁人民无得擅出海与外国互市。（1397）

——摘编自《明太祖实录》

近年以来往往私自下番交通外国，今后不许。

——摘编自《明太宗实录》

海禁政策之下，朝贡贸易成为唯一合法的贸易通道。

但朝贡贸易以政治目的为主，其"厚往薄来"的原则导致朝贡贸易难以长期维持。

展示《明朝各代朝贡次数统计表》。

朝贡贸易在永乐以后迅速衰落，私人海上贸易发展起来，倭患日趋严重，于是朝廷在嘉靖二年（1523）厉行海禁。结果倭寇更加猖獗，朝廷派戚继光等人平倭。倭患平定后，隆庆元年（1567），新皇帝发布了开禁上谕，"准贩东、西二洋"。万历十七年（1589）规定，每年准往东、西洋的商船各44只，后不断增加。

展示开禁政策影响的史料，用史料说话。

材料7

我穆庙时除贩夷之律。于是五方之贾……分市东西路（东西洋）……所贸金钱，岁无虑数十万，公私并赖。

——摘编自张燮《东西洋考》

隆庆、万历时期，中国商船在苏门答腊以东的西洋贸易中十分活跃，商人集团在墨西哥等地从事贸易，成为世界市场中非常活跃的一部分。

——摘编自王天有《王天有史学论集》

明朝中后期，朝廷开放海禁，国内工商业繁荣，为何没有使明朝走上贸易强国之路？其根本原因是受到腐朽的专制体制的束缚，其直接原因是贸易体制的落后。这一落后的贸易体制源于明朝成立后建立的朝贡贸易体制。

郑和下西洋就是这种朝贡贸易体制的极致代表。

2.西下与东来

材料8　郑和下西洋的目的是建立一种"中国居内以制夷狄，夷狄居外以奉中国"的朝贡体系外交模式。

——摘编自卜宪群总撰稿《中国通史》

展示郑和下西洋美术作品。

我们可以把郑和下西洋理解为：大明王朝放下身段，主动把朝贡关系延伸到海外，郑和代表皇帝接受朝贡。

展示《郑和航海路线图》。并从时间、规模上把它与西方新航路开辟作比较。让学生认识到郑和下西洋的历史意义。

意义：人类征服海洋的壮举。打通了中国到东非的航路，把亚、非的广大海域联系到了一起。促进了中国同亚、非各国的和平交往与经济文化交流。

郑和之后，再无郑和。1498年葡萄牙人到达印度时，中国早已停止苏门答腊以西的贸易。隆庆、万历开关（1567年、1589年）前后，西方殖民者强势东来。东南海疆危机乍现。

阅读教材，归纳明末东南沿海的危机：

地域	殖民侵略国家	结果
澳门	葡萄牙	1557年葡萄牙赖取澳门租住权
台湾	荷兰、西班牙	1624年荷兰占据台湾南部，1626年西班牙占据台湾北部

比较17世纪中西方海外贸易政策：

西方殖民国家	重商；垄断性的贸易公司，利用国家力量推进殖民扩张与海外贸易
明朝统治者	重农抑商；征收重税充饷；关注国际贸易的政治性和华夷秩序的构建

结论：明朝在贸易体制和政策上落后于西方，这是明王朝没有走上贸易强国之路的直接原因，也为此后中西方差距的拉大埋下了隐患。

过渡：明朝末年，危机重重。

四、危机与易代——明朝的终结

1.危机重重：殖民者东来；后金崛起；农民起义

西方殖民者强势东来所造成的东南沿海危机还不是威胁明朝的致命危机。17世纪初期，明王朝把强势崛起的后金作为自己最大的威胁。展示形势图。让明朝统治者意想不到的是，社会阶级矛盾激化所引发的农民起义浪潮才是它的致命终结者。展示明末农民起义示意图。

2.清军入关，明清易代

李自成攻陷北京后，吴三桂冲冠一怒为红颜，投降清朝，引清军入关，攻占北京，明清易代。大约用了20年时间，清政权才基本稳定大局。

引孔尚任《桃花扇》中的感叹和樊树志的思考深化总结明朝灭亡的原因。展示后金政权模仿学习明朝建立封建制度的材料，在学生认识的基础上小结全课：明朝亡，中国未亡；清朝兴，危机未除！清朝统治稳定后，中西方的差距逐渐拉大，康乾盛世藏隐忧！

点评（钱要武）：

安徽省铜陵市第一中学李越老师同课异构的《中外历史纲要（上）》第四单元第13课《从明朝建立到清军入关》，教学架构平实感性，教学技艺深厚扎实，教学语言温润如玉。

单元龙骨清澈可见。《中外历史纲要（上）》共10个单元29课，单就中国古代史而言，共计4个单元15课，可见中国古代史在上册中分量之大。前三个单元标题依次为《从中华文明起源到秦汉统一多民族封建国家的建立与巩固》《三国两晋南北朝的民族交融与隋唐统一多民族封建国家的发展》《辽宋夏金多民族政权的并立与元朝的统一》，而第四单元标题为《明清中国版图的奠定与面临的挑战》，由此足以看出，中华民族统一的形成、发展与巩固成为古代中国历史发展的主旋律。因此第四单元课标中首先要求了解明清时期统一全国和经略边疆的相关举措，并明晰南海诸岛、台湾及其包括钓鱼岛在内的附属岛屿是中国版图一部分，从而深刻理解这一时期统一多民族国家版图奠定的重要意义，以此界定并彰显了两大主题，一是突出明清版图的奠定不仅仅体现在陆疆的巩固，还体现在海疆的定格；二是强调到明清时期，我国统一多民族国家版图已经奠定，统一已成为中华民族昂扬世界民族之林的立身根本，更成为赓续中华文明创新发展的动力源泉。正是立足于深刻理解课标和教材基础之上，李老师从"开基与开拓——明朝的疆域"入手，在单元龙骨之上，以开门见山的方式，与学生共同就明朝经略边疆的相关内容展开了平实的对话与交流，并让学生深刻体会到明朝政府在维护国家统一、巩固海陆边疆过程中的用心和匠心。

教学着力错落有致。本课涉及课标两个内容，分别是统一多民族国家版图的奠定和封建专制的发展及世界的变化对中国的影响。因此，李老师从四个方面整合了本课教学内容：开基与开拓——明朝的疆域，专制与腐化——明朝的皇权，西下与东来——明朝的海外贸易政策，危机与易代——明朝的终结。首先李老师在清楚地阐述了明朝辽阔的疆域和"内中国而外夷狄"的国家结构后，话锋随即转到明朝强有力的君主专制中央集权制度，在第二个子目中，李老师从宰相制度的废除、内阁的形成、以司礼监太监牵制内阁三个部分组成了这一子目内容的教学。此子目内容李老师着墨较多，因为，从设计的整体框架看，这既是对"开基与开拓——明朝的疆域"子目内容的具体分析与思维提升，也是对后面两个子目的细致阐释和思维引领。鉴于课标所强调的"世界的变化对中国的影响"，李老师引导学生对"西下与东来——明朝的海外贸易政策"也做了较多的分析，但对第四子目"危机与易代——明朝的终结"仅仅做了简要的叙述。从整个教学过程看，李老师针对课标要求和学生实际，对教材内容取舍有道、教学内容衔接自然有序、教学着力错落有致。

教学思想洞悉深邃。新课标明确强调，教师应以多种手段突出重点、突破难点，使学生通过对重点内容、核心概念、关键问题的理解，带动对整个学习专题的探讨和认识。从君主专制中央集权制度两千多年的发展演变历程看，到明清时期，虽然也对其进行了一定程度的变化和调整，但这种变化和调整还是局限于相对封闭的中央集权制度的藩篱之中。此时西方世界已发生了一系列变革，而这种变革对世界产生了很大的影响。所以说，明清时期的制度变革并非紧随世界大势，更何况郑和之后再无郑和的历史剧情已清醒地表明，历史后浪推前浪，无论是政治体制抑或朝贡体制，中国不再是世界舞台的中心，以西欧为中心的世界政治经济新生力量的崛起，已渐渐改写了人类几千年的历史，千年未有之变局已非中国封建王朝更迭的历史规律所能阐释清楚。所以，应当把郑和下西洋、平定倭患、西方殖民势力强势东来放在世界大背景下思考，明清历史的发展留下了太多令后人扼腕叹息的遗憾！李老师在最后以"明朝亡，中国未亡；清朝兴，危机未除！清朝统治稳定后，中西方的差距逐渐拉大，康乾盛世藏隐忧！"的结论不仅统领了全课的主旨，也为下一课教学埋下了伏笔。

【作者李越，铜陵市第一中学高级教师，曾获得安徽省高中历史课堂教学比赛一等奖】

《中外历史纲要（上）》第五单元

第16课　两次鸦片战争

【课标要求与内容分析】

依据《普通高中历史课程标准（2017年版2020年修订）》，本课要求：认识列强侵华对中国社会的影响，概述晚清时期中国人民反抗外来侵略的斗争事迹，理解其性质和意义；认识社会各阶级为挽救危局所作的努力及存在的局限性。

19世纪中叶，随着英、法等国相继进行或完成工业革命，它们接连发动两次鸦片战争，中国的主权和领土完整开始遭到破坏，中国从一个独立的封建国家逐渐沦为半殖民地半封建社会，帝国主义和中华民族的矛盾，封建主义和人民大众的矛盾开始成为中国近代社会的两对主要矛盾；面对西方列强的侵略，中国人民开始了反侵略的斗争，虎门销烟、三元里人民抗英斗争以及清朝爱国官兵的抵抗，充分体现了近代中国人民不屈不挠的抗争精神；与此同时，林则徐、魏源等一批有识之士开始"开眼看世界"，提出"师夷长技以制夷"的主张。

【初高中教材对比分析】

1.部编初中教材：两次鸦片战争课时安排为2课时。即《中国历史》八年级上册第一单元《中国开始沦为半殖民地半封建社会》的第1课和第2课。第1课《鸦片战争》分三子目：鸦片走私与林则徐禁烟、英国发动侵略战争、《南京条约》的签订。第2课《第二次鸦片战争》也分三子目：英法再次发动侵华战争、火烧圆明园与《北京条约》的签订、沙俄侵占中国北方大片领土。

2.部编高中教材：两次鸦片战争安排在《中外历史纲要（上）》第五单元《晚清时期的内忧外患与救亡图存》的第16课，课时安排为1课时。分三子目：19世纪中期的世界与中国、两次鸦片战争、开眼看世界。

3.部编初、高中历史教材都采用"点—线"结合的通史体例，注重历史发展的时序性、历史事件的内在逻辑关系。两次鸦片战争的教学内容在初高中有较多的重复，初中教材精选两次鸦片战争的基本史实、注重史实之间的内在逻辑关系，而高中教材对两次鸦片战争的叙述更为简洁，侧重于陈述历史史实，对历史史实的解释相对慎重。

【学情分析】

本课内容与初中历史学习内容有较多的重复，学生对两次鸦片战争的基础知识已有所学习，但是尚未能从中西方不同社会发展状态的宏大时空背景把握战争爆发的根源、战争对中国社会的影响和战后中国思想界的反应，因此在教学中教师应关注初高中历史课程的衔接，突出重难点，引导学生解读史料、创设历史情境，培养学生的历史学科核心素养和提升学生的历史思维能力。

【设计意图分析】

《两次鸦片战争》是《中外历史纲要（上）》第五单元《晚清时期的内忧外患与救亡图存》的第一课。鸦片战争是农耕文明与工业文明的碰撞，这场战争是一块界碑，它开启了中国"数千年未有之大变局"，鸦片战争后的百余年间，中国社会发生了巨大的变化，深刻改变了近代中国历史的走向。本课内容主要由"19世纪中期的世界与中国""两次鸦片战争""开眼看世界"等三子目组成，三子目之间因果逻辑关系清晰，核心问题突出。教材按时空顺序讲述了19世纪40年代英国发动的侵华战争的过程及由此引发的中国思想界的新变化；由于第二次鸦片战争（1856—1860年）是第一次鸦片战争的继续和扩大，教材也把它放在本课内容之中。

本课设计以核心素养为牵引，通过把握本课教学重难点，以近代民族意识的萌发为主线，围绕"天朝迷梦，渐行渐远""迷梦破碎，国将不国""迷梦初醒，救亡图存"等三个问题展开教学，既纵向帮助学生理解鸦片战争的起因和影响，又强调在全球史观下看待鸦片战争，注意中外横向联系，反思鸦片战争带来的深刻教训。在掌握基本史实的基础上升华感情，渗透历史学科核心素养的教育。

【教学设计】

【教学目标】

1.通过了解鸦片战争前的世界与中国的形势，把握两次鸦片战争的起因、过程、结果；分析两次鸦片战争签订的不平等条约的内容，认识这些内容给中国带来的影响；了解两次鸦片战争中中国军民正义的抵抗斗争，了解林则徐、魏源等人向西方学习的新思想，理解其在近代中国社会进程中所起的作用。

2.通过图片展示和史料分析，以表格的形式展示鸦片战争前的世界与中国；设置问题悬念，引导学生运用相关史料对鸦片战争起因做出正确的评价和分析；配乐朗诵诗作感受中国人民反抗外来侵略的决心；分析两次鸦片战争对中国社会的影响。

3.通过对鸦片战争结果和影响的学习，引导学生对历史进行反思，从中汲取经验教训，培养学生的民族责任感；通过对两次鸦片战争爆发原因的探究，引导学生认识到要用开放的心态看待世界文明，向其他文明学习、借鉴。

【教学重难点】

重点：两次鸦片战争的结果和影响。

难点：鸦片战争爆发的原因。

【教学方法】

问题探究、史料解读、情景设置、合作学习等。

【课时安排】

1课时。

【教学过程】

【导入新课】

《史记》和《海国图志》同样都有用世界眼光对中国以外地区进行历史观察的内容。《史记》仅用较少篇幅描述了朝鲜、印度以及中亚、西亚等国的历史。而在1842年成书的《海国图志》初稿则以五十卷的内容，介绍当时西方的历史、地理，以翔实的内容引导人们关注世界形势。

【设计意图】

《史记》和《海国图志》中关于西方的描述的重视程度不同，体现了古代和近代中国的民族意识的不同，浅显异同，直奔主题。

【推进新课】

一、天朝迷梦，渐行渐远

展示清朝年间英国多次派使团来华要求通商的图片

教师设问：据材料分析，是什么让英国这么锲而不舍地派使团来华？英国最初与清政府采取何种方式交往？清政府态度如何？为什么？清朝人眼中的"世界"是怎样的？反映了古代中国怎样的民族意识？

材料1　天朝上国的心态和文化上的优越感，使清朝统治者认为英国作为一个朝贡国，理当遵守天朝法律。所有的外国人都是夷狄，都是处于教化之外的；所有与外国人通商的税款，对国库收入作用不大，其价值实比鸿毛还轻……中国向外人开放广州港是天朝的恩泽。

——摘编自李英全、齐远飞《鸦片战争爆发新论》

学生回答：当时清朝人眼中的"世界"是以中国为中心，中国仍然是传统的天朝上国。

教师设问：那么真实的世界是怎样的？

问题情景1：19世纪中叶的中国与世界形势

展示四组对比图片，分别是中国的军机处的设立和英国的责任内阁制；

中国的小农经济和英国工业革命时期的蒸汽机的轰鸣；中国的科技著作《天工开物》和英国的牛顿用自制望远镜观察天体运行；中国只留广州一处对外通商和英国成为日不落帝国。

自主学习：根据四组图片，立足所学知识，完成鸦片战争前中英对比表格。

项目	中国	英国
政治		
经济		
科技		
外交		

【设计意图】

通过展示鸦片战争前中西方在政治、经济、科技、外交方面不同的图片，生动形象，激发学生学习和探究问题的兴趣。引导学生从特定的时空定位下深刻挖掘历史的丰富内涵，通过中西对比，把握历史发展的阶段特征，理解中西历史发展的不同走向，认识到鸦片战争爆发的根源。

问题情景2：鸦片战争起因之探究。

材料2　18世纪的广州贸易顺差严重地偏向于中国一边。外国商人前来购买茶叶、生丝、大黄和其他货物，是需要用金银来支付的，因为中国人对西方的工业产品无所需求……1781—1790年间流入中国的白银达到1640万两，1800—1810年则达2600万两。这种有利于中国的贸易顺差持续到19世纪20年代中期才趋于平衡。1826年之后，贸易平衡开始向相反一端倾斜：1831—1833年间约有1000万银两从中国流出。随着时间的推进，这种逆差进一步扩大。是什么东西引起了这一贸易平衡的急剧逆转呢？只有一样东西：鸦片。

——摘编自徐中约《中国近代史：1600—2000，中国的奋斗》

材料3　中国的禁烟运动，给了我们一个战争的机会……可以使我们终于乘战胜之余威，提出我们自己的条件，强迫中国接受。这种机会也许不会再来，是不能轻易放过的。

——摘编自《安德鲁·韩德森致拉本特函》

教师设问：英国表面上是为何而战？最终打开中国的方式是什么？

学生活动：认识到中国禁烟运动只是鸦片战争的借口，英国和中国的交往方式由和平交往到战争打开国门。

教师活动：鸦片战争前的一个多世纪，随着中西交往的扩大，中英之间的贸易急剧增长，但由于中国处于封建社会，自给自足的自然经济占主导地位，中英贸易中英国处于贸易逆差，大量白银流入中国。随着英国工业革命的开展，英国迫切需要海外市场，同时改变中英贸易中的不平衡状态，多次试图打开和扩大中英之间的贸易，然而清朝统治者昧于世界大势，以天朝上国自居，坚持朝贡贸易体系，实行闭关锁国。为扭转中英贸易逆差，英国侵略者向中国走私鸦片，一场战争不可避免。

【设计意图】

教师通过文字史料，创设历史情景，逐步认识到工业革命、马戛尔尼使团来华、英国对华走私鸦片及其后果、中国的禁烟运动、鸦片战争等历史事件的因果关系，从而进一步理解鸦片战争爆发的具体原因。

过渡：

材料4　……然而最终反映的还是文化的冲突……鸦片是放在驼背上带到了中国，而它最终折断了这个民族的脊梁。

——摘编自[美]特拉维斯·黑尼斯三世、[美]弗兰克·萨奈罗《鸦片战争——一个帝国的沉迷和另一个帝国的堕落》

二、迷梦破碎，国将不国

鸦片战争的概况：

【活动探究】

以创建百度词条的方式，让学生自主阅读课本，完成对两次鸦片战争概况对比的知识梳理，涵盖时间、原因、侵略国家、结果等。

【设计意图】

两次鸦片战争的相关知识在初中教材中均已涉及，本课主要由学生自主学习完成。借助创建百度词条的方式，新颖有趣，激发学生的学习兴趣。

今天我们都知道，两次鸦片战争中国都败给了西方，可我们又是否清楚战败的深层原因？仅仅是因为武器的落后，或是几个腐败无能的官僚而已吗？

鸦片战争失败的原因：

材料5　在鸦片战争的整个过程里，中国以中世纪的武器、中世纪的政府、中世纪的社会来对付近代化的敌人。

——摘编自陈旭麓《近代中国社会的新陈代谢》

教师活动：针对鸦片战争失败的原因存在多种解释，由于受时代、阶级立场和观察视角的影响，各种解释存在较大差异。我们要透过现象看本质，中国战败最本质的原因是社会制度的落后性，落后的农业文明无法抵御先进的工业文明，腐朽的封建主义无法对抗新兴的资本主义。

【设计意图】

历史解释是历史学科核心素养之一，所有的历史叙述在本质上都是对历史的解释。鸦片战争失败的原因是多样的，教师需要引导学生认识问题的本质，提升学生历史解释素养水平。

鸦片战争的影响：

【合作探究】

鸦片战争后签订的条约到底是丧权辱国的不平等条约还是清政府认为的"万年和约"？

【设计意图】

以设问的方式，以合作探究的形式，引发学生思考，从不同的角度来理解当时鸦片战争对中国的影响。

（1）观点一：鸦片战争后签订了一系列丧权辱国的不平等条约。

名词解释：不平等条约。

签约国中的一方（或多方）以武力或政治施压等手段，胁迫另一方签署的条约。由于缔约双方的谈判不对等，导致最后缔结的条约不平等。因此，条约通常对某一方国家主权和国家利益产生侵害。

教师提问：两次鸦片战争签订了哪些不平等条约，中国丧失了哪些主权？对中国产生了什么影响？

学生回答：第一次鸦片战争签订了《南京条约》及其附件，《望厦条约》《黄埔条约》等，第二次鸦片战争签订了《天津条约》《北京条约》《瑷珲条约》等，以上不平等条约对中国的领土主权、贸易主权、关税主权、司法主权等造成了破坏。

【教师分析】

从条约内容分析两次鸦片战争对中国的影响。

领土主权：从《南京条约》侵占香港岛，到《北京条约》割占九龙司地方一区，《瑷珲条约》等割占中国北方100多万平方公里土地，领土主权不断沦丧。

贸易主权：从《南京条约》开放东南沿海五处通商口岸，到《天津条约》开放沿江沿海十处通商口岸，再到《北京条约》增开天津为商埠，便利了列强向中国倾销商品和掠夺原料。

关税主权：《南京条约》规定英国进出口中国的货物，中国需同英国协商关税。

司法主权：《南京条约》附件中列强获得领事裁判权，即英国人在中国境内犯罪，交由英国官员审判，严重侵害中国的司法主权。

【教师总结】

主权不断沦丧，中国自然经济开始瓦解，中国被迫卷入资本主义世界市场。

两次鸦片战争的影响：

第一次鸦片战争使中国开始沦为半殖民地半封建社会；

第二次鸦片战争使中国的半殖民地化程度进一步加深。

【设计意图】

从条约内容看影响，打破常规的知识传授模式，传统的教学模式是将每个条约每项条款逐一分析，鉴于教学时间有限，此处将两次鸦片战争期间签订条约的内容进行整合，以主权沦丧的方式加以整理，在此基础上得出两次鸦片战争对中国的影响，层层递进，由浅入深。

【学生活动】

连连看：

最能体现列强侵华本质的是　　　　　　　　　领事裁判权

两次鸦片战争中侵占中国领土最多的国家是　　英国

哪项条款破坏了中国的司法主权　　　　　　　俄国

哪个国家是历史上香港问题的制造者　　　　　赔款

哪项条款最容易加重人民的经济负担　　开放通商口岸和关税协商

【设计意图】以较为轻松的游戏方式来加深学生对条约知识的理解，在激发学生兴趣的同时夯实了基础。

（2）观点二：当时的清政府把《南京条约》视为"万年和约"，认为可以换来暂时的和平。

材料6　自今以后，大皇帝恩准大英国人民带同所属家眷，寄居大清沿海之广州、福州、厦门、宁波、上海等五处港口，贸易通商无碍。

——《南京条约》

材料7　各国既与英人无异，设将来大皇帝有新恩施及各国，亦应准英人一体均沾，用示平允。

——《虎门条约》

教师提问：细读条约的文本，你能读出什么？

学生回答：天朝上国的"华夷观念"。

材料8　道光年间的中国人，完全不懂国际公法和国际形势，所以他们争所不当争，放弃所不应当放弃的。

——摘编自蒋廷黻《中国近代史》

学生活动：如果你是清政府的谈判代表，你会积极争取什么权利？清政府放弃了什么权利，争取了什么权利，这说明了什么？

材料9　当时的人对于这些条款最痛心的是五口通商。他们觉得外人在广州一口通商的时候已经不易防范，现在有五口通商，外人可以横行天下，防不胜防。

——摘编自蒋廷黻《中国近代史》

材料10　协定关税和治外法权是我们近年来所认为的不平等条约的核心，可是当时的人并不这样看。治外法权，在道光时代人的心目中，不过是以夷制夷的最方便、最省事的办法。至于协定关税，他们觉得也是方便省事的办法。

——摘编自慕常清、王丽华主编《中国革命史论》

【设计意图】

情境创设让学生成为清政府谈判代表，结合条约内容来深层次理解两次鸦片战争的影响，真正做到自觉维护国家主权和利益，进而结合材料内容了解清政府当时民族国家意识的淡薄。

过渡：天朝是一个梦，被两次鸦片战争击碎！天朝是一个梦，统治者和大部分国民却仍然没有被击醒。然而……

三、迷梦初醒，救亡图存

1.反侵略的民族精神

【诗配乐朗诵+图片播放】

"苟利国家生死以，岂因祸福避趋之"，林则徐虎门销烟的历史从未被中国人民忘记，鸦片流毒，肆意侵害我中华儿女之身心。虎门海滩上销毁鸦片，谱写出一曲爱国主义壮歌，续写了中国人民反对外来侵略的光辉篇章。

关天培在虎门炮台以身殉国。他以血肉之躯，屹立于天地之间，只为守护山河。

陈化成扼守吴淞炮台英勇战殁。英国侵略军曾言："不畏江南百万兵，唯俱一人陈化成。"

1841年广州三元里人民抗英斗争是近代史上中国人民第一次自发的大规模抵抗外国侵略的斗争，表现出中国人民不畏强暴、抵御外敌的爱国精神。

家国有难，起而争之；家国有兴，与有荣焉。

【设计意图】

借助音乐的烘托，展示爱国官兵和百姓的英勇斗争事迹。在情感共鸣中升华学生的爱国主义热情。但此处教师也要提一下此时的反侵略的民族意识与近代意义上的民族国家意识还是有所区别的，此时正处于从传统国家意识到近代国家意识的转型时期。

2.近代民族意识的萌发

材料11　他们从一个封闭的容器中探出头来，开眼看世界，并能放下"天朝"的架子，平静地看待另一种文明（徐继畬最为突出）已是石破天惊之举。

——摘编自茅海建《天朝的崩溃》

设问：他们指的是谁？和传统思想相比他们的思想有什么变化？

林则徐是近代中国开眼看世界的第一人。林则徐面对英美官员交涉鸦片问题需要用到国际知识，便在广州办驿馆，收集有关西洋各国的情报和国际知识，汇成《四洲志》。

在《四洲志》的基础上，魏源按照世界五大洲编纂了一部介绍各国历史、地理、社会现状以及军事、科技等知识的综合性图书。这是近代中国较早介绍西方历史地理的书籍之一，魏源在书中提出了"师夷之长技以制夷"的思想。

《瀛寰志略》的作者是徐继畬，该书成书于1849年，介绍了世界各国的风土人情及西方民主制度。书中插图42张，包括绘制的中国、朝鲜、日本地图及临摹的欧洲人的地图。

思考1：林则徐、魏源、徐继畬关注的焦点是什么？

思考2：从学习的内容来看，他们的思想有何积极性？

【总结性提问】

与五十年前乾隆帝的心态相比，"开眼看世界"的提出反映了少数开明的士大夫的民族意识发生了怎样的变化？

教师在引导学生回答的基础上归纳：从闭关锁国到被动对外开放；从盲目自大到向西方学习；从武威德化到抵制侵略。

【学生活动】

习近平："放眼世界，我们面对的是百年未有之大变局。"你觉得当下中国应该以何种民族意识对待百年未有之大变局？

【设计意图】

以习主席的话引发思考，将民族意识与当今世界局势的变化相联系，培养学生的时政观念，发扬以爱国主义为核心的民族精神。

【教学总结】

19世纪中叶，中西方历史发展呈现出不同的走向，两次鸦片战争是农业的自给自足与英国工业的扩张之间的对抗，中国与西方碰撞时显得极其痛苦。陈旭麓在《近代中国社会的新陈代谢》中说："对于中国来说，这场战争是一块界碑。它铭刻了中世纪古老的社会在炮口逼迫下走入近代的最初一步。"反思历史，鸦片战争给我们的最大历史教训就是必须坚持对外开放，只有把握世界发展大势，才能在百年未有之大变局的今天屹立于世界民族之林，实现中华民族的伟大复兴。

【设计反思】

在本课的教学设计中，以三个学习聚焦为依托，通过对教材内容的整合，形成"天朝迷梦，渐行渐远""迷梦破碎，国将不国""迷梦初醒，救亡图存"三个模块，以问题设计为导向，以培养学生历史学科素养为目的展开教学。这样的教学设计能够激发学生的学习兴趣，让学生在思维冲突中感受历史学习的意义，提升学生的历史学科素养。

【作者陈蕾蕾，铜陵市第三中学教师，钱要武名师工作室成员。2020年获铜陵市第六届骨干教师荣誉称号。曾多次在安徽省高中历史优质课获得优异成绩，有多篇论文在省级刊物上发表，指导学生在"青史杯"历史剧本大赛中获得一等奖】

《中外历史纲要（上）》第五单元

第17课　国家出路的探索与列强侵略的加剧

【课标要求】

认识列强侵华对中国社会的影响，概述晚清时期中国人民反抗外来侵略的斗争事迹，理解其性质和意义；认识社会各阶级为挽救危局所作的努力及存在的局限性。

【内容主旨】

两次鸦片战争，西方列强以武力打开了中国的大门，相继攫取了一系列特权，清政府开始直面海上而来的外部威胁。面对"数千年未有之强敌"，清政府节节败退。而李鸿章的出现则成为清政府的一根救命稻草，剿"叛军"、兴"洋务"、求"和戎"，无不与之有着千丝万缕的联系。然纵有豪情壮志，终究无法"挽大厦之将倾"。

【教学目标】

唯物史观：了解太平天国运动的主要史实，分析太平天国运动的革命性和局限性；掌握洋务运动的内容和作用；分析《马关条约》的内容和影响。了解农民阶级和地主阶级为挽救民族危亡所做的探索和努力，并认识到他们的阶级局限性。

时空观念:了解我国西北、西南、东南等方位出现的边疆危机,培养学生的时空观念。

史料实证:能够利用图片、文字等不同类型的史料,学习太平天国运动、甲午中日战争、洋务运动和列强掀起瓜分中国狂潮等内容,形成对其更全面、更丰富的理解。

历史解释:能够通过搜集、选择、运用相关史料对洋务运动的作用和《马关条约》的内容进行历史解释;掌握对历史人物与事件的评价方法。

家国情怀:全面掌握列强对近代中国的侵略史实,体会中华民族危机的不断加深,从民族振兴的角度感悟家国情怀。

【教学重难点】

重点:太平天国运动呈现的新特点、洋务运动的内容、边疆危机与甲午中日战争。

难点:洋务运动对中国近代化的作用、个人际遇与国家命运的关系。

【教学过程】

环节1:众里寻他千百度——此人是谁

【师】

教师在屏幕上展现作家高阳的诗作,引导学生一起阅读;出示中国近代化取得的诸多成果,并根据课前预习,让学生指出此人的身份。

【生】

学生根据课前预习,指出此人是李鸿章,并展开本课学习。

【设计意图】

通过问题的设定和引导,引出本节课的主人公,激发学生的好奇心。

环节2:一生荣华出曾门——从李鸿章发迹看天国之梦

太平天国运动:天国梦之旅。

【师】

教师以时间轴的形式梳理李鸿章政治生涯的起点,简述李鸿章这一时期加入曾国藩幕府、镇压太平天国运动的史实,增加学生对太平天国运动进程的认识。

【生】

学生观察《太平天国运动形势图》（图略），描述太平军行进的方向和路线，重温太平天国运动发展的过程：

1851年1月11日，洪秀全、杨秀清等在广西桂平县金田村发动武装起义，建号太平天国。不久，洪秀全称天王。太平军一路北上，出广西，经湖南，占领湖北省城武昌。

1853年，太平军沿长江东下，经九江、安庆，占领南京，改南京为天京，定都于此。然后，太平军北伐、西征，占领湖北、江西、安徽的许多地方，军事上达到鼎盛，但领导集团日渐腐败。

1856年，太平天国领导集团发生内讧，杨秀清、韦昌辉被杀，石达开出走，太平天国在政治、军事上开始衰落。之后，洪仁玕、陈玉成、李秀成进入最高领导层，太平军先后取得浦口、三河大捷，但在安庆战役中败于曾国藩统率的湘军。

1864年，在湘军、淮军和外国人带领的洋枪队进攻下，太平军节节败退，天京等地被攻破，太平天国运动失败。

【设计意图】

结合形势图让学生自己描述太平天国运动的进程，有助于学生提高参与课堂的积极性，并对史实印象更加深刻。

太平天国运动：天国梦之魂。

【师】

教师结合教材，呈现材料，提出问题：从《天朝田亩制度》与《资政新篇》的主张来看，分析太平天国运动的内容、评价与结果。

材料1：凡分田，照人口，不论男妇，算其家人口多寡，人多则分多，人寡则分寡，杂以九等。如一家六人，分三人好田，分三人丑田，好丑各一半。凡天下田，天下人同耕，此处不足，则迁彼处，彼处不足，则迁此处……有田同耕，有饭同食，有衣同穿，有钱同使，无处不均匀，无人不保暖也。

——《天朝田亩制度》

《资政新编》主要内容：

政治：主张"以法治国"、舆论监督和直接选举政府官员。

经济：鼓励发展工商业，奖励技术发明，提倡保险事业。

文化：反对迷信，提倡新式教育。

外交：主张自由往来、平等互利。

【生】

学生思考交流得出对太平天国运动的内容、评价与结果的认识。

《天朝田亩制度》：

①核心：废除封建地主阶级土地所有制，解决土地问题。

②内容：提出了"有田同耕，有饭同食，有衣同穿，有钱同使"的主张。

评价：

①废除了封建的地主土地所有制，反映了农民的要求，调动了农民的生产积极性。因此，具有革命性。

②体现了绝对平均主义思想，严重脱离实际，根本无法实现。因此，具有落后性。

③绝对平均分配产品的方式在当时的生产力水平下是行不通的。因此，具有空想性。

《资政新篇》：

提出新的社会经济政策，试图回答农民革命应当向何处去的问题。但没有解决农民最关心的土地问题。

结果：在当时历史条件下，两个文件都未能实施。

【设计意图】

通过阅读材料，学生能具体了解《天朝田亩制度》代表了太平天国运动的社会政治主张，以及这种主张与太平天国领导层的表现之间的差异，从而明白太平天国运动的历史局限性，这也是本部分的重点内容。

太平天国运动：天国梦之难与天国梦之析

【师】

教师呈现材料，引导学生分析太平天国运动失败的原因，并思考：维持了14年之久的太平天国运动，对清王朝统治的打击是十分沉重的，那么清王朝在这期间发生了什么变化呢？

材料2　太平天国揭开了中国民主革命的序幕……打破了清朝的统治机器，为辛亥革命铺平了道路。

——摘编自罗尔纲《太平天国史》

材料3　为了挽救败势，即位不久的咸丰帝先后任命林则徐、李星沅为钦差大臣，赴广西镇压太平军……（任命的汉族官僚钦差大臣）与同时期的旗员钦差大臣人数恰好相同。……清廷谕令各地广办地方团练，与清政府一同镇压太平天国。曾国藩的湘军（1853年）、李鸿章的淮军（1861年）便应运而生。

——摘编自左之涛《晚清满汉势力的消长及其原因探析》

【师生同析】

太平天国运动失败的原因：

根本原因：农民阶级的局限性。

客观原因：中外反动势力联合绞杀。

太平天国运动的影响：在太平天国运动期间，清王朝内部政治和权力结构发生了变化。军事实力强大的湘淮系官僚集团崛起，其中曾国藩、李鸿章等人在晚清政治舞台上发挥了重要作用。同时，清政府在镇压太平天国的过程中，不得不起用有能力的汉族官僚，这种用人政策的转变使得一大批汉族官僚兴起，曾国藩、李鸿章正是其中的代表。而这些汉族官僚实力越来越强大，甚至能够左右清朝中央政府的决策，表明清朝中央的权威削弱，中央权力下移。

【设计意图】

对清政府的影响是太平天国运动历史作用的一个重要方面，也是学生不太熟悉的一点，因此给出具体易读的史料，配合教师的解释，更容易让学生从中有所体会。

环节3：少时有志匡华夏——从李鸿章致函看天朝之梦

洋务运动：天朝梦之起与天朝梦之旅

【师】

教师结合材料，引导学生分析李鸿章等人兴办洋务运动的内容、目标、背景。教师以时间顺序展现洋务运动的成果，以铁路修建和民用企业的困局为例，使学生认识兴办洋务过程中所遇到的问题。

材料4　中国文武制度，事事远出西人之上，独火器万不能及……鸿章以为中国欲自强，则莫如学习外国利器；欲学习外国利器，则莫如觅制器之器，师其法而不必尽用其人。欲觅制器之器与制器之人，则或专设一科取士。

——李鸿章《致总理衙门函》（1864年春）

【生】

学生思考交流得出：洋务运动的学习内容是西方的军事和生产技术，目标是自强和求富，根本原因是维护清政府的封建统治，直接原因是镇压农民起义，抵抗外来侵略，成果是采用机器生产，兴办近代军事工业、民用企业，发展近代教育，建立新式海陆军，认识是洋务运动是中国近代化的起步阶段，先进的中国人开始追求民族救亡与国家富强之路的艰辛历程。

洋务运动：天朝梦之析

【师】

教师结合材料与所学知识，引导学生分析洋务运动的意义。

材料5　洋务运动以来中国只偏重武器的更新、偏重军事技术的引进，而忽略了制度与人的改变，这成为清军的根本弱点。

——摘编自夏东元《洋务运动史》

【生】

学生思考交流得出：

积极：①洋务运动一定程度上瓦解了自然经济，抵抗了外来的经济侵略，促进了民族资本主义的产生。②洋务运动采用部分西方的军事制度，是国防近代化的开端。③洋务运动是教育近代化的开端。④洋务运动引进资本主义国家的机器生产技术，是中国早期现代化的尝试。

局限性：洋务运动的初衷不是改变封建统治，只是引进资本主义国家新的军事和生产技术，所以必然失败。

设计意图：说明洋务运动的性质和得失，并过渡到下一部分边疆危机和甲午中日战争的教学内容。

环节4：老来失策亲虎狼——从李左之争看边疆危机

边疆危机：狼烟四起危边疆，李左争论尽沧桑，天朝危局谁担当

【师】

教师出示19世纪60年代后的晚清疆域图，以及李鸿章、左宗棠"海防与塞防之争"的史料，引导学生认识这一时期清朝遭遇的边疆危机。教师结合晚清的社会性质、社会矛盾、革命任务，提供李鸿章的外交策略信息，引导学生思考李鸿章的外交策略能否解决边疆危机。

【生】

阅读教材上关于新疆的阿古柏叛乱和左宗棠平定叛乱、西南的中法战争、甲午中日战争的过程和重点史实，这其中一方面是俄、英、法、日等国家侵略中国的行为，另一方面是中国人在抗击侵略中的事迹，包括左宗棠收复新疆失地、冯子材取得镇南关大捷、邓世昌等人英勇牺牲、台湾人民反抗日本侵略斗争的故事，由学生叙述，最后教师进行补充和点评。

学生分析李鸿章的外交策略信息，初步认识在半殖民地半封建社会的中国，通过向列强的妥协退让换取和平之路行不通。

【设计意图】

通过自主阅读和主动讲述，学生可以锻炼自己阅读文本和讲述历史故事的能力。在讲述的过程中，教师可以对学生的时空定位能力以及对史实的理解程度进行评价和指导，帮助学生改进自主学习的方法。

甲午中日战争、列强瓜分中国狂潮：倭寇觊觎起雾瘴，虎狼眈眈华夏伤

【师】

教师列举《马关条约》的主要内容，并讲述其危害。

【师生同析】

1895年清政府派李鸿章到日本马关与日本政府议和，被迫签订《马关条

约》，主要内容为：

·清政府承认朝鲜"完全独立"（实质是承认日本对朝鲜的控制）；

·清政府割让辽东半岛、台湾全岛及所有附属各岛屿、澎湖列岛给日本；

·赔偿日本兵费白银2亿两；

·开放沙市、重庆、苏州、杭州为通商口岸，日本可以在通商口岸设立工厂。

条约签订后，巨额战争赔款加重了中国民众的负担；对中国领土的割裂，严重损害了中国的国家主权和民族尊严，沉重打击了民族自信心；通商口岸深入长江流域——清王朝的经济中心，并且要求设厂制造，这是列强对中国的经济侵略从商品输出转向资本输出的标志，损害了中国的经济利益，并且引发了列强在华大规模设厂的风潮，破坏了中国近代民族经济的独立性；而日本攫取的巨大利益，更让列强眼红，引发了19世纪末20世纪初列强瓜分中国的狂潮。

相比之下，战争则促进了日本的发展，如获取巨额赔款，开拓了国外市场，促进其资本主义的发展。让日本从战前的被压迫国，一跃成为压迫国，国际地位极大提高。还获得了台湾全岛及所有附属各岛屿、澎湖列岛，并把朝鲜变为其殖民地，势力范围大为扩张。但这些都是建立在对中国的侵略和掠夺之上的！

结合《瓜分中国势力范围示意图》（图略），讲述列强瓜分中国的相关史实，让学生了解甲午战后列强在中国的势力范围。

《马关条约》签订后，俄、德、法为了自身利益，"三国干涉还辽"，日本被迫归还辽东半岛，但向清政府索要3000万两白银"赎辽费"，为此清政府不得不向列强借款。

甲午战后，西方列强在对中国进行经济侵略的同时，也开始要求政治特权，并很快就开始觊觎中国的领土主权。先是德国在1897年11月借口巨野教案强占胶州湾，继而俄国将舰队开进旅顺和大连湾，英国强租威海卫、九龙，法国强租广州湾，掀起了列强瓜分中国的狂潮。列强还在中国掠夺铁路和工矿利权。

环节5：辛丑叠恨终呕命——从李鸿章其人思民族救亡

【师】

教师出示多位社会名人对李鸿章的评价，布置课后作业：

材料6

吾敬李鸿章之才，吾惜李鸿章之识，吾悲李鸿章之遇。

———梁启超

大学士直隶总督李鸿章以儒臣起家军旅，早膺疆寄；晋赞纶扉，辅佐中兴，削平大难。嗣在北洋三十余年，办理交涉，悉协机宜。上年京师之变，事机万紧；该大学士忠诚坚忍，力任其难……当兹时局艰难，失此柱石重臣……曷胜怆恻！

———清政府

对中国而言，十个法国将军，也比不上一个李鸿章坏事。

李鸿章误尽苍生，将落个千古骂名。

———左宗棠

李鸿章"内悦昏君，外御列强"，是自有近代外交以来，中国出了"两个半"外交家的其中一个（另外一个是周恩来，顾维钧是半个）。

———唐德刚

我办了一辈子的事，练兵也，海军也，都是纸糊的老虎，何尝能实在放手办理？不过勉强涂饰，虚有其表。

———李鸿章自述

【生】

学生在课后作业中总结李鸿章一生的功过是非，多角度评判李鸿章。

环节6：本课总结

时代造就了李鸿章，而李鸿章也以自己的言行在绚丽多彩的时代画卷上深深地打上了个人的印记。李鸿章坐镇北洋，遥执朝政，涉及了晚清几乎所有的重大事件，身为清朝的"柱石重臣"，忠于清廷而又颇具改革精神，其所开展的洋务推动了中国近代化进程，影响了整个19世纪后半期。

但我们也应看到，李鸿章个人的荣耀是染着农民阶级鲜血的，他推动洋务的出发点是维护清王朝的封建统治。

新时代同样赋予我们新的历史使命。中华民族的伟大复兴可以依靠千千万万个拥有真才实学的我们来实现。

【设计意图】

通过解读，让学生认识到个人际遇与国家命运之间的关系，引导学生树立远大理想，增强个人才干，培养家国情怀。

点评（钱要武）：

张老师设计的《中外历史纲要（上）》第五单元《晚晴时期的内忧外患与救亡图存》中第17课《国家出路的探索与列强侵略的加剧》，以李鸿章的人生轨迹为教学主线，将个人命运置于宏大的时代背景下钩沉遐思，并以高阳的《同光大老·割城谁献督亢图》中的"一生荣华出曾门""少时有志匡华夏""老来失策亲虎狼""辛丑叠恨终呕命"等四句诗评统领并相继牵引出"从李鸿章发迹看天国之梦""从李鸿章致函看天朝之梦""从李左之争看边疆危机""从李鸿章其人思民族救亡"四条支线，涵盖了本单元和本课的核心内容——"内忧外患下救亡图存的艰难探索"，可谓思路新颖别致、单元主旨突出、史料朴实意赅、布局一气呵成。作为一名年轻历史教师，对教材能有如此独到见解，可见其厚实的学养以及对历史和历史教学所秉持的温情和敬意。

一、基于唯物史观，全景展现了个人悲情与时代悲剧的高度整合。李鸿章身处晚清内忧外患迭起并趋向衰落之际，尽管呕心沥血地辅佐三朝直至心力交瘁，但也注定只能是一个裱糊匠，一生只是糊了座纸房子。因此，后人对李鸿章的评价褒贬不一。张老师整篇设计务实戒虚，谋定后动，始终以唯物史观作为架构本课教学内容的灵魂，凸显了李鸿章所作所为的鲜明的时代性和复杂性，包罗了这一时期个人演剧和时代幕剧的主干知识，辩证客观地条析了李鸿章成为晚清股肱重臣的轨迹，课程设计紧密结合"近代中国出路的探索"这个单元教学主旨，以探究性活动形式启发学生思考，既利于帮助学生深化对本课内容的理解，也利于提升学生的辩证思维能力，升华学生的家国情怀。

二、基于时空观念，跌宕演绎了近代救亡图存的艰难努力和时代嬗变的历史惯性。张老师全篇之中以李鸿章生平为时空线索，串连起李鸿章仕途中所涉及的重大历史事件。从参加科举考试到投笔从戎举办团练再到师从曾国藩，从组建淮军并镇压太平天国运动再到创办洋务企业，从与列强签署《北京专条》《烟台条约》《中法新约》《马关条约》《辛丑条约》到幽愤郁积而终，其每一步设计既能让学生深深地体会到李鸿章的"劳劳车马未离鞍，临事方知一死难"之人生慨叹，更能让学生切身地感受到近代以来"四万万人齐下泪，天涯何处是神州"之救亡多艰，并使学生在这过程中触摸到晚清历史深处的斑驳印痕和洞悉到近代社会嬗变所特有的历史惯性。特别指出的是，张老师所展示的李鸿章病危和逝世时那段材料非常典型地突出该子目的标题"辛丑叠恨终呕命"，这也恰恰印证了"胡未灭，鬓先秋，泪空流。此生谁料，心在天山，身老沧州"的历史回响。

三、基于单元主题教学，细腻彰显了历史发展的长时段思维、整体思维、发展思维。张老师这节课的设计从本单元主题出发，既有接踵而至的内忧外患，又有高潮迭起的救亡图存运动，而且这两个主题始终相随而行，使这一历史时期的整体性、时段性、发展性浑然天成。由于本课涵盖内容横跨19世纪40年代到19世纪末，因此，在遵从和服务于学生思维培养的角度上，张老师对本课中所涉及的主干历史知识均有细腻条陈和分析。设计中，以"梦"为线进行内容串连，相继以"天国梦之旅""天国梦之魂""天国梦之难""天国梦之析""天朝梦之起""天朝梦之旅""天朝梦之析"组成，但在多舛多难的近代中国，这些"梦"最终只能成为"梦"，国家出路的探索还是没有迎来曙光，而西方列强似虎狼一般再度制造了晚清一系列边疆危机，甚至在中日甲午战争后，列强更是掀起了肆意瓜分中国的狂潮，民族抗争和国家出路在新一轮侵略狂潮中走向了新的历史阶段。张老师设计的PPT全景式展示了近代仁人志士们救亡图存的苦与恨、疑与惑，从这个层面而言，只要教师能够驾驭自如，课堂教学必将精彩和精致！

【作者张栋，2017年毕业于华东师范大学，目前就职于青岛中学】

《中外历史纲要（下）》第三单元

第7课　全球联系的初步建立与世界格局的演变

【课标要求】

通过了解新航路开辟所引发的全球性流动、人类认识世界的视野和能力的改变，以及对世界各区域文明的不同影响，理解新航路开辟是人类历史从分散走向整体过程中的重要节点。

【教材分析】

本节课内容选自《中外历史纲要（下）》第三单元第7课，共分为"人口迁移与物种交换""商品的世界性流动""早期殖民扩张"三部分内容。本课主要叙述了新航路开辟的影响，介绍了人口迁移与物种交换、商品的世界性流动、早期殖民扩张。新航路开辟后全球各地区联系加强，并由此引发世界范围内人种、物种的交换，以及商品的世界性流动，也影响到中国的发展；随着全球联系的建立，世界文明格局发生演变并推动了西欧资本主义的发展，人类社会开始进入大变革时代。

【教学目标】

1.通过时空定位和史料研读初步了解全球人口迁移和物种交换，描述印度洋贸易、大西洋贸易、太平洋贸易的路线和内容，把握商品的全球性流动。

2.通过史料研读，认识人类社会从分散走向整体的发展历程，并理解新航路开辟对世界、欧洲、中国等的不同影响。

3.通过认识人类社会从分散走向整体的发展历程，从多个层面认识全球联系的多样性，学会用唯物史观来辩证地看问题并体会全球化的必然趋势。

【教学重难点】

重点：新航路开辟的多方面的影响。

难点：新航路开辟导致世界整体格局发生变化。

【教学过程】

导入新课：

展示特朗普推行的美国防疫措施漫画。

教师提问：漫画中人物是谁？他在干吗？漫画有何寓意？

学生回答后出示三人观点：

特朗普：疫情证明逆全球化政策是对的。

曾任国际伦理学会主席的彼得·辛格在其撰写的《如何看待全球化》一书中提出，随着越来越多的议题需要全球性的解决方案，任何国家能够独立决定其未来的可能程度已经减小了。

《人类简史》作者尤瓦尔·诺亚·赫拉利发表的《冠状病毒之后的世界》一文中提到，现任美国政府已经非常清楚地表明，它更关心美国的伟大而不是关心人类的未来。赫拉利强调，流行病本身和由此产生的经济危机都是全球性问题，只有全球合作才能有效解决这些问题。

教师提问：在全球化的问题上，特朗普与其他人有分歧，我们如何认识全球化，以及全球化给世界带来了什么？让我们一起走进第7课《全球联系的初步建立与世界格局的演变》，通过新航路开辟之后的世界变化，来认识探讨这个问题。

过渡：

1500年至1763年的这些岁月是全球开始统一的时期，是从1500年以前时代的地区孤立主义到19世纪欧洲的世界霸权的过渡时期。

——摘编自［美］斯塔夫里阿诺斯《全球通史》

教师提问:1500年之后的世界发生了怎样的变化?

结论:全球统一性的开始。

(通过展示材料,让学生了解新航路开辟后世界整体变化在哪里,对全球化作出初步认识)

教师提问:全球统一性表现在哪里?

材料1 展示1500年前和1500年后欧洲人绘制的世界地图(图略)。

材料2 欧洲人的发现不仅导致新的全球性视野,还导致新的全球性种族分布。实际上,1500年以前,存在着世界范围的种族隔离。黑种人集中在撒哈拉以南非洲和太平洋的少数岛屿上,蒙古种人聚居在中亚、西伯利亚、东亚和南北美洲,高加索种人聚集在欧洲、北非、中东和印度。今天这一格局已彻底改变,其改变的程度甚至达到一半的非洲人生活在非洲之外地区的地步……种族组成方面的更大的变化是向南北美洲的大批移民——对欧洲人来说他们是自愿的,非洲人则是被迫的。

——摘编自 [美] 斯塔夫里阿诺斯《全球通史》

材料3 展示《世界物种传播示意图》(图略)。

材料4 展示《新航路开辟前的洲际贸易路线示意图》和《15世纪末至17世纪上半叶世界形势与贸易图》(图略)。

教师总结:新航路开辟后,世界逐渐走向一个整体,它表现在新的全球性视野、人口的迁移、物种的交换和商品的流动上。我们可以用一个词来形容这些变化,那就是流动,全球性的流动,这样全球性的流动又给世界带来什么影响呢?

结论:全球性大变革的开始。

【设计意图】

本部分作为本课重点,借助大量材料,与学生探讨新航路开辟后全球化给世界带来的变化,先从世界大视角入手,再将视角转移,重点关注欧洲、中国的变化,让学生进一步体会新航路开辟后的世界面临着一场大变革,思考欧洲、中国在全球大背景下的不同应对,以及未来的不同命运。

材料5 在哥伦布等航海家探险以后,与以往不同的物种交流出现,有学者称之为"哥伦布交换"。美洲作物在非、亚、欧等洲生根发芽。小麦、马、猪等从欧洲来到美洲，食物供给有增加，种植业和畜牧业发展了。天花、麻疹等在西半球等地的人群中肆虐，引发大瘟疫。1500—1800年间，最大的移民浪潮是非洲的奴隶被运往西半球，还有一些规模可观的欧洲移民浪潮，他们到美洲定居，带来了先进的生产方式。美洲文明孤立发展的历史从此结束。

——摘编自 ［美］杰里·本特利、［美］赫伯特·齐格勒《新全球史》等

材料6　玉米和甘薯传入中国，大大增加了中国的粮食产量，对明清两代中国人口的增长和贫瘠地区的开发产生了直接影响。猪、马、牛、羊等牲畜被欧洲人引入美洲，为生活在美洲的人们提供了肉食、奶类、皮毛和畜力。老鼠也藏在船舱里漂洋过海到达美洲，影响了美洲原有的生态链。

材料7　从1514年开始的15年间，巴拿马有大约200万印第安人死亡；在圣多明各，欧洲人到来之前约有印第安人上百万，到1548年只剩下不到500人。据估计，1492年哥伦布到达美洲后的100到150年间，80%—95%的美洲印第安人死于欧洲人带来的传染病。传染病的打击在很大程度上改变了印第安人的社会文化和凝聚力。很多幸存下来的印第安人开始认为，他们的守护神抛弃了自己，转而寻求欧洲人的保护并信奉了基督教。

材料8　从16世纪开始，跨国长途贸易成为欧洲资本积累的主要手段。有人把当时全球贸易格局概括为两个大三角：一个是东方或亚洲三角，另一个是大西洋三角。西方史学家布罗代尔说："美洲白银1572年开始一次新的分流，马尼拉大帆船横跨太平洋，把墨西哥的阿卡普尔科港同菲律宾首都连接起来，运来的白银被用于收集中国的丝绸和瓷器，印度的高级棉布，以及宝石、珍珠等物品。"

——以上摘编自高德步主编《世界经济史》

材料9　由于美洲及新航路的发现，欧洲的贸易中心从地中海转移到大西洋沿岸。意大利的威尼斯、热那亚等商业城市衰落了，代之而起的是里斯本、塞维利亚等城市。稍后，北海两岸的港口更是后来居上，愈来愈占有海

上贸易的中心地位……美洲的白银大量涌进欧洲,引起通货膨胀及物价上涨,这在历史上称为"价格革命"。白银首先流进西班牙,再从西班牙流向热那亚,最后甚至流入奥斯曼帝国。在白银通过国际贸易渠道向东流动时,它所经过的地方必然发生下述现象:物价迅速上涨,货币贬值,出现伪币,投机活跃。

——摘编自吴于廑、齐世荣主编《世界史·近代史编》

【设计意图】

在课程的推进和材料的出示过程中,要牢记一个问题:流动,给世界带来了什么?在讲到中国时,通过材料展示提问,商品的流动给中国带来了什么?商品的流动给中国带来了大量的白银,解决了中国这个贫银国在宋朝之后因商品经济发展而带来的白银短缺问题,并进一步提问:为何白银会流向中国,为何不流向同样闭关锁国的其他亚洲国家,这又给中国带来了什么影响?

教师归纳总结:

(1)新物种的传播与交流促进了欧洲和亚洲人口的增长和经济的发展;改变了欧洲人、亚洲人的饮食结构。

(2)传染病造成原住民的死亡和原有社会的解体。

(3)促使世界市场雏形出现。

(4)白银大量流入中国,进一步刺激了中国东南沿海地区经济的发展,一个围绕白银输入中国的贸易网络逐渐形成。

(5)引起欧洲的商业革命、价格革命。

材料10 1500年至1763年的这些岁月是全球开始统一的时期,是从1500年以前时代的地区孤立主义到19世纪欧洲的世界霸权的过渡时期。

——摘编自 [美] 斯塔夫里阿诺斯《全球通史》

教师过渡:让我们再来体会这段话,伴随着全球统一的开始,什么样的活动也随之而来?殖民扩张与世界霸权的过渡。

材料11 哥伦布和达·伽马的地理发现提出了关于新发现地区的主权归属问题。当时流行两种观念:第一,基督教国家有权力占领异教徒的国土;

第二，教皇有权力决定尚未被基督教统治者所占领的土地的主权归属……1493年5月4日教皇确定亚速尔群岛和佛得角群岛以西100里格（约等于3英里）的子午线为分界线，并且把该线以西的一切土地都划归西班牙，该线以东的一切土地都划归葡萄牙。

——摘编自吴于廑、齐世荣主编《世界史·近代史编》

教师提问：教皇子午线体现出了什么？

材料12　西班牙人在墨西哥及秘鲁区开办银矿，征发印第安人入矿劳动，实际等于奴隶。银矿中繁重的劳动，使印第安人成批地死去。但是银矿主却靠此发了大财，西班牙政府也得到了额外的财政收入，矿主向国王政府纳税的税率为产量的1/5。1500—1650年间从美洲流到西班牙的金银多得令人咋舌，有16000吨白银、180吨黄金。

——摘编自吴于廑、齐世荣主编《世界史·近代史编》

教师提问：西班牙通过殖民扩张获得了巨额财富，欧洲其他国家会怎么应对？

材料13　自东西航路发现后，殖民地的争夺已遍于东西两半球。17世纪西班牙在海外的优越势力到了18世纪，渐渐地移于英国（17世纪世界殖民事业，西班牙领地最大，法兰西、葡萄牙次之，英吉利最小）。18世纪初期欧洲各国的政治，法国已完成强固的中央集权，英国且由君主的中央集权进于国会内阁政治，其他各国的政治组织散漫微弱，远不及英法。在欧洲本部的政争，英与法处于敌对的地位，因此在海外殖民地的争夺，英法两国也常常彼此对抗。

——摘编自李剑农《中国近百年政治史：1840～1926年》

教师结合材料的解读，和学生一起回忆西班牙、荷兰、英、法等国的殖民扩张和霸权的争夺，同时分析最终英国在19世纪获得世界霸权的原因。

教师提问过渡：在西方殖民国家的殖民扩张过程中，世界格局出现了什么样的变化？

材料14　殖民制度大大地促进了贸易和航运的发展。"垄断公司"（路德语）是资本积累的强有力的手段。殖民地为迅速产生的工场手工业保证了销售市场，保证了通过对市场的垄断而加速的积累。在欧洲以外直接靠掠夺、奴役和杀人越货而夺得的财宝，源源流入宗主国，在这里转化为资本……美洲金银产地的发现，土著居民的被剿灭、被奴役和被埋葬于矿井，对东印度开始进行的征服和掠夺，非洲变成商业性地猎获黑人的场所：这一切标志着资本主义生产时代的曙光。

——摘编自 ［德］ 马克思《资本论》

教师提问：当欧洲通过残酷而血腥的原始积累逐渐向近代社会过渡时，那曾经辉煌而又灿烂的古老文明呢？请同学们课下搜集资料，下节课交流。

教师总结：新航路开辟后，伴随着地理大发现，人口在全球范围内迁移，物种交换和疾病传播改变了世界的地理格局和人文格局，全球联系初步建立。欧洲国家的殖民扩张一方面加强了世界各地区的联系，另一方面欧洲国家逐渐成为世界体系的主导力量，人类社会开始进入了大变革时代。

回到我们课前提出的问题，同学们你们怎么认识全球化呢？

展示习总书记在第七十五届联合国大会一般性辩论上的讲话：

这场疫情启示我们，经济全球化是客观现实和历史潮流。面对经济全球化大势，像鸵鸟一样把头埋在沙里假装视而不见，或像堂吉诃德一样挥舞长矛加以抵制，都违背了历史规律。世界退不回彼此封闭孤立的状态，更不可能被人为割裂。

点评（钱要武）：

史威老师执教的《中外历史纲要（下）》统编教材第 7 课《全球联系的初步建立与世界格局的演变》，就其整体设计看，简而不凡、新而有雍；就其教学过程看，活而有序、张中有道。具体而言如下：

首尾呼应，凸显单元主旨。新航路开辟后，世界各地间的联系初步建立，世界逐渐走向整体，并由此推动世界格局逐渐转向了以欧洲为中心的格局。这既是本单元阐述的主旨，也是本课教学的纲与要。史老师以特朗普反对全球化、切割与世界联系并逆势而行的一幅漫画着手，将现实与历史巧妙结合，其导入既贴近学生生活，又有利于进入新课教学。而在收尾之际，又引用了国家主席习近平在《在第七十五届联合国大会一般性辩论上的讲话》

中的一段金句，明确地阐述了中国政府坚定不移地顺应全球化潮流并顺势而为的中国态度。首尾对比，不仅升华了本单元和本课的主旨，也使学生深刻地体会到中国政府在全球化发展潮流中所展示的中国智慧和中国方案。

主线、支线相辉映，总—分—总相结合，教学轮廓明晰。本课以斯塔夫里阿诺斯的《全球通史》中"1500年至1763年的这些岁月是全球开始统一的时期，是从1500年以前时代的地区孤立主义到19世纪欧洲的世界霸权的过渡时期"为教学脉络，并从中抽出"全球统一性的开始""全球大变革的开始""开始失衡的世界"这三根主线，每根主线之下又分成几条支线，如在"全球统一性的开始"中以"新的全球性视野""人口迁移""物种交换""全球性商品流动"四根支线贯穿始终，这种总—分—总的教学技法，不仅使整体教学轮廓明晰可见，而且将本课所蕴涵的基础性、思维性和生活性等核心教学要素融于教学推进全程之中。可谓基本知识点点到即止、能力思维培养恰到好处、核心素养培育清晰彰显。

问题教学鲜明，教学条块切割合理。众所周知，统编教材中知识点繁多，内容丰富，如何在规定时间内完成教学任务成为高中历史教学同行们共议的热门话题。本课虽仅有三个子目，但涵盖的时空范围广泛、信息量庞大，因此史老师在重组教材结构基础上，以精心设计的问题教学为抓手，突出问题的知识性、情境性和思维性，如在提供翔实丰富的史料基础上，以递进方式，通过"物种与人口流动，会给世界带来什么？""商品的流动，会给世界带来什么？""商品的流动，会给中国带来什么？""商品的流动，会给欧洲带来什么？"等问题，组织学生开展探究性活动，逐一将"世界联系的初步建立"和"商品的世界性流动"融入"全球大变革的开始"的主题教学中，整个教学条块切割既合乎课标和教材要求，又符合学生的认知水平和理性思维实际。

【作者史威，铜陵市第一中学历史教师，钱要武名师工作室成员，中学高级教师，市第五届骨干教师，获得2022年安徽省优质课比赛一等奖，多次获得市级课堂教学比赛一等奖，多篇论文在省级刊物上发表，指导多名学生在"青史杯"历史剧本大赛中获得一等奖】

《中外历史纲要（下）》第五单元

第11课　马克思主义的诞生与传播

【课标要求】

通过了解马克思主义产生的时代背景以及马克思、恩格斯的理论探索与革命实践，了解《共产党宣言》的主要内容，理解马克思主义产生的世界意义。

【教材分析】

本课分为"早期工人运动与社会主义思想的萌发""马克思主义的诞生""国际工人运动的发展"三目内容。本课主要叙述了马克思主义的诞生和意义，介绍了马克思主义产生的时代背景、基本原理及世界意义。工业革命后资本主义的进一步发展带来了一系列矛盾，资本主义制度的弊端进一步暴露，工人运动兴起。马克思、恩格斯联系工人运动实际，并学习当时主要的优秀思想成果，对资本主义制度进行了深入的分析和揭露，指出了工人运动的方向和手段，创立了马克思主义。从此，工人运动和社会主义运动有了科学理论的指导，最终推动了世界历史和人类社会的进步和发展。

【教学目标】

通过史料研读和时空定位了解马克思主义诞生的时代背景，以及马克思、恩格斯的理论探索与革命实践，理解马克思主义的理论来源和实践意义。

通过史料研读、时空定位和名词解释理解《共产党宣言》的基本内容，学会用唯物史观论证资本主义必然灭亡和社会主义必将胜利的客观规律。

通过分析史料了解20世纪世界无产阶级革命运动的发展，认识到马克思主义是指导无产阶级解放斗争的科学理论，马克思主义的诞生是近代世界历史上的重大事件。学会用唯物史观辩证地分析理论和实践相结合的关系。

【教学重点】

《共产党宣言》的主要内容。

【教学难点】

理解马克思主义诞生的世界意义。

【教学过程】

导入新课：

展示《中国共产党建党100周年活动设计图》（图略）。

教师提问："心中有信仰，脚下有力量"，引领党前进的信仰是什么？

学生回答：马克思主义。

【设计意图】

联系时政党史教育，落实核心素养家国情怀。

进入授课：

过渡：回顾上一节课工业革命对世界发展和人类社会生活产生的深远影响。

学生活动设计：请同学们快速阅读课文第一、二自然段，分析材料和图片反映了工业革命带来了什么影响？

一、时代呼唤科学理论

1.社会现象一：经济迅速发展，资本主义制度弊端显现

材料1　由于工业革命的完成，资本主义迈入了它的成年阶段……资本主义固有的基本矛盾——社会化生产和私人占有之间的矛盾公开暴露了出

来。1825 年，在英国爆发了第一次生产过剩危机，造成生产力的大破坏和社会的严重灾难。从此，这种社会痼疾便周期性发作。

——摘编自刘宗绪主编《世界近代史》

展示图片《19 世纪欧洲工人的生活》和《19 世纪欧洲资产阶级的生活》（图略）。

学生回答和教师说明：工业革命后，随着资本主义的进一步发展。资本主义制度的弊端逐渐暴露。周期性经济危机爆发，贫富分化加剧，工人阶级苦难加深。

2.社会现象二：阶级矛盾激化，工人运动兴起并发展

展示图片《卢德运动》（图略）。

教师说明：工人自发地捣毁机器运动。在持续的斗争中，工人意识到一个问题，是什么问题呢？

材料 2　1832 年，英国选民从人口总数的大约 2% 增加到 3.3%，但工人阶级被排斥在外。

——摘编自钱乘旦主编《英国通史》

学生回答：工人没有政治权利。

展示《19 世纪欧洲三大工人运动示意图》（图略）。

教师说明：工人阶级在斗争中形成了自己的阶级意识，表明工人阶级开始作为独立的政治力量登上历史舞台。而三大工人运动的失败，又表明工人运动的发展需要科学理论的指导。

3.社会现象三：学者关注思索，空想社会主义萌发

材料 3　面对这种残酷的社会现实，正直的思想家、有识之士不得不重新开始思索人类的命运，寻找能够克服资本主义弊病、解脱劳动大众苦难的新道路，从而产生了各种勾画未来社会图景的思潮、理论和学说……

——摘编自解里轩《如何认识社会主义发展的历史进程》

展示图片《"新和谐"公社蓝图》（图略）。

材料 4　这些改革者肯定没有考虑过从革命或阶级斗争的观点来进行思考。实际上，他们几乎没有考虑过自己精心制作的蓝图如何才能付诸实践。

正是由于这一原因，他们才被称为空想社会主义者。

——摘编自 [美] 斯塔夫里阿诺斯《全球通史》

教师展示材料，学生阅读分析材料，得出：空想社会主义理论的主张、局限性。

主张：批判资本主义制度的弊端，反对自由放任的竞争，主张建立合作、平等、和谐的理想社会。

局限性：他们没有找到实现理想社会的现实力量，没有找到正确有效的途径和方法。因此，社会主义学说只能是"空想"，时代呼唤科学理论。

二、科学理论源于革命实践

教师设问：谁能担起时代的重任？

展示马克思、恩格斯图片（图略）。

材料5　如果我们选择了最能为人类而工作的职业，那么，重担就不能把我们压倒，因为这是为大家作出的牺牲……我们的幸福将属于千百万人，我们的事业将悄然无声地存在下去，但是它会永远发挥作用……

——摘编自 [德] 马克思《青年在选择职业时的考虑》（17岁）

分析材料得出：马克思青年时代立志为全人类的幸福而奋斗。

学生活动设计：请同学们快速阅读课本第64—65页的相关内容，以时间为序，梳理马克思、恩格斯的共同奋斗历程和成就。

展示并阐述马克思和恩格斯共同奋斗的历程（图略），分析其是革命实践历程也是理论探索的历程。

1.马克思和恩格斯进行革命实践

展示地图和马克思、恩格斯的足迹简表（图、表略），并加以说明。

2.马克思和恩格斯进行理论探索

材料6　马克思主义并非是凭空而来的，而是马克思、恩格斯吸收人类知识的精华，再加上自己的解释与发挥创造出来的。

——摘编自刘芃、朱汉国主编《历史学习精要》

展示《马克思主义三个组成部分示意图》（图略）。

教师说明：马克思主义理论三大来源和三大组成部分。

展示马克思主义由空想到科学的时间轴（图略）。

教师说明：理论穿插到革命实践中，理论也是不断发展的。

教师设问：为什么说《共产党宣言》的发表标志着马克思主义理论的诞生。

学生回答，教师说明并设问：《共产党宣言》第一次较为完整地阐述了科学社会主义的基本原理，阐明了社会发展的客观规律，标志着马克思主义的诞生。怎么理解这段话？

合作探究一：分析归纳《共产党宣言》的主要内容。

材料7　《共产党宣言》摘录

◇资产阶级在历史上曾经起过非常革命的作用。……资产阶级在它的不到一百年的阶级统治中所创造的生产力，比过去一切世代创造的全部生产力还要多，还要大。

◇大工业的发展……它首先生产的是它自身的掘墓人。资产阶级的灭亡和无产阶级的胜利是同样不可避免的。

◇至今一切社会的历史都是阶级斗争的历史。

◇无产阶级将利用自己的政治统治……尽可能快地增加生产力的总量。

学生回答，教师分析得出内容：《共产党宣言》肯定了资本主义的历史进步作用，论证了资本主义必然灭亡、共产主义必然胜利的客观规律，肯定阶级斗争在阶级社会中推动历史发展的重要作用，宣告了无产阶级作为资本主义掘墓人和共产主义建设者的伟大使命。

教师分析：《共产党宣言》明确革命的主力是无产阶级；明确实现目标的手段是暴力革命；指明斗争的目标是实现社会主义和共产主义。

过渡：马克思和恩格斯在指导工人运动中，不断总结革命经验，力求通过系统研究政治经济学，揭示资本主义的本质和规律。

教师说明：在1867年出版的被誉为"工人阶级的圣经"的《资本论》第一卷中，马克思创立了剩余价值学说，揭露了资本主义制度和资本家剥削的秘密。

名词解释：剩余价值论、唯物史观。

教师设问：什么是检验真理的唯一标准？

过渡：展示图片《巴黎公社社员墙》（图略）。

过渡：马克思主义的诞生，推动了国际共产主义运动的发展。19 世纪 70 年代初，巴黎工人建立了巴黎公社。

三、实践丰富科学理论

1.从理论到实践——巴黎公社运动

学生活动设计：阅读课本第 65—66 页的相关内容，熟悉巴黎公社运动的原因、过程、革命措施及意义。

（1）教师和学生陈述：巴黎公社运动的原因及过程。

展示材料，分析巴黎公社失败的根本原因。

材料 8　巴黎公社是特殊条件下的一个城市的起义，也就具有自发性、偶然性，并不是生产关系阻碍了生产力发展的结果。

——摘编自［德］马克思《法兰西内战》

师生分析得出：根本原因是法国资本主义还处于上升时期，无产阶级夺取政权的客观条件不成熟。

（2）革命措施

展示革命措施和材料。

①打碎旧的国家机关,建立立法与行政合一的政权机关和司法机构;②废除旧军队和旧警察,代之以国民自卫军和治安委员会	破旧立新,打碎旧的国家机器,建立无产阶级专政
①人民有权监督和罢免由选举产生的公职人员;②所有公职人员的工资不得超过熟练工人的工资	人民民主人民公仆
①由工人合作社管理工厂;②实行八小时工作日	触及资本主义私有制,具有无产阶级性质

合作探究二：结合课本"学思之窗"谈谈你对下面这段话的理解。

材料9　公社的伟大社会措施就是它本身的存在和工作。它所采取的各项具体措施，只能显示出走向属于人民、由人民掌权的政府的趋势……工人的巴黎及其公社将永远作为新社会的光辉先驱而为人所称颂。

——摘编自 ［德］ 马克思《法兰西内战》

学生探究得出：

（3）意义

◇它是无产阶级建立政权的第一次伟大尝试。

◇丰富了马克思主义的学说（关于无产阶级革命和无产阶级专政）。

◇为国际工人运动的发展提供了宝贵的经验和教训。

教师说明：巴黎公社不是马克思主义理论指导的革命，但客观上体现了马克思主义理论，且丰富发展了马克思主义理论。

2.从理想到现实——俄国十月革命

展示图片《列宁》和《攻打冬宫》（图略）。

教师说明：马克思主义传播到东欧，列宁领导下的布尔什维克党发动武装起义，他使无产阶级革命在一个资本主义阵线最薄弱的环节首先取得胜利。建立了人类历史上第一个由马克思主义政党领导的社会主义国家——苏联。

3.从一国到多国——中国革命和建设

展示李大钊、陈望道等人的图片（图略）。

教师陈述：马克思主义在中国的传播，使当时正在探索救亡图存道路的中国人有了一个指引前进的灯塔。

展示《中共一大会址示意图》（图略）。

教师陈述：1921年中国共产党成立，我们党从诞生之日起，就把马克思主义确立为自己的指导思想。我们党的百年历史，就是一部坚持把马克思主义基本原理同中国革命、建设和改革的具体实际相结合，不断推进马克思主义中国化的历史。

教师进而设问：马克思主义中国化的具体成果有哪些？

师生共同总结：毛泽东思想、邓小平理论、"三个代表"重要思想、科学发展观、习近平新时代中国特色社会主义思想。

归纳：马克思主义对世界产生了什么影响？

1.理论上：马克思主义是科学的、人民的、实践的、不断发展的开放的理论。它创造性地揭示了人类社会发展规律，第一次创立了人民实现自身解放的思想体系，指引着人民改造世界的行动，始终站在时代前沿。

2.实践上：成为工人运动的指导思想，推动世界工人运动和民族民主运动的发展（西欧、东欧和东南欧，亚洲和美洲）。

历史证明，马克思主义思想已经改变并且正在继续改变世界。

点评（钱要武）：

马红老师执教的《马克思主义的诞生与传播》，无论教学过程还是课件设计，平实中蕴涵坚实，温情中饱含学情。具体如下：

单元主旨清晰。依据课标界定，工业革命不仅带来了社会生产力的极大发展和社会生产关系的极大飞跃，也由此推动资本主义世界体系的形成和人类社会生活的巨大变化。本单元仅含两课，《影响世界的工业革命》以及《马克思主义的诞生与传播》，由此可以看出，影响世界的工业革命以及世界资本主义体系的形成既是马克思主义诞生的宏大历史背景，也是马克思主义不断传播的前提条件，并由此得出，马克思主义的诞生与传播是当时世界历史发展的必然趋势。马老师以此为教学的切入点和突破口，层层推进，一气呵成，一幅长时段、大空间、宽视域的大历史观念下的课程结构和教学设计的画面跃然纸上。

教学主线细晰。马老师以理论和实践的关系为主线，高屋建瓴并不折不扣地把理论和实践的辩证关系贯穿于"时代呼唤科学理论""科学理论源于革命实践""实践丰富科学理论"这三个环节之中。通过材料展示、问题设计以及合作探究活动，非常轻松愉快地就将唯物史观、时空观念、史料实证、历史解释、家国情怀等历史学科核心素养的落实覆盖到教学全过程。尤其值得指出的是，课程整体设计虽有明显的传统教学痕迹，但在主线明晰的基础上，立足于理论和实践互动互联的辩证视角，不落窠臼，着眼于学生视域拓展和思维培育。

时政热点明晰。马老师以当下党史教育时政热点为切入点，并融入社会主义史教育，开门见山地明确了本课的"心中有信仰，脚下有力量"教学宗旨，再通过"为什么""是什么""怎么样"三个环环相扣的教学环节，丝丝缕缕地剖析了马克思主义诞生的时代背景、发展脉络、传播路径，并把"信仰"与"力量"自始至终地渗透到这些丝缕剖析之中，之后，再以"从理论到实践""从理想到现实""从一国到多国"三个内容，特别是对马克思主义中国化的发展的呈现和分析，让学生切切实实地认识和体会到马克思主义理论不仅仅是解释世界的一种科学方式，更是改变世界的一种伟大力量。最后又展示了习近平总书记于2018年5月4日在纪念马克思诞辰200周年大会上的一段经典金句："马克思主义指引中国成功走上了全面建设社会主义现代化强国的康庄大道，中国共产党人作为马克思主义的忠诚信奉者、坚定实践者，正在为坚持和发展马克思主义而执着努力！"从而起到了画龙点睛、首尾呼应之作用。统而言之，本课不啻为一堂成功的思政课！

【作者马红，铜陵市第三中学教师，钱要武名师工作室成员。曾多次荣获省级优秀团干、市教体局优秀教师等称号，在市级教学比赛中多次荣获一等奖】

《中外历史纲要（下）》第七单元

第17课 第二次世界大战与战后国际秩序的形成

教学指导思想与理论依据
随着时代的不断发展,史学界的成果层出不穷,历史教材的更新变换,把史学前沿成果与当今的高中历史教学结合得越来越紧密。当下历史学科高考趋势也呈现着历史科目的专业化发展,通过分析全国高考历史试题,发现越来越多的史学前沿成果经过一定的整合处理后被应用到高考试题之中。而2017年颁发的《普通高中历史课程标准》中也体现了对史学前沿成果与高中历史教学结合的重视,在课堂中要适当地引进史学前沿成果,培养学生的探究能力。把史学前沿成果与高中历史教学相结合不仅可以促进高中历史教学多角度化,丰富历史课堂,而且能补充高中历史教学材料,完善历史知识框架,在一定程度上可以培养学生自主阅读的能力,提高学科素养
教学背景分析
课题及教学内容分析:
本课是《中外历史纲要(下)》第七单元第17课《第二次世界大战与战后国际秩序的形成》,主要介绍了第二次世界大战的前因后果及战后国际秩序形成的基本概况。本课上承一战后构建的"凡尔赛—华盛顿体系",下启二战后世界格局的新变化,在世界史当中占有相当重要的地位。二战是资本主义发展历程中的关键内容之一,是世界历史发展的重要里程碑。学习本课内容,要从宏观上把握二战的基本线索,在教学中依据课程标准,注重知识间的联系和渗透,鼓励学生自主探究,重视良好思维品质的培养。本课内容丰富,涉及知识点庞杂,但所幸线索明晰,重点突出。计划将本课内容分为四大板块:战前,战时,战后,最后统言二战影响,重点放在战前背景分析、战后秩序的建立以及二战的深远影响上

学情分析：

本课的授课对象是高一学生，他们正处于思维活跃、勇于表达自己的观点、对事物的认知由感性到理性的成长阶段。虽然本课内容较多，但大多内容在初中已经学过，且经过高一上学期的学习，学生已经具备良好的阅读、理解和归纳的能力。本课在内容编排上以专题形式进行，内容繁多抽象且知识总结归纳性较强，涉及对二战爆发的背景原因以及战后雅尔塔体系建立的理性分析，需要学生具有较高的逻辑思维能力、深层思考和理性探求能力，因此要达到教学目标有一定难度。根据这种情况，我通过在课前给予学生自主学习资源，在课堂上展示历史图片，补充历史材料，创设历史情境，进行合作探究等方式，争取使课程更丰富多彩，以调动学生的学习兴趣，帮助他们系统深入地学习，以提高学生的分析、归纳的能力

教学目标

1.了解第二次世界大战爆发前的国际背景，分析战争爆发的原因。

2.通过地图，梳理战争进程，认识法西斯走向灭亡和世界反法西斯联盟走向胜利的必然，充分认识到中国抗日战争在二战中的重要性。

3.引导学生用历史唯物史观分析第二次世界大战的性质及影响，理解战后国际格局的变动。

4.通过学习二战后国际秩序的重建感悟人类呼唤世界和平与要求共同发展的时代特征，让学生树立维护世界和平、构建人类命运共同体的世界大局意识和国际观念

教学重点和难点

教学重点：

第二次世界大战的背景及影响

教学难点：

战后国际秩序的认识以及中国抗日战争在二战中的重要地位

教学资源和教学方法

教学资源：

文本材料、历史图片、历史地图、多媒体影像

教学方法：

讲授法、讨论法、史料研习、课堂讲授与教材阅读相结合

板书设计

第17课　第二次世界大战与战后国际秩序的形成

一、山雨欲来：二战爆发的缘起

二、狼烟四起：二战的爆发及进程

三、喧嚣未息：战后国际秩序的建立

四、统而言之：第二次世界大战的影响

续　表

教学过程			
教学环节	教师活动	学生活动	设计意图
导入新课	给出问题,有学者说:"……进攻性的民族利己主义与……防御性的民族利己主义是促发第二次世界大战的两个主要因素",导入新课	阅读教材及文本	感知学术前沿知识,结合文本,提取文本信息
一、山雨欲来:二战爆发的缘起	1.法西斯——进攻性的民族利己主义:通过文本、表格、历史图片,让学生解释法西斯主义的概念,总结法西斯主义的特征,了解法西斯主义的兴起与发展,让学生知道法西斯主义成为进攻性的民族利己主义的具体表现。 2.经济大危机与法西斯主义:通过史料,让学生认识到经济危机对于德国的影响,讲解经济危机带来的巨大危害与法西斯兴起的关系,让学生认识到经济危机为法西斯的上台与扩张提供了机遇,经济危机成为二战的导火线。 3.两次世界大战之间的有机联系——凡尔赛—华盛顿体系与民族利己主义:通过史料,让学生充分理解一战后所确立的凡尔赛—华盛顿体系所引发的矛盾冲突,认识这种矛盾是法西斯国家为打破限制、维护自身利益,最终诉诸战争的原因之一。 4.绥靖政策与民族利己主义:结合史实、图片、史料,讲解英法绥靖政策与美苏中立主义,这种姑息纵容的行为助长了法西斯的嚣张气焰,让学生认识到一战后各国所面临的集体安全困境与绥靖政策出台的合理性	结合相关史实、史料、图片,从民族利己主义视角全面分析二战爆发的原因 分析和解读图文材料 小组讨论,回答问题	结合材料,联系课内外知识,学会提取材料信息,掌握概括及分析问题的能力
二、狼烟四起:二战的爆发及进程	1.序幕:中国成为东方主战场。展示图片——《九一八事变》《卢沟桥事变》。 2.全面爆发:欧洲战场。结合《1939—1942年德意在欧洲的扩张》示意图,通过动画演示二战的全面爆发以及战争初期德意在欧洲的扩张,指出战争初期德意的胜利以及欧洲国家的溃败。	回忆所学知识	掌握必备基础知识

教学环节	教师活动	学生活动	设计意图
二、狼烟四起:二战的爆发及进程	3.全球阶段:结合史实、图片,讲述日本偷袭美国珍珠港,太平洋战争爆发,二战达到最大规模,成了名副其实的世界大战。提问学生为何日本急于发动太平洋战争。 4.转折阶段:结合史实、图片来讲述斯大林格勒保卫战,便于学生理解。 5.走向胜利:结合史实、图片,讲述反法西斯战争胜利,让学生认识到各国联合抗敌是胜利的原因之一	解读史料,提取关键信息 带问题小组讨论,归纳出答案 自行思考,回答问题	培养学生归纳概括和辨析的能力 培养学生提取信息和解读史料的能力,客观理性辩证分析问题的能力
三、喧嚣未息:战后国际秩序的建立	1.雅尔塔体系。简单解释"雅尔塔体系"的含义,将开罗会议、德黑兰会议、雅尔塔会议、波茨坦会议的相关信息作简要梳理,便于学生理解雅尔塔体系的内容	了解、识记、感悟、思考	掌握必备基础知识 培养家国情怀
四、统而言之:第二次世界大战的影响	1.人类社会空前浩劫 2.国际格局发生转变 3.社会主义突出重围 4.民族解放运动高涨 5.科学技术迅速发展 6.社会观念陆续转变 7.国家经济干预调解 8.伤痛之情难以抚平 结合史料、图片,全方位讲解二战的深远影响	带着问题阅读史料	培养学生归纳概括和辨析能力以及客观理性辩证分析问题的能力
课后思考	第二次世界大战是人类的第二次"地狱之行",它会是人类的最后一次自我救赎吗?	思考,讨论,书写	培养问题意识

教学环节	教师活动	学生活动	设计意图
课堂小结	第17课　第二次世界大战与战后国际秩序的形成 一、山雨欲来：二战爆发的缘起 （一）法西斯——进攻性的民族利己主义 （二）经济大危机与法西斯主义 （三）两次世界大战之间的有机联系——凡尔赛—华盛顿体系与民族利己主义 （四）绥靖政策与民族利己主义 二、狼烟四起：二战的爆发及进程 （一）序幕 （二）全面爆发 （三）全球阶段 （四）转折阶段 （五）走向胜利 三、喧嚣未息：战后国际秩序的建立 四、统而言之：第二次世界大战的影响	—	—

教学反思
本课学习内容较多，既要求学生从宏观上把握第二次世界大战的基本线索，又需要学生深入理解战后国际秩序的新变化。基于此，我在教学中依据课程标准，注重知识间的联系和渗透，鼓励学生自主探究，重视良好思维品质的培养，基本能够落实教学目标，突出重点，消化难点，较好地完成了教学任务。 本课以学者观点："……进攻性的民族利己主义与……防御性的民族利己主义是促发第二次世界大战的两个主要因素"导入新课，这不仅有助于学生关注学术前沿，更有助于教学环节开展与教学内容的明晰，同时为学生更容易地把握本课内容提供了思路。

本课主要分为四大板块教学内容：第一板块主要讲述了第二次世界大战爆发的背景。我主要借助民族利己主义视角，让学生深刻了解无论是法西斯主义的兴起与发展还是英法美苏等国的绥靖或中立政策，都是基于狭隘的民族利己主义出发的结果。在这一环节中，学生能够结合国际背景，并从每个国家的具体国情出发，对二战爆发的原因有清晰而深刻的认知。第二板块主要讲解第二次世界大战的过程及伟大胜利，我通过二战发展形势图以及动画演示等方式，向学生们展示了第二次世界大战的全过程。学生在了解二战从爆发到结束的过程中，可以进一步体会到正义与邪恶的艰苦斗争以及世界反法西斯联盟的建立是反法西斯战争取得最后胜利的决定性因素之一。第三板块我主要利用资料和图片，讲述雅尔塔体系的形成，同时说明二战期间大国频频举行会议讨论解决战后的重大国际问题，这既体现了大国的智慧与理性，也体现了大国对战后世界的争夺。第四板块让学生运用资料探究第二次世界大战产生的深刻影响并以"第二次世界大战是人类的第二次'地狱之行'，它会是人类的最后一次自我救赎吗？"之问，回扣本课主题并引导学生反思历史，以史为鉴，面向未来，远离战争，珍爱和平，为实现中华民族的伟大复兴而努力奋斗！

本课从设计到教学，条理都比较清晰，可以说，环环紧扣，步步深入。历史教学紧贴学术前沿，既充分考虑新高考改革的历史大势，又充分发挥学生的主体作用，有助于学生在教学内容的逐步展开中掌握基础知识，并形成自己的核心素养。通过学生分组讨论探究，培养了学生团队合作的意识，充分体现了新课程改革的理念。

但是，本课仍有一些不足和有待改进的地方，例如课上给予学生问题讨论的时间不够充裕，班级里还有一些学生没有得到充分展现自己观点的机会；学生学科素养薄弱，比较缺乏师生之间、生生之间观点的碰撞；我自身授课语言的感染力还需要进一步提高，对于课程的整体把握和授课时间的安排还需更加精细、准确等。

在今后的历史课程设计与教学中，我还需要不断加强学习，深入研究课改教学，不断提升自己的业务水平，在教学创新设计方面，努力尝试一些新的教学方法，大胆创新，不断加深自己对新课程改革的理解和提高教学能力

点评（钱要武）：

　　毛老师设计的《中外历史纲要（下）》第七单元《两次世界大战、十月革命与国际秩序的演变》中的第17课《第二次世界大战与战后国际秩序的形成》，从民族利己主义视角出发，独辟蹊径地审视了第二次世界大战的缘由、过程、影响和战后国际秩序的形成。《普通高中历史课程标准（2017年版2020年修订）》对本单元的内容要求界定有"通过了解两次世界大战，理解20世纪上半期国际秩序的变动"，而教材单元前言中也强调指出："第一次世界大战后建立的以凡尔赛—华盛顿体系为代表的国际秩序，没有带来

真正的和平，反而孕育着另一场大战。第二次世界大战后建立的以雅尔塔体系为代表的国际秩序，仍然具有强权政治烙印，但对战后的和平与发展起到了一定的作用。"因此，对照课标和教材，毛老师这节课的设计既体现了统摄单元主题的教学架构，又展示了年轻教师扎实的史学底蕴和善思善品的思维品质。

一、设计视角别致，史学视域宽广。毛老师这节课立足于民族利己主义视角进行设计，极具历史意识和思辨韵味。如在层层分析二战爆发缘由中，首先以学者的论述"……进攻性的民族利己主义与……防御性的民族利己主义是促发第二次世界大战的两个主要因素"引入，再由法西斯主义与民族利己主义、凡尔赛—华盛顿体系与民族利己主义、绥靖政策与民族利己主义以及经济危机的刺激等四个板块全方位地透析并勾连了民族利己主义与二战爆发之间的内在历史逻辑。而对于二战过程则以图说历史的方式展示了二战从局部战争发展到世界性大战乃至世界反法西斯战争胜利结束，整体简略得当、宽窄适度，较好地处理了教学内容过于繁多的问题。在从民族主义的视角分析世界反法西斯战争胜利的原因活动中，引导学生得出了"反法西斯联盟以人类的整体利益为自己的合法性来源，并在人类历史的实践层面开创了超越民族主义的国际主义伦理原则"这样的理性认识。在第三子目"喧嚣未熄：战后国际秩序的建立"的设计中，通过教学内容的展示，引用了齐世荣主编《世界现代史》中的一句论述"雅尔塔会议充满了美苏相互妥协、共同主宰世界的气氛，几乎每项协议都包含着美苏争夺势力范围的因素"，再次点明了本课设计的主旨，最终以"第二次世界大战是人类的第二次'地狱之行'，它会是人类的最后一次自我救赎吗？"这样的设问结束本课教学，既前后呼应，又能触发学生对人类社会和世界历史发展的深度思考。

二、立足基本学情，侧重概念解析。由于毛老师所执教学校属于K12一贯制学校，生源整体质量较高，因此，毛老师十分注重发挥学生的学习主动性和创造性，如基础知识部分由学生自主学习、合作学习来完成。同时通过思维交互方式，设计了三道探究性情境活动问题，一是展示中国和美国学术界关于二战爆发的观点，组织学生围绕两种不同观点展开讨论探究；二是要求学生从民族主义的视角探究世界反法西斯战争胜利的原因；三是要求学生评价第二次世界大战后的国际体系。这三个情境问题的设计目的是在基于学情基础上，培育学生的历史解释能力，激发学生的思维意识，培养学生运用唯物史观正确地分析和看待重大历史现象和历史事件。不仅如此，毛老师还非常重视历史概念的阐释，如民族利己主义的内涵及其表现对于学生而言比较陌生，但毛老师通过一系列材料仔细详尽地对此进行了分析解释，帮助学生深刻地理解这节课设计的出发点和着眼点，也为学生如何认识二战以及战后国际秩序的形成提供了教材所没有的新颖视角。

三、布局谋篇干脆，史料运用清爽。从毛老师这节课的布局谋篇看，没有拖泥带水，课件画面简洁；史料运用虽多以少量通俗易懂的文字和图片构成，但包涵的信息量却非常大，主干知识也非常鲜明，既便于学生阅读也使学生有更多的思考空间。因此，针对如何解决目前绝大部分老师所反映的高中统编历史教材知识点过多与教学时间不足的矛盾问题，毛老师不啻做了一个很好的探索。

【作者毛彬彬，目前就职于青岛中学。曾获青岛市"一师一优课"二等奖，青岛市高新区优质课二等奖】

选择性必修2《经济与社会生活》第一单元

第2课 新航路开辟后的食物物种交流

【教学目标】

1.结合新航路开辟前后物种交流图，深化对新航路开辟后物种交流的表现和特点的理解。

2.运用史料，引导学生分析哥伦布大交换物种交流的影响。

3.运用史料，联系当下本地新闻和时政热点，引导学生用联系和发展的眼光看待历史。

4.通过本课学习认识到物种交流是世界文明交流的重要方式，促进了人类文明的发展。而面对当今物种交换中的现实问题，世界各国之间、不同文明之间的冲突和摩擦，感受人类命运与共，需合作才能共赢。

【重点、难点】

重点：新航路开辟后，美洲和其他地区食物物种交流的表现和影响。

难点：认识食物物种交流给社会经济和人们生活带来的变化。

【教学过程】

新课导入：

以2008年国际马铃薯年和各种马铃薯的加工食用方法，说明马铃薯亦粮亦蔬的特点。因为马铃薯在食物物种中具有典型代表性,本节课将以马铃薯传播为例学习新航路开辟后的食物物种交流。

新知学习:

[环节一]"美洲的马铃薯"

【设计意图】

讲述马铃薯与印第安人的故事,激发学生的兴趣。

相传印第安人被入侵者打败,入侵者为了灭绝印第安人,采用的办法就是把食物及种子抢走。印第安人没有了食物,就向上天祈祷,上天怜悯他们,给了他们一袋种子。印第安人将种子种上之后,迅速开出了美丽的花,不料入侵者以为他们种了食物,就要再次入侵,结果走近一看,发现印第安人种的居然是花,于是一边嘲笑着印第安人一边离开了。困惑的印第安人再次向上天祷告,希望得到食物,上天告诉他们食物就在地下。当印第安人把地刨开的时候,看到了马铃薯,他们吃下这些马铃薯,从而存活了下来。马铃薯在古印第安语里叫巴巴斯,翻译成汉语即是"生命之食"的意思。由于与生活息息相关,马铃薯不仅出现在餐桌上,也出现在艺术创作中,在秘鲁印第安人的古墓中,发现了大量以马铃薯作为图案的陶器。有些陶器上象征性地画着马铃薯的芽眼,有些陶器上把马铃薯绘制成人的样子。印第安人把上天赐予的食物奉如神明,马铃薯神,并将其敬称为丰收之神。

图示《新航路开辟后世界物种传播示意图》(图略)

引导学生联系《中外史纲要》中古代文明的相关内容,阅读引言部分,并根据示意图思考古代世界的食物物种交流有怎样的特点。

【参考答案】

交流物种较少;交流范围有限,集中在亚、非、欧洲之间,在邻近地区或各大洲内部进行;存在少量跨洲的食物物种交流。

[环节二]"世界的马铃薯"

过渡:马铃薯何时从美洲走向世界?与马铃薯一同传入欧洲的还有美洲的哪些作物?

展示马铃薯和番茄、辣椒等作物传播路线图(图略),并讲述马铃薯在欧洲传播的坎坷故事。马铃薯最初传入欧洲时，欧洲人将其视为一种有毒的东西，是魔鬼的化身。但最终它还是以其强韧的生命力征服了欧洲，并传播到世界各地。明代晚期，马铃薯来到中国。

材料1　嘉庆教匪乱后，各省客民来山开垦，其种渐繁。高山地气阴寒，麦豆包谷不甚相宜，惟洋芋种少获多，不费耘锄，不烦粪壅。山民赖此以供朝夕。其他燕麦、苦荞，偶一带种，以其收成不大，皆恃以洋芋为主。

——摘编自童兆蓉《童温处公遗书》

展示马铃薯传入中国的路线图（图略），并引导学生阅读材料1，思考明清时期为何大量种植马铃薯，又为何直至今日马铃薯未能在中国形成主食消费。

【参考答案】

大量种植原因："高产""易种""便食""营养"。明清时期，尤其是清朝人口迅速膨胀，人地矛盾突出，粮食需求量大。

未形成主食消费原因：中国南稻北麦的主食结构早已形成；中国古代农业精耕细作，人均粮食占有量较高；中国古代马铃薯加工技术较为落后，不耐储存。

紧接着引导学生阅读课本第10页，组织学生分类整理其他物种在美洲传播的表现。

【活动探究】

结合材料概括新航路开辟后食物物种交流的特点。

材料2　水稻的种植，在很大程度上，满足了来自非洲的黑人奴隶的生存要求。在北美地区，稻米为广大劳动人民（主要是黑奴）提供了基本食物；在南美地区，如在巴西，由于黑奴喜欢吃米，遂对稻米有很大需求。由于产量的问题，蔗糖很长一段时间内在欧洲地区是奢侈品的象征。而拉丁美洲高温多雨的气候特点非常适合甘蔗的种植。因此，进入16世纪，甘蔗作为重要的经济作物被引进美洲大陆。在1580至1680年这一百年间，巴西是世界上最大的食糖生产地和出口地。随后进入美洲进行殖民活动的英、法等国也于17世纪时在小安的列斯群岛种植甘蔗。由甘蔗加工而来的蔗糖迅速成为美洲与欧洲贸易的重要商品,从洲际交往的层面上看,美洲地区生产的蔗糖成为"三角贸易"中的重要商品。

——摘编自周红冰、沈志忠《20世纪前全球化进程中的农业因素
——从地理大发现到工业革命》

材料3　(欧洲人)不但自己大发其财,同时一手塑造了整个新世界的风貌与历史……这个大交换的结果——从人类观点视之——也是正负参半……时至今日,两半球之间的动植物交换并未停止,依然在进行。

——摘编自〔美〕艾尔弗雷德·W.克罗斯比著,郑明萱译《哥
伦布大交换:1492年以后的生物影响和文化冲击》

【参考答案】

特点:范围具有全球性;交流具有双向互补性;欧洲具有主导性;内容具有丰富性;结果具有两重性(积极和消极);时间具有长期性。

材料4　全球化"根本"就是"哥伦布大交换"的结果,归根结底,是一个生态问题。1492年,哥伦布登上了美洲大陆,舰船带来的不仅是殖民者,更有那些前所未见的新生物。从此,原本彼此相隔的独立大陆产生了混乱的交流与碰撞,"哥伦布大交换"开始发生作用,逐渐形成现代世界。

——摘编自〔美〕查尔斯·曼恩《1493:物种大交换开创的世界史》

教师引导学生从材料中得出结论:哥伦布大交换推动全球联系的初步建立。

过渡:引导学生思考以马铃薯为代表的食物物种交流何以有如此能量推动世界联系,它们是如何改变世界的?

[环节三]"马铃薯的能量"

请同学们依据下列材料并根据所学知识,思考新航路开辟后的食物物种交流所产生的主要影响。

材料5　图示《1400—1600年欧洲、亚洲、非洲人口统计》(图略)。

材料6　中国有利于水稻和小麦种植的土地相对太缺乏了,从这个角度看,哥伦布大交换是很大的恩惠,中国迫不及待地接收了它,原来不能种植水稻和小麦的土地,可以种植甘薯等作物。甘薯、玉蜀黍、大花生、烟草、辣椒、菠萝、腰果、树薯（木薯），所有这些都流入福建、广东，并逐渐传播至中国各地。这一切都成了中国人日常生活的一部分——谁能想象，若没有成堆的辣椒，今天的川菜会是什么样子？

——摘编自〔美〕查尔斯·曼恩《1493：物种大交换开创的世界史》

材料7　食物本身不具备阶级属性，但是当食物有限，一部分人掌握更多食物资源的时候，食物就成为阶级的标识和衡量社会等级的尺度。因此，饮食等级分化与人们的社会等级观念有着密切的关系。例如，香料从奢侈品到大众消费品的变化、咖啡的流行、白面包不再是富人地位的象征等。

——摘编自历史选择性必修2《经济与社会生活》教师教学用书

材料8　在殖民初期，虽然西班牙人发现了大量的白银矿藏，但并未起初就大量开采。然而，这一时期正是欧洲对亚洲丝绸、茶叶、香料等农业商品大量进口消费的阶段。在美洲、欧洲与亚洲等地的贸易交流中，欧洲和美洲必须依靠白银货币作为支付手段，才能换取来自东方的丝绸、茶叶、瓷器、药材等商品。……所以，用白银换取欧洲、美洲需要的商品，成为欧洲殖民者在美洲大陆开采银矿资源的巨大经济动力。

——摘编自周红冰、沈志忠《20世纪前全球化进程中的农业因素——从地理大发现到工业革命》

材料9　有部分学者估算，1493年至1800年间，全世界85%的白银和70%的黄金出自美洲，而其中一半的白银最终流入出产茶叶丝绸等农业商品的中国。

——摘编自〔德〕贡德·弗兰克著，刘北成译《白银资本：重视经济全球化中的东方》

材料10　《新航路开辟后日益扩大的商品市场》（图略）。

学生思考后，师生共同总结如下：

（1）新航路开辟后，食物物种在全球范围内广泛交流，提高了全球粮食产量，促进了世界人口增长。

（2）丰富人们的食物种类，推动饮食习惯和食物结构的改变。

（3）冲击原有的社会等级，淡化等级观念。

（4）引发欧洲价格革命，打击欧洲封建势力，资产阶级力量增强。

（5）一个全球白银输入中国的贸易网络逐渐形成。同时，白银大量流入中国，进一步刺激了中国东南沿海地区经济的发展。

（6）食物物种交流推动世界不同地区之间经济和贸易的发展，推动经济全球化。

过渡：任何事物均具有两面性，以马铃薯为代表的食物物种交流在给世界带来积极影响的同时，也带来了负面影响。

材料11　邑境山多田少，居民倍增，稻谷不足以给，则于山上种包谷、洋芋、荞麦、燕麦或蕨蒿之类。深林剪伐殆尽，巨阜危峰，一望皆包谷也。

——摘编自（清）袁景晖道光《建始县志》

材料12　图示《1823年中国的洪水受灾区域分布》（图略）

材料13　随着全球经济一体化，国际贸易、跨国旅游业等快速发展，外来生物入侵已成为当前全球性的问题，对各国生态环境、农业发展造成了重大负面影响，被认作是21世纪五大全球性环境问题之一，开展外来生物入侵的防控已是全球各国政府关注的主要环境问题和工作重心之一。

——摘编自赵彩云《中国国际贸易往来中的"外来客"》

材料14　图示《铜陵开展"铲除'一枝黄花'"公益活动》（图略）。

根据以上材料，师生共同总结得出：

（1）新物种的引进对当地生态环境产生了一定的影响，包括造成乱砍滥伐，植被破坏，过度垦荒造田，水土流失，草原沙漠化严重等环境问题。

（2）食物物种交流可能会导致外来物种入侵，国际自然保护联盟指出：外来物种入侵是一场生态灾难，现已成为全球问题。

【本课小结】

新航路开辟后食物物种交流推动人类从孤立隔绝的旧世界走向一个交流联系的新世界。随着交流联系的深入，经济全球化的加强，今天的世界早已是一个人类命运与共的世界，在这个世界中任何全球性的问题，单靠一个或几个国家的努力都难以解决。世界各国只有相互尊重、平等相待，合作共赢、共同发展，实现共同、综合、合作、可持续的安全，坚持不同文明兼容并蓄、交流互鉴，承载着全人类共同命运的"地球号"才能乘风破浪，平稳前行。

【链接高考】

（2020年山东等级考19）咖啡馆的历史，既是一部经济史，也是一部社会史。阅读材料，回答问题。

1652年，伦敦出现了英国第一家咖啡馆。

17世纪中后期，咖啡馆在英国扎下了根。在当时伦敦任何一家宾客盈门的咖啡馆里，常见的场景是：各色人等汇集于此，抽烟、读报，谈论商业和贸易，传播小道消息，争论国家大事，评判王室显贵的品行举止。

18世纪中叶以后，伦敦的咖啡馆出现了新的变化。辉格党人愿意光顾"斯米纳"等咖啡馆，托利党人则经常聚会于"怀特"等咖啡馆，经纪人喜欢聚集于"乔纳森"咖啡馆，法律界人士集中于骑士团圣殿附近的咖啡馆。寻常百姓逐渐成为咖啡馆社交场所的边缘化群体。19世纪40年代前后，满足贫穷工人需要的咖啡摊应运而生。

除咖啡外，茶也是英国重要的饮品之一。1606年前后，茶第一次作为商品进口到欧洲。1658年9月23日，伦敦报纸上第一次出现了茶的广告。不久，茶逐渐走进英国咖啡馆，但直到17世纪末，饮茶在英国仍然是一个新鲜事物。18世纪英国的茶叶需求量以惊人的速度增长，英国人对茶的热爱超过了其他任何主要的西方国家。在整个18世纪，咖啡馆都是提供茶饮料的主要场所。

——摘编自［英］马克曼·艾利斯《咖啡馆的文化史》等

思考：结合英国咖啡馆的变化，说明咖啡馆的历史是一部"经济史"。（解析略）

点评（钱要武）：

马铃薯在我们的日常饮食生活中无处不在，以至于我们往往难以注意到它的重要性。如同斯文·贝克特在《棉花帝国》中指出，棉花"这种植物本身不会创造历史……我们看到了棉花如何使资本主义的诞生成为可能，又如何促成了其后续的再创新"。所以说，棉花产业的历史与近代资本主义的历史紧密相连，棉花产业发展史即是一部资本主义全球史。从这个意义上而言，新航路开辟后，以马铃薯传播为代表的食物物种交流实际上也是一部全球经济史。在选择性必修2《经济与社会生活》第一单元第2课《新航路开辟后的食物物种交流》中，马铃薯作为一种很平常又特别的食物物种似乎比其他物种交流更具有典型性和代表性，其在各大洲之间的传播和交流不仅对人类的生活，甚至对促进世界各地联系的加强和对人类历史的发展都有非常显著的影响。基于本课课标"了解新航路开辟后食物物种交流及其历史影响"的要求基础上，方老师以马铃薯传播为切入点，条理清晰地探究并展现了全球经济联系是如何初步建立起来的，这既是对教材的重组，也是一种教学思维价值的集中体现。

其一，从小处着手，立论较高。方老师从日常生活食物马铃薯着手，将马铃薯传播置于全球联系的宏大历史主题背景下进行考查，以"美洲的马铃薯""世界的马铃薯"和"马铃薯的能量"三根明线贯穿全课，再通过平淡平凡的语调、和缓和润的语速，将新航路开辟前后马铃薯如何从区域性的食物物种到传播世界并对世界历史产生深刻影响等以讲故事的方式娓娓道来，引人遐思。方老师对教材处理之巧、触点把握之妙、着意立论之高，堪为本课教学之精华。面对新教材使用过程中存在的各种问题，各种破解之道如雨后彩虹，缤纷多姿，尤其如何处理选择性必修教材的教学内容更是解法纷纭。但在推进本课的教学过程中，方老师由马铃薯而及其他物种交流，再由各种物种交流而及对中国乃至世界历史产生的诸多影响，其中更是穿插了由现实而及历史、由历史而及现实这根暗线，与上述三根明线相得益彰，更是倍蕴立论之意。

其二，从生活出发，零整结合。方老师以2008年国际马铃薯年和各种马铃薯的加工食用方法入手，整个导入紧贴学生生活实际，再以马铃薯与印第安人的故事激发学生的学习兴趣，之后以动画的方式展示了新航路开辟前的区域性物种传播路线图，启发学生思考古代世界的食物物种交流的特点，整个教学流程不仅生活气息浓厚，而且学生也有据可思、有话可言。在第二个子目中，阐述分析了马铃薯在欧洲传播的历史后，又因势利导地分析了马铃薯在古代中国的传播情况及特点、原因，从而由点到面、由零到整地将新航路开辟对当时的世界乃至中国所产生的影响悉数道来。最终以哥伦布大交换推动全球联系的初步建立的结论顺势衔接到第三子目内容，再次体现了分合统整的教学结构安排。值得肯定的是，在第三子目教学内容安排上，以家乡铜陵开展"铲除'一枝黄花'"公益活动为场景，突出了现实画面，并将历史与现实有机结合起来，彰显了历史的教化功能。

【作者方秋香，铜陵市实验高级中学教师，钱要武名师工作室成员。曾获铜陵市首届原创命题大赛二等奖，铜陵市历史优质课比赛二等奖】

教师的成色与品相

——写给未来名师的一封信

未来的名师：

您好！

或许再过一两春秋，您将成为一名活跃在教学讲坛的新生代；又或许再过五年十载，您将成为一位驰骋于教育领域的行家里手。作为历经岁月风霜的一个老教师，在你们即将成为一名光荣的人民教师之际，随赠散言碎语以共勉。

物皆有成色，亦有品相。何谓成色？原指金银中所含的纯度比例；又泛指质量。又何谓品相？言指物品新旧的完好度。身为人师，肩负教书育人之重任，理应二者兼而有之。教师的成色和品相该是何种表现？我以为，为人之师就应该是：做事锐意进取、敢于拼搏、严握自己的职业操守、磨砺自己的职业素养、为人张弛有度、为己只做更好。

进取是一种有所作为的精神状态。我们做教师的无论何时何地一定要牢记"成功者永不放弃，放弃者永不成功"。回顾我高中读书时，家境寒苦，父亲微薄的工资和母亲披星戴月的劳作仍无法填饱我们兄弟姐妹们的肚皮，更何况还供我们读书。但我深知，惟有苦读书读苦书，才能鲤鱼跃龙门，跳出面朝黄土背朝天的樊笼，实现自己的理想。我们兄弟姐妹在春耕夏种、秋耘冬忙间，相互鼓励，相互帮助，所幸都考上了师范，如今在各自工作岗位都取得了一定成绩。大学毕业后，从乡下到市里，历经多次工作调动。常言道树挪死人挪活，每到一个新单位，我都视之为对自己人生一次新的挑战，潜心学习，锐意进取，敢于担当。作为教师，理应把每一次机会都当作展示自己成长的舞台，也只有把握机会，才能为自己可持续发展累积更多的正能量，因此无论何种形式的教研活动，我从不言弃。就这样，我不断地积小成大，积少成多，相继取得了一系列成绩，如荣获省首批正高级中学教师、省历史特级教师、省学术与技术带头人、安徽师范大学硕士生导师、市拔尖人才等称号。

　　信念是一种激流搏击的精神力量。没有信念就没有追求，人也就形同行尸走肉。师德就是教师的职业操守和职业信念，就是做教师的底线和红线，谁都不能逾越。作为教师，坚持职业操守就是为人师表的信念和执着前行的动力。师德关乎教师人格的健全，倘若人格健全，你不成功是暂时的，倘若人格不健全，你成功也只是暂时的。实际上，传统单纯的授业解惑已无法适应现今教师队伍发展的要求和教育改革大潮的需要。从小的方面看，以我从教三十多年的经历，认为师德即对得起自己的良心和每天捧着的饭碗、对得起每天面对的学生、对得起那些对你寄予厚望的家长。在此我引用一段家长曾写给我校领导的一封信："钱老师是你们学校一位优秀的教师，在孩子痛苦的时候，他像父亲一样以仁慈的心和博大的爱去关心她，我深表感谢。我16年来养育和教育都不如这位老师……孩子有了他这样一位优秀的教师让我们家长从心里感到高兴，虽然我用言语远远表达不了对钱老师的敬意，但是我会永远记在心里。"教师正如木匠一样，眼里不应有废料，即便是一根小木条，也可以用来做楔子，这就要求我们应平等地对待每一位学生，因材施教，不抛弃，不放弃。在自己的工作岗位上，只要自己乐教勤业，乐学生之乐而乐，忧学生之忧而忧，我相信，社会会给我们一个公正客观的评价，因为社会也是我们的成色和品相的鉴定师。

　　态度是砥砺一个人成色和品相的磨刀石。人常言，态度决定一切。你可以在水平上低于他人，但不能在态度上低于他人；你可以在分量上逊于别人，但不能在成色上逊于别人。一名优秀教师的成长不是一蹴而就的，正如金子之所以成为金子，也是历经千锤万钻、厚积薄发的结果。除了拥有正确的态度，还需要养成不断思考的习惯、正确地评估自己的水平、不断提高与时俱进改变自己的能力。张瑞敏曾这样描绘成功人士的路径："当你种植一粒思考的种子，你就会有行动的收获；当你把行动种植下去，你就会有习惯的收获；当你把习惯种植下去，你就会有个性的收获；当你把个性种植下去，就会决定你的命运。"因此，我们做教师的必须端正自己的态度，按照成就名师的路径来规划自己职业发展的方向，从最基础的教学点滴做起，不被外界环境左右，不被一时情绪左右，醉心于自己的职业发展，在善于学习和借鉴的基础上勇于创新。

就我个人感受而言，要成为名师，首先应从自己的实际出发，丰富自己的专业知识，研读名家的成功做法，扎实自己的课堂教学，创新思考课堂，积极营造良好教学氛围，鼓励学生大胆质疑，敢于标新立异；其次从教学方法上入手，以合作探究学习方式，辅以联想、类比、归纳、演绎等思维方法，坚持空白教学，由学生"自去理会，自去体察，自去涵养"，把主动权、选择权留给学生，从而充分调动学生们的多维学科思维能力；再次是以及时总结和反思为抓手，养成归纳总结教学经验的习惯，并辅以必要的课程理论支撑，拓展自己的教学发展空间；最后以个性化教学作为优化课堂的突破口，不人云亦云，不拾人牙慧，打造高效课堂，熔铸自己独具一格的教学风格，锋利自己教学所向无敌的宝剑。所以你们必须牢牢记住，只要态度是端正的，选择是正确的，你就一定会在优秀教师的成长旅途上开辟出一片广阔的天地。

谦和是一种行稳致远的境界。古人云："礼之用，和为贵。"作为教师，你整天要面对形色各异的人，无论对谁，都要保持谦虚谨慎。谦和是高情商重要的外在表现之一，谦和也是每位教师为人处世的一种力量、一种品质，它根植于每个人的言辞行为之间，体现在人与人之间的相互尊重、相互帮助之中。如果你们坚守了谦和，既美丽了自己，也悦目了他人。多年来，我坚守"化作春泥更护花"的精神，以谦和恭敬的态度积极参与各级教研帮扶指导活动，如参加省教育厅组织的特级教师赴四川松潘县师资培训工作、省特级教师讲师团赴皖北等地讲学、指导年轻教师先后获得省级教学大奖赛一、二、三等奖十余次等。

教师之成色和品相亦如人生之高度与宽度。所以，未来的名师朋友们，你们一定要记住，教师既是一份职业，更是一种事业。只有深深地用心浸润、培植、呵护、奉献，才能彰显你们的价值，弘扬你们的人性品质，点燃你们的生命热情，营造你们的精神家园，锻造你们的生存意志；才能在未来，提升你们学生的成才本领，完善你们学生的人性塑造，促进你们学生的心灵向善，推动你们与学生的相融相长！

恭祝你们早日圆梦！

一位致敬未来名师的老教师